网络融资法律问题研究

——以金融消费者保护为中心

郑淑君◎著

Research on Legal Issues of Internet Financing—

With a Focus on the Protection of Financial Consumers

中国出版集团
世界图书出版公司
广州·上海·西安·北京

图书在版编目（CIP）数据

网络融资法律问题研究：以金融消费者保护为中心 / 郑淑君著.
— 广州：世界图书出版广东有限公司，2016.5（2025.1重印）
ISBN 978-7-5192-1378-7

Ⅰ. ①网… Ⅱ. ①郑… Ⅲ. ①互联网络—应用—企业
融资—法律—研究—中国 Ⅳ. ①D922.291.914

中国版本图书馆CIP数据核字(2016)第114182号

网络融资法律问题研究 —— 以金融消费者保护为中心

策划编辑　刘婕妤
责任编辑　张梦婕
出版发行　世界图书出版广东有限公司
地　　址　广州市新港西路大江冲25号
http: // www.gdst.com.cn
印　　刷　悦读天下（山东）印务有限公司
规　　格　710mm×1000mm　1/16
印　　张　11.25
字　　数　201千
版　　次　2016年5月第1版　　2025年1月第2次印刷
ISBN　978-7-5192-1378-7/D·0137
定　　价　68.00元

导　论

随着大数据、物联网、云计算等现代信息技术手段的普及和推广，人类的生存和发展方式在逐步发生着根本性改变。在此过程中，互联网技术和现代企融的不断碰撞和融合，产生了一系列令人眼花缭乱的成果，普惠金融、金融民主化、金融脱媒等理念开始逐渐流行，直至互联网金融这一概念横空出世。实际上，自“互联网金融”这一概念推出以来，其高度的概括化、标签化，使得人们将与此息息相关的一系列新交易、新模式、新业态均纳入其中，开始对这一概念本身及其内容加以详细研究和热烈讨论，并进而又促进和推动了整个互联网金融行业的成长和发展，最终形成一股已经席卷全世界的互联网金融浪潮。

在 2013 年 11 月召开的十八届三中全会上，会议通过了《中共中央关于全面深化改革若干重大问题的决定》，其中在完善金融市场体系的部分，特别提到要“发展普惠金融，鼓励金融创新，丰富金融市场层次和产品”，包括网络融资在内的互联网金融是传统金融交易与互联网精神相结合的新兴领域，其本质正是普惠金融领域非常重要的组成部分，互联网金融的出现客观上也推动了普惠金融向纵深持续发展。2013 年随着“余额宝”的闪亮登场和惊艳表现，我国互联网金融的发展开始出现奔涌之势，被称为“互联网金融元年”；2014 年，随着众筹融资交易的进一步发展和繁荣，互联网金融呈现出一片繁荣景象，P2P 网络借贷等交易更是在全世界一枝独秀，规模达到世界第一。

然而，发生在最具创新意义的互联网金融交易的风险和问题，一直以来即层出不穷，尤其是 P2P 网络借贷方面频繁发生的“跑路”事件，已经到了令人触目惊心的程度，有的所谓 P2P 网络借贷平台开业仅三天就卷款“跑路”，广大投资人的权益毫无保障，有的甚至血本无归。从目前互联网金融行业实际的发展情况来看，整体上还处于割据纷争、群雄逐鹿甚至是鱼龙混杂的阶段，尤其是在 P2P 网络借贷、股权众筹等新兴交易领域，交易各方“千呼万唤始出来”的，也仅仅是监管部门适时推出的零星自律性文件，内容也更多的是提纲挈领式的宣示性条款，这可以看出监管层的审慎观望态度。到底是应该坚持“买者自负”的契约精神、鼓励市场创新、任由市场优胜劣汰，还是要强化“卖者有责”、兼顾金融市场稳定、防范金融市场风险、切实保护投资人权益，这在强化金融消费者保护的当下，在P2P网络借贷、股权众筹等网络融资交易领域，尤其是一个重要、现实且需要深思的问题。伴随着监管层越来越严厉和明确的官方表态，如何妥善应对行业风险、促进其稳定健康发展，已成为当下理论和实务界的讨论核心。出台相应监管制度框架、加强网络融资交易领域的金融消费者保护，已经成为一种共识。当然，在采取何种强度的监管、具体的监管机构和举措、一系列新交易中罪与非罪的界限、现有制度存在哪些不足、下一步需要推进哪些配套措施等，还有诸多争议。

法律作为一种重要的社会控制手段，亟需对互联网金融领域内存在的交易、监管、金融消费者保护等问题做出回应。从法学层面，对互联网金融领域出现的新交易、新问题、新模式加以系统性深入研究，已经时不我待。从目前理论和实务界的研究成果来看，网络借贷、众筹融资、第三方支付、网络理财、网络金融中介机构提供的产品和服务、传统金融机构的网络化等，都属于广义上互联网金融范畴。而这一概念的延展趋势已从强调在金融领域的网络化服务手段过渡到通过网络创设资金融通的新交易、新模式，从相对边缘到逐步深入金融核心。其中，上述范畴中的前四类交易，一般被认为是互联网金融的核心内容，然而，第三方支付行业发展已经比较成熟，实现了中国人民银行对其的牌照管理。网络理财是传统金融业务的网络化，创新内容和方式较为有限。在互联网金融的大范畴内，最为新颖的交易方式和业务其实是网络融资，其中包括：属于网络债权融资的P2P网络借贷、大数据金融和网络股权融资的股权众筹；这些交易是那些挟裹着巨大的资金和信息优势的互联网企业，带着互联网的特有精神和文化进军传统金融行业后，所产生的新交易、新模式和新问题；是互联网企业在渗透和改变了传统商品经济业态后，对金融领域的进一步延伸；是完全在大数据时代下、充分依托网络才能实现的新交易模式。这是目前互联网金融领域最热门和最需要法律回应、也是出问题和呼唤监管最多的话题。

从金融消费者保护角度研究，网络融资法律问题具有如下重要意义：

首先，网络融资交易是互联网金融领域最前沿的内容，对此开展研究具有重大现实意义。虽然国内对互联网金融的研究呈现出日益繁荣的景象，但仍整体局限于某一领域、某一交易或者某一环节，并未形成有价值的系统性法学研究成果，而实务界又急需这样的理论研究成果来指导实践、推动发展。

其次，网络融资领域发生问题相对较多，尤其是广大投资人权益难以得到保障，甚至还未正式纳入到金融消费者这一群体中加以重点保护，立法、司法和行业自律都存在严重空白，更是与实践发展明显脱节，对此开展研究有助于推动网络融资交易稳健发展，有助于保护投资人正当权益。

再次，在监管法律法规和配套措施明显缺位的情况下，对此开展研究有助于进一步理清监管思路。目前，除去股权众筹方面由中国证券业协会在 2014 年年底公布了自律性质的文件《股权众筹管理办法（试行）（征求意见稿）》外，还未见其他文件专门对 P2P 网络借贷和股权众筹领域加以规范，更不用说具有国家强制力保障实施的法律法规。过去散存于民商法、刑法以及其他金融交易的政策法规难以满足上述两种交易有针对性的需求，这也是造成目前行业发展和交易环节乱象丛生的重要原因之一。

最后，有助于推动解决保障金融创新与防范金融风险之间的关系。在我国已频繁发生 P2P 网络借贷平台“跑路”的实际案例，P2P 网络借贷平台的关闭数量也居高不下，上述平台也并未通过正常的市场退出程序有序退出市场，信用和交易风险剧增，凸显了由于具体监管存在空白所带来的风险。

网络融资本质上是金融业务，需要以交易安全为交易的核心要点，这与互联网企业强调客户体验本身就存在冲突，需要用法律制度为网络融资行业和行为划定最基本的框架和范围，作为风险防控和金融消费者保护的基石。当然，应警惕法律父爱主义在网络融资领域的抬头，法律的介入不能过度，以防止扼杀网络融资交易的持续发展。如何把握金融创新与金融监管之间的尺度，值得深入思考。最后，侧重从保护金融消费者角度思考网络融资的法律问题，坚持了以人为本的理念，融合了国际上越发重视金融消费者保护的潮流，将金融消费者保护领域形成的成熟成果直接引入还处于襁褓期的网络融资交易，有助于从源头上防控侵害金融消费者情况的发生，有助于推动行业良性发展。

从法学层面研究网络融资法律制度问题，是坚持以现实问题为研究原点和基本研究导向、综合选择的结果。网络融资是个新问题，但需要了解其鱼龙混杂的内容中哪些应真正纳入到金融法学关注和研究的视野。对于论证框架和具体内容，本书选择了更具有现实意义的金融消费者保护角度，分析网络融资交易中金融消费者在交易、监管以及权利救济等层面需要澄清和解决的问题，以及进一步的制度期待，并结合现有国内外实践、国内现有法律制度、域外法律和政策制度情况等，做出一系列分析、评述和制度安排，以期为我国网络融资行业稳步健康发展提供法学理论论证和支持。

目　录

第一章　网络融资的基本范畴与发展趋势

第一节　网络融资的概念与特征

一、网络融资的基本内涵

界定一个事物的概念需要客观分析其内涵和外延两部分，网络融资亦不例外。本书从界定互联网金融的内涵、外延出发，通过进一步概念限缩，对网络融资加以界定。其中，对于互联网金融和网络融资的特征分析，是界定具体外延的依据，这也是本书为何以 P2P 网络借贷、股权众筹为主要讨论对象的原因。

内涵是概念所反映的事物的本质属性的总和。网络融资系脱胎于互联网金融项下的子概念，而互联网金融概念的界定又无法离开金融这一母体，即使对于某些互联网金融交易是否属于金融范畴仍有争议。所以，在界定本书主要讨论的网络融资内涵时，需要结合和把握金融和互联网金融的有关理论和观点，从而较为准确地对网络融资概念加以描述和确定。

从互联网金融概念的历史演进来看，其更多是基于实践发展和需要而提出的。互联网金融的兴起，是互联网企业运用互联网思维创新性地进行金融交易，导致出现了不同于传统金融的一系列新模式、新业态以及新挑战、新问题，这些新生事物无法用任何一个传统领域的已有词汇与术语加以精准概括，故而互联网金融概念一经提出，便广受讨论且被逐步接受。从一般金融理论来看，凡既涉及货币，又涉及信用的所有经济关系和交易行为的集合，均属于金融范畴。[1] 货币流通、金融市场、金融工具、金融机构、制度和调控机制五个要素构成了现代金融体系。其中，包括金融机构在内的金融主体概念对本书进行概念界定和开展研究较为关键。金融主体

[1] 参见黄达：《金融学》（第三版），中国人民大学出版社 2012 年版，第 115 页。

一般包括交易主体、监管主体和中介主体三种：

交易主体即资金交易的双方；中介主体是指为资金供求双方提供服务的金融机构，具体包括银行类金融机构和非银行类金融机构，前者如各商业银行以及其他专业银行，后者如保险、信托、证券、财务顾问、风险投资、信用合作等机构；监管主体指制定和监督实施金融交易规则、维持金融秩序的机构，在我国主要是“一行三会”。

另外，金融活动的完成需要一系列五花八门的交易工具，这些交易工具具体是指在信用活动中以书面形式发行和流通，记载金融交易的价格、金额、期限等要素，借以证明债权债务关系的凭证；具有期限性、流动性、风险性和收益性等特点；其中既包括股票、债券、存单、货币等原生工具，也包括如期货、远期、期权、互换等合约的衍生工具。[1] 对于互联网金融来说，除个别纯粹属于互联网技术服务的类型有较大争议外，如第三方支付、P2P 网络借贷、股权众筹等交易模式都应属于金融范畴，但确实又不能将其简单界定为某一传统金融领域的交易类型。

从另一角度分析，金融的主要功能在于实现资金融通。从实现资金供需匹配的途径这一角度看，资金融资活动一般可以分为直接融资和间接融资两种。直接融资指借款人通过转让股票或债券的方式，在金融市场上从资金所有者手中直接融通资金；间接融资是通过银行等金融机构使资金在出借人和借款人之间实现转移。除上述两种传统区分方式之外，还需注意的是，近年来有学者提出了“第三金融”即市场型间接金融概念，包括我国国内银行、证券、信托、基金公司等各种金融机构推出的集合理财产品、私募基金等，均可以囊括到市场型间接金融中去，并建议我国应导入集合投资计划这一概念以及相应规制体系，将处于监管灰色地带的新型金融产品置于金融统合规制之下。[2]

此外，融资方式还可以按照资金实际的运用效果加以区分，即债权融资和股权融资；前者通过特定的融资活动在资金供需双方形成借贷关系；后者通过特定的融资活动在资金供需双方形成股权投资等关系。虽说互联网金融的功能依然主要在于资金融通、交付结算等，仍在传统金融的功能范畴之内；但其交易方式、形态和主体呈现出复杂多样的表象，信息收集、风险评估、资金和期限匹配、供需双方直接交易、移动交付手段等互联网表征更加明显，与传统的直接融资和间接融资有较大差异，这些也刺激了金融交易进一步实现“脱媒化”，促进了金融民主和社会资源

[1] 参见徐孟洲：《金融法》，高等教育出版社 2012 年版，第 4 页。

[2] 参见杨东：《市场型间接金融：集合投资计划统合规制论》，载《中国法学》2013 年第 2 期。

优化。本书确定将互联网金融中最为重要的网络融资交易作为研究对象，而对于网络融资再下一步的细化分类，则选择通过P2P网络借贷、股权众筹等主要交易形式的实际模式加以区分，从尊重实践的角度出发，论述网络融资遇到的典型法律问题。

网络融资是本书对研究对象的一种限定，故有必要在此先论述关于互联网金融的相关概念。对于互联网金融的概念，目前学术和实务界并无严谨一致的统一观点。最早提出互联网金融概念的国内学者谢平在2012年8月的《互联网金融模式研究》中认为，互联网金融模式是“一种供需双方直接交易、信息不对称较弱、成本更低、不同于直接和间接融资的交易模式，主要包括手机银行和P2P融资”[1]。可见当时对于互联网金融的范围限定还较为狭窄，是对实践做法的一种理论提炼。之后理论和实务界开始对互联网金融进行详细分析，并将互联网金融的范畴不断加以扩大。到目前，较为典型的观点如：谢平先生认为，“受互联网影响，从传统金融中介和市场到瓦尔拉斯一般均衡对应的无金融中介或市场情形之间的所有金融交易和组织形式都是互联网金融，其是一个谱系概念”[2]。这种说法从历史时空的高度对互联网金融加以解读。有观点认为，从动态角度看，互联网金融并未形成一种新的金融形态，而是一种“金融行为”或“金融模式”，并进而将互联网金融界定为“金融活动借助网络等现代技术工具而实现的服务普及和延伸，以及由此带来的一系列创新活动”[3]。有观点认为，互联网金融是一种新兴金融服务模式，其利用一系列现代信息科学技术实现了资金融通。当“开放、平等、协作、分享”的互联网精神渗透延伸到传统金融业态，即对传统金融模式产生了根本影响，并衍生出一系列创新的金融服务方式，这种具有互联网精神和理念的金融业态和服务模式统称为互联网金融。这种基于云计算、移动支付、搜索引擎和社交网络等高新技术进行的金融活动，不同于传统上以物理形态网点为基础开展的金融服务，而是充分实现了交易的网络化、电子化。[4]还有观点认为，互联网金融是以互联网为中心资源，以大数据、云计算为基础的新金融模式，其将互联网金融概括为结合互联网技术与金融功能、

[1] 参见谢平、邹传伟：《互联网金融模式研究》，载《金融研究》2012年第12期。

[2] 参见谢平、邹传伟、刘海二：《互联网金融手册》，中国人民大学出版社2014年版，第1页。其中，瓦尔拉斯一般均衡是指整个市场上过度需求与过剩供给的总额必定相等的情况，由法国经济学家里昂·瓦尔拉斯于1874年建立。瓦尔拉斯的一般均衡理论后经帕累托、希克斯、谢尔曼、萨缪尔森等经济学家的改进和发展之后，成为现代一般均衡理论。

[3] 参见王念、王海军、赵立昌：《互联网金融的概念、基础与模式之辩》，载《南方金融》2014年第4期。

[4] 参见罗明雄、唐颖、刘勇：《互联网金融》，中国财政经济出版社2013年版，第4页。

依托大数据和云计算，在网络平台上形成的开放式、功能化的金融业态及服务体系。[1]以上概念重点从具体交易基础和创新的方式出发，强调互联网对金融交易的渗透与改造，对互联网金融的具体内涵加以分析。

从当前已有的规范性政策文件来看，也出现了较为官方的界定。在2014年4月中国人民银行发布的《中国金融稳定报告（2014）》中，中国人民银行认为，理论和实务界对第三方支付、众筹融资、P2P网络借贷属于互联网金融有较为统一的看法，但对互联网金融本身未有统一、明确的概念界定。其认为“互联网金融是借助网络和移动通信技术实现资金融通、支付和信息中介功能的新兴金融模式”。其狭义概念仅指互联网企业依托互联网技术开展的金融业务，广义概念还包括传统金融机构的互联网化。[2]此外，在2014年3月7日北京市海淀区政府发布的《关于促进互联网金融创新发展的意见》中，将互联网金融界定为互联网与金融相结合的新型业态，与《中国金融稳定报告（2014）》的概念内容基本一致。深圳市金融发展服务办公室亦于2014年3月发布《深圳市人民政府关于支持互联网金融创新发展的指导意见》，明确互联网金融是指依托互联网、移动通信和大数据处理等技术手段，提供第三方支付结算、网络信贷、移动支付、金融产品销售、众筹融资（股权）、电商金融等金融中介服务的法人企业；以及传统银行、证券、保险等金融机构设立的创新型网络金融机构、电商机构、专营机构和研发中心等。

上海市政府于2014年7月21日原则通过的《关于促进本市互联网金融产业健康发展的若干意见（送审稿）》中，明确互联网金融是基于互联网及移动通信、大数据、云计算、社交平台、搜索引擎等信息技术，实现资金融通、支付、结算等金融相关服务的金融业态。当然，还有其他地方政府为鼓励互联网金融交易的发展，也陆续出台了相应文件，这些文件从更加宽泛、务实的角度，在界定了互联网金融一般交易方式和形态的同时，还重点对互联网金融的外延做了界定。其中，对于传统金融的互联网化，也将其一并纳入到广义的互联网金融范畴中来。这些规定与学界对此的讨论，形成互有差异但相对一致的互联网金融概念界定。

互联网金融的概念系国内学者基于现实需要而首先提出，在国外虽有关于P2P、众筹等具体互联网金融交易模式的概念和相关资料，但并无与互联网金融明确相对

---

[1] 芮晓武、刘烈宏主编：《中国互联网金融发展报告（2013）》，社会科学出版社2014年版，第3页。

[2] 中国人民银行金融稳定分析小组：《中国金融稳定报告（2014）》，载中国人民银行网站 http://www.pbc.gov.cn/publish/goutongjiaoliu/524/2014/20140429162156125254533/20140429162156125254533_.html，2015年12月7日访问。

应的概念，因而在讨论互联网金融概念时，更多地是从本土语境出发。纵观前述国内对互联网金融概念的种种表述，区别主要在于：

一是互联网金融是一种金融业态、金融行为还是金融模式。业态一般指营业的形态；行为一般指人们在意识支配下的外部举动；模式一般指某种事物的一般或标准样式。实际上，我国基于实践发展而提炼出的互联网金融概念，客观上与影子银行这样的概念提出相近似。[1]这种带有明显普惠性质的新型金融交易发展，客观上肇始于国内 P2P 行业的出现和发展，其带有最为纯正的互联网金融血统，之后又随着“余额宝”等网络理财产品的火爆销售得以繁荣，所以从历史发展路径来看，国内界定互联网金融的落脚点，更倾向于是一种新的金融模式，而非金融行为，也不是语意较为模糊的金融业态。二是互联网金融的具体范畴，关于这个问题，本书将在具体讨论互联网金融的外延时加以详述。

结合前述，本书认为，互联网金融是指利用互联网及移动通信、云计算、大数据、搜索引擎等一系列现代信息科学技术来实现资金融通、支付结算和中介服务等金融功能的新兴金融模式。相应的，脱胎于互联网金融中的网络融资，即指利用互联网及移动通信、云计算、大数据、搜索引擎等一系列现代信息科学技术来进行融资的金融活动。具体包括网络债权融资和网络股权融资两个部分。从互联网金融已有的交易方式来看，P2P、大数据金融属于网络债权融资的范畴，而股权众筹属于网络股权融资的范畴。

二、网络融资的主要特征

就互联网金融的主要特征，存有众多近似但又不同的观点。有观点认为，互联网金融的主要特点为平台金融（即依托互联网平台开展金融服务）、普惠金融（能够提供普惠金融服务或草根金融服务）、碎片金融、信息金融（大数据）。[2]有观点认为，互联网金融的特点是金融服务基于大数据运用、金融服务趋向长尾化、金融服务高效便捷化和金融服务低成本化。[3]中国人民银行在《中国金融稳定报告

[1] 影子银行的概念最初由保罗·麦考利提出，其在一次年度研讨会上用影子银行概括那些内容复杂但缺乏监管的非银行机构和业务，之后这一概念被广泛和深入地加以讨论，也让更多人开始关注这一现象。但从其提出和发展来看，影子银行概念的提出也是基于实践发展纲要和对实际金融现象的总结思考，这与互联网金融的概念提出有非常类似之处。

[2] 芮晓武、刘烈宏主编：《中国互联网金融发展报告（2013）》，社会科学出版社 2014 年版，第 3 页。

[3] 罗明雄、唐颖、刘勇：《互联网金融》，中国财政经济出版社 2013 年版，第 7 页。

（2014）》中认为，互联网金融的主要特征为："一是以云计算、大数据、社交网络等为基础，挖掘客户信息并管理信用风险；二是以点对点直接交易；三是通过网络实现以第三方支付为基础的资金转移。"还有观点主张，可以从导向与出发点、组织架构、发展理念与思维方式、客户群体、管理方式、标准化、客户体验、新技术运用、价格策略、监管体系以及安全性等方面比较互联网金融与金融互联网的异同，凸显互联网金融的特征。[1]

对此，本书认为，互联网金融的精神内核的精髓在于自由、平等、开放、共享、去中心化、普惠等的互联网精神。但互联网金融的本质仍然是金融，网络融资活动的本质更是金融，需从金融这个基点，全面思考互联网金融的基本问题，理由如下：

一是互联网金融的核心金融功能与传统金融没有差别。金融的功能主要在于能够实现融通资金、清算支付、资源配置、分散风险，能够跨时间、空间进行价值交换；而互联网金融实际上进一步拓宽了传统金融渠道，利用现代信息技术实现更高层次、更广范围的资源配置，以服务实体经济，这是对传统金融功能的拓展和深化。

二是包括的大部分金融工具内涵没有发生变化。银行、证券、保险、期货、信托等金融契约的内涵并没有随着互联网金融的发展以及传统金融的进一步互联网化而发生变化，只是在金融类契约的形式上发生了变化，内容进一步网络化、数字化，具体交易从线下移至线上，当然，不能否认的是，互联网金融尤其是网络融资产生了一系列新交易模式，这些模式虽然金融实质没有变化，但交易方式却发生了根本性变更。

三是现代金融固有的风险没有变化。市场风险、流动性风险、操作风险、信用风险、法律合规风险等仍然是互联网金融所面临的主要风险，只不过随着这种新交易方式的产生，在上述风险领域产生了一系列新的问题，甚至有扩大的趋势，并特别凸显了防范技术风险的重要性，互联网金融也同样面临着监管和消费者保护的问题，尤其是目前一些新的互联网金融交易方式还未纳入我国金融监管体系之下。实际上，互联网金融从金融创新角度分析更容易理解。金融创新是金融业各种要素的重新组合。

纵观互联网金融，特别是网络融资的发展历程和时空背景，本书认为，以网络融资为代表的互联网金融在产生和发展的土壤和条件方面，存在区别于传统金融的典型特征。具体为：

一是在技术手段上以云计算、大数据、搜索引擎和社交网络等技术为基础。网

[1] 姚文平：《互联网金融——即将到来的新金融时代》，中信出版社2014年版，第21页。

络融资交易的开展往往基于海量交易信息，这种信息本身即创造出了新的财富和交易，如果没有上述现代信息技术的发展成果，则网络融资无从产生。首先，大数据造就了网络融资的兴起和发展。大数据实际上是互联网金融的核心。[1] 随着互联网、云计算、物联网、三网融合等信息与通信技术的迅猛发展，人类已进入大数据（Big Data）时代。2011 年 5 月麦肯锡公司首先提出了大数据的概念，这种数据大小已经超出了典型数据库软件的采集、储存、管理和分析等能力的数据集。[2] 一般意义上讲，大数据是指“无法在一定时间内用常规机器、工具对其进行感知、获取、管理、处理和服务的数据集合”[3]。大数据具有内容复杂、类型多样、非结构化数据高、价值密度低等特点，其核心价值在于海量数据的存储和分析，自产生以来，大数据在数据提供、商品营销、商业风险管控、商业预测等方面被广泛应用。从互联网金融交易情况来看，如阿里巴巴、百度、京东、腾讯等互联网企业历时多年掌握海量用户数据，并且能够运用云计算等方式，对用户数据进行深度挖掘和精准分析，使其能够提供不同于传统金融企业的业务内容，并在服务对象、交易方式等领域产生了革命性变化；部分新的网络融资企业开展业务也依托于从网络大数据中获取的海量信息甚至是碎片化信息，并以此进一步进行业务延伸。需注意的是，传统金融领域利用的交易数据绝大部分以结构化数据形态、静态形式存在，而在大数据背景下，通过更加先进的信息挖掘技术，使散存于各网站中的用户评价、交易信息、消费者偏好甚至是具体消费习惯等非结构化信息被充分利用起来，并使金融交易呈现出不同的发展和变化。其次，云计算使互联网金融交易成为可能。云计算一般涉及通过网络来提供动态易扩展且经常是虚拟化的资源，它将位于不同方位、地点的计算资源通过网络加以整合，用户可以根据自身需求利用所需资源。[4] 云计算在网络融资交易中的作用主要是可以增加具体交易领域的数据处理能力和存储能力，降低交易成本，为互联网金融交易顺利开展提供技术支持。此外，如微博、微信的社交网络以及如百度等搜索引擎，也掌握着数以亿计的客户访问端口，这些用户数据也是互联网金融交易得以开展的基础资源。结合前述，如果没有这些技术手段，互联网金融交易无法在现有的历史时空中出现繁荣，技术推动使这些技术企业从事金融业务

[1] 参见余丰慧：《互联网金融革命——中国金融的颠覆与重建》，中华工商联合出版社 2014 年版，第 235 页。

[2] 参见姚文平：《互联网金融——即将到来的新金融时代》，中信出版社 2014 年版，第 234 页。

[3] 参见李国杰、程学旗：《大数据研究，未来科技及经济社会发展的重大战略领域——大数据的研究现状与科学思考》，载《中国科学院院刊》2012 年第 27 卷第 6 期。

[4] 参见姚文平：《互联网金融——即将到来的新金融时代》，中信出版社 2014 年版，第 246 页。

时获得了比传统金融机构在某些方面更强的优势，也因为这些技术才使一系列新交易、新模式成为可能。

二是在交易方式上依托承担各种主要职能的互联网平台，将资金供求双方直接对接，实现了低成本的资源配置。在传统金融领域，金融交易一般需要通过券商、银行等金融中介机构来完成，网络融资的发展冲破了这一桎梏。按照金融中介机构的主要业务和职能定位，可分为融资类、保障类、投资类、信息咨询服务类共四类金融中介机构，各类金融中介机构发挥着清算交付、信用创造、信息提供、资源配置和风险管理等重要功能。[1]在传统金融的直接融资领域，需要证券公司、基金公司、投资银行等金融机构提供咨询、策划、经纪、承销等中介服务；在传统金融的间接融资领域，需要商业银行作为媒介为资金供需各方提供服务；此外，保险、信托、金融租赁等金融机构在开展金融交易方面也发挥着重要的中介作用。网络融资作为金融创新的一种结果，在去中介化这个环节上发生了根本性变化。仍以P2P网络借贷、股权众筹为例，通过现代信息技术，上述两种交易虽有部分工作放在了线下，但绝大部分交易内容均在网上完成，网络交易平台是网络融资交易的核心。这其中，交易信息通过网络平台发布，交易主体通过网络平台确定，虽然平台只起到服务中介作用，但正是平台功能的发挥，使网络融资交易的发生成为了可能，虽然网络交易平台并不参与资金供需双方的具体交易，但融资交易的信息不对称程度得以减弱，信息披露进一步强化，能够更为彻底地发挥市场优胜劣汰机制。可见，正是由于传统金融中介和网络融资交易平台在功能和作用上的不同，才使两种交易模式呈现出不同的样态，并将网络融资从传统金融中分离出来。

三是在交易理念上凸显了普惠金融理念和互联网精神，服务于传统金融未提供有效金融供给的广大碎片化中小微群体。2005年，联合国率在宣传小额信贷时，首先使用了普惠金融的概念，具体是指能够全方位、有效地为社会各阶层和群体提供服务的金融体系。正是由于传统金融没有为所有人提供平等、充分、有效的金融服务，所以联合国希望通过大力发展小额信贷解决这一问题。在我国国内也较早就引入了

[1] 融资类金融中介机构主要是指以为资金供需双方提供融资服务为主的金融机构，包括各类商业银行、信用合作社等。投资类金融中介主要有证券公司、基金管理公司等，是为企业在一级证券市场的融资和投资人在二级证券市场上的投资提供中介服务的金融机构。保障类金融中介主要是指各类保险公司，社会保障机构也具有金融中介的性质。信息咨询服务类金融中介主要是指资信评级机构、会计师事务所以及其他以金融信息咨询服务业务为主的金融中介机构。上述分类参见王广谦：《金融中介学》，高等教育出版社2003年版，第89页。

普惠金融的概念[1]，特别是在《中共中央关于全面深化改革若干重大问题的决定》“完善金融市场体系”部分中，还专门提出要发展普惠金融。实际上，网络融资交易自起步发展以来，就具有明显的普惠金融特征，也即所谓的草根金融。本书认为，互联网金融本身就是服务于小微客户、服务于最细部的金融消费者而产生的交易，正是互联网金融服务于传统金融无法提供有效服务的领域，才使其迅速发展壮大，网络融资交易的普惠性毋庸置疑。

网络融资交易的另一理论基石即长尾理论。[2] 该理论内容具体为，只要产品流通和存储的渠道足够广阔，那些需求不旺或销量不佳的产品所共同占据的市场份额，就能够和那些热销产品所占据的市场份额相当甚至更大。长尾理论中所指的冷门产品涵盖了更多人的需求，当有了需求后，会促使更多人意识到这种需求，从而使冷门产品销量增加。互联网金融就是通过网络交易平台，将交易的供需拓展至传统金融无法达到的领域，产生出新需求、新交易。实际上，这也是金融民主化的表现之一。[3] 罗伯特·席勒在《金融与好的社会》一书中强调，金融创新的一个重要前提是“必须服务于保护整个社会资产这个最根本目标”，网络融资交易即满足这种特质。

自由、平等、开放、共享的互联网精神，在网络融资领域表现得更为充分。网络融资各方通过网络融资平台，将详细的交易信息、主体情况、投资收益情况等一系列在传统金融环境下只进行了部分披露的信息完全放置于完全公开的网络环境下，

[1] 国内最早引进这个概念的是中国小额信贷联盟，白澄宇提出用“普惠金融体系”作为 inclusive financial system 的中文翻译。从 2005 年开始，联合国开发计划署与商务部国际经济技术交流中心和中国人民银行、国家开发行等合作，开展了“建设中国普惠金融体系”项目。中国人民银行研究局焦瑾璞副局长于 2006 年 3 月在北京召开的亚洲小额信贷论坛上正式使用了“普惠金融”这个概念。之后，普惠金融概念在我国普及推广开来。2012 年 6 月 19 日，胡锦涛主席在墨西哥举办的在二十国集团峰会上指出：“普惠金融问题本质上是发展问题，希望各国加强沟通和合作，提高各国消费者保护水平，共同建立一个惠及所有国家和民众的金融体系。确保各国特别是发展中国家民众享有现代、安全、便捷的金融服务。”这是中国国家领导人第一次在公开场合正式使用普惠金融概念。

[2] 根据维基百科，长尾（The Long Tail）这一概念是由《连线》杂志主编 Chris Anderson 在 2004 年 10 月最早提出的，用来描述诸如亚马逊和 Netflix 之类网站的商业和经济模式。“长尾”实际上是统计学中幂律和帕累托分布特征的一个口语化表达。

[3] 有观点认为，互联网金融的经济学特征是利用长尾理论。长尾理论的基本原理是聚沙成塔。将传统上的小市场累积创造出大的市场规模。长尾价值重构的目的是满足个性化市场需求。通过互联网平台经济，在创意上具备个性化价值内容的产品更易获得顾客并激发其隐性需求，开创一种与传统大众化完全不同的面向固定细分市场的、个性化的商业经营模式。在互联网金融时代，传统的增加品种满足小微客户而产生亏损的情况将在大数据和量计算的支持下。演变成利润丰厚的增长点。参见刘英、罗明雄：《互联网金融模式及风险监管思考》，载《中国市场》2013 年第 43 期。

在很大程度上减少了信息不对称问题；对于所有交易主体一视同仁，不因交易量大小等交易因素而对交易主体进行区分。

四是在交易模式上产生了区别于传统金融的新变化和手段，并带来了具有一定变革意义的金融创新，而这种创新给目前的交易、监管和金融消费者保护带来一些挑战。金融创新与金融监管之间存在一种同生共存的关系，需要把握好金融安全与金融自由的平衡。金融创新既是对金融监管的挑战，又是对金融交易的促进。从网络融资的时空发展实际来分析，通过大数据、云计算以及其他现代信息技术的发展，网络融资以种种全新的交易方式出现，改变了传统金融的交易方式，属于金融创新的应有内容。但由于留给监管层的研究观察阶段还较为短暂，目前，针对具有创新意义的P2P网络借贷、股权众筹仍未被纳入正式行政监管范畴，而主要依靠事后传统的刑事、民商事手段予以法律救济，以及通过成立一些行业性协会等而进行自律监管。在P2P网络借贷平台“跑路”现象日益多发的情况下，出台何种监管措施还在讨论当中。对于股权众筹等新型业务，实际上更处于一种合法与非法的模糊地带，虽说监管层有一些举措，以界定一些已有业务是否触及法律红线，但仍然对大部分类似业务采取观望态度，待实践进一步发展成熟后再加以监管应对。所以，从目前实际情况来看，讨论较多的网络融资交易仍然在正式监管范围之外，部分观点将互联网金融业务纳入到影子银行体系当中，也存有一定道理。

特征是一个客体或一组客体特性的抽象结果。在上述关于互联网金融、网络融资特征的讨论过程中，实际上还对一些互联网金融的理论工具、交易属性等做了梳理和说明，以此对互联网金融展开较为深入的讨论，并为界定互联网金融、网络融资的具体范围打下基础。

三、网络融资的具体外延

外延是概念所确指的对象范围。确定互联网金融的具体外延系本书开展研究的基础和首要问题，对回答为何以网络融资为本书研究对象具有非常重要的基础性意义。

对于互联网金融的外延，目前并无定论。这一方面源于互联网金融本身处于成长阶段，并未发展成熟；另一方面，由于目前学术和实务界对互联网金融的具体界分标准也存有较大分歧。实践中，理论和实务界对互联网金融的具体外延界定采用或宽或窄的标准，下文例举一部分主要观点加以说明。有观点认为，按照目前各种互联网金融形态在信息处理、交付结算、资源配置等方面的不同，可将互联网金融分为六种主要类型：一是金融互联网化，主要是网络对传统金融中介和市场物理网点以及存于其中的人工服务的替代，包括网络证券、保险、银行等机构以及金融产品的网络销售、手机银行等；二是移动支付和第三方支付，如Paypal（美）、支付宝、财付通等；三是互联网货币，如比特币、Q币等；四是基于大数据的征信和网络贷款（更侧重于电商小贷），如Kabbage（美）、阿里小贷等；五是P2P网络借贷，如Prosper（美）、Lending club（美）、人人贷、立信等；六是众筹融资，如Kickstarter（美）、天使汇等。[1]也有文章指出，互联网金融模式分为第三方支付、P2P网络借贷、大数据金融（分为平台金融和供应链金融）、众筹、信息化金融机构以及互联网金融门户六种。上述观点明确地将信息化金融机构以及互联网金融门户界定为互联网金融。其中前者主要指传统金融机构互联网化和金融电商；后者主要指在线金融超市、垂直搜索平台以及第三方资讯平台。[2]《中国金融稳定报告（2014）》认为，网络支付、P2P网络借贷、众筹融资、非P2P网络小额贷款、金融机构创新型网络平台、网络基金销售，构成目前我国互联网金融的主要业态。[3]

在地方政府出台的政策性文件中，对互联网金融的外延界定较为宽泛。2014年8月12日广州市越秀区金融办发布《广州市越秀区金融办关于促进广州民间金融街互联网金融创新发展的若干意见（试行）》中，将互联网金融机构列举为P2P网络借贷平台、众筹融资、大数据金融、第三方支付、互联网金融门户等；在2014年6月26日贵阳市政府发布《关于印发支持贵阳市互联网金融产业发展的若干政策措施（试行）》中，第二条对此进行了明确规定，内容基本上将已讨论对象均纳入进去，

[1] 参见谢平、邹传伟、刘海二：《互联网金融手册》，中国人民大学出版社2014年版，第10页。

[2] 参见罗明雄、唐颖、刘勇：《互联网金融》，中国财政经济出版社2013年版，第7页。这种分类中，信息化金融机构是指通过广泛运用以互联网为代表的信息技术，在互联网金融时代，对传统运营流程、服务产品进行改造或重构。实现经营管理全面信息化的银行、证券和保险等金融机构，具体分为网上银行、券商、手机银行等传统金融机构互联网化模式，直销银行、智能银行等基于互联网的创新金融服务模式，以及电子商务平台等金融电商模式。互联网金融门户是指利用互联网提供金融产品、金融服务信息汇聚、搜索、比较及金融产品销售并为金融产品销售提供第三方服务的平台，具体分为第三方资讯平台、垂直搜索平台以及在线金融超市三种。

[3] 对此内容，我国金融监管机构在不少场合就此发表过意见。如中国人民银行条法司司长穆怀羽在2013年年底召开的“2013凤凰财经峰会”上表示，互联网金融涉及购买支付、借贷行为、创业集资、投资理财等方面，分别对应第三方支付、P2P网络借贷、众筹融资、互联网理财等业务类型。

非常宽泛。[1] 在 2014 年 11 月 14 日杭州市政府发布的《杭州市人民政府关于推进互联网金融创新发展的指导意见》中，将互联网金融企业具体分为五类：网络债权融资企业、网络股权融资企业、第三方支付机构、互联网金融门户、互联网金融后台。[2] 上述政策性文件从鼓励交易的角度出发，规定得均很宽泛，特别值得关注的是，在杭州市政府的文件中，就网络债权融资、网络股权融资做了与本书基本一致的划分，体现了此种分类的生命力和务实性。

按照前述对互联网金融外延的具体梳理，结合网联网金融的具体交易情况，本书认为，互联网金融的基本外延应包括：第三方支付、传统金融互联网化 P2P 网络借贷、众筹、大数据金融、网络理财服务六大模式。对于上述讨论中提到的互联网金融门户等类型，因并不完全符合互联网金融的内涵和特征，不适宜将其纳入到互联网金融的概念体系中来。对于互联网货币，因其是在信息技术高度发展情况下发展起来的虚拟货币形态，与本书分析的互联网金融特征不相符合，亦不属于讨论的范畴。对于网络融资的具体外延，可以按照网络债权融资和网络股权融资的分类，将 P2P 网络借贷和大数据金融纳入前者，将股权众筹纳入后者，学界和实务界亦有如此分类。[3]

[1] 具体规定为："本措施适用于第三方交付、网络信贷（P2P）、众筹融资、金融产品网络销售、电商金融等各类互联网金融企业；银行、证券、基金、保险等金融机构设立的创新型互联网金融组织；依托互联网、移动通信和大数据处理等技术的企业开展的资金融通、支付、机构间交易结算平台等金融业务。支持符合条件的企业获得第三方支付、跨境电子商务外汇支付、基金支付结算、基金销售、保险销售、个人征信业务经营许可等相关业务资格。"

[2] 第三方支付机构：指获得中国人民银行颁发的《支付业务许可证》，依托互联网在收付款人之间转移货币资金的法人非金融机构。网络债权融资企业：指以依托互联网平台开展资金借贷及相关融资中介等金融服务为主要业务的法人企业。网络股权融资企业：指以依托互联网平台开展股权融资及相关融资中介等金融服务为主要业务的法人企业。互联网金融门户，指主要通过运营互联网门户网站提供综合性金融咨询服务，或主要通过运营互联网金融交易服务平台提供综合性金融产品销售与财富管理服务的法人企业。互联网金融后台：指主要通过金融大数据采掘加工提供增值服务或提供互联网金融业务专业技术支持的法人企业。

[3] 参见郑联盛：《中国互联网金融：模式、影响、本质与风险》，载中国电子银行网 http://hy.cebnet.com.cn/2014/1117/317956.shtml，2015 年 11 月 2 日访问。其中主张，网络融资主要包括网络债权融资和网络股权融资两个领域。网络债权融资典型代表是 P2P（人人贷）和大数据金融（比如阿里小贷）。网络股权融资典型代表是众筹平台，通过众筹平台中小企业或个人某项业务或活动将可能获得"众人"资金筹集支持。

第二节　网络融资交易中金融消费者的界定

近些年，随着全球金融危机带给人们的深刻反思，各国都开始加大了对金融消费者的研究和保护力度，国内也出现了一系列关于金融消费者保护的理论成果和实践操作，也有些学者关注和研究了互联网金融领域内的金融消费者保护问题。但这些实践和研究大部分还处于较为浅显的层面，也缺乏系统性研究和总结。实际上，正如一些学者所说，消费者是经济法的核心主体，以人为本的理念要求以消费者为本。[1]还有学者认为，“金融消费者是金融放松管制阶段最大的利益受害者，忽视金融消费者的利益保护是传统上金融法制最大的漏洞和败笔”[2]。“新一轮金融法变革的核心是以金融消费者保护为中心来对金融法体系进行变革或重构。”[3]本书以金融消费者为中心开展对网络融资交易的研究，正是基于这一思路开展，这也是目前网络融资领域目前争议较大、问题较多、保护力度相对薄弱的领域之一。

一、金融消费者的概念辨析

（一）国内观点梳理

关于什么是金融消费者，金融消费者的起源和范围，与消费者、投资者概念的相互关系等问题，近年来已有较多争论。总体看来，国内理论和实务界基于对金融危机的反思和国外金融监管的改革，结合国内一些规章制度的出台对金融消费者的内涵和外延做了分析，但仍没有确定性结论。

从国内情况来看，在法律层面，并没有直接对应的金融消费者概念。目前的法律依据主要是《中华人民共和国消费者权益保护法》（后简称《消费者权益保护法》），其肇始是《消费者权益保护法》第二条的规定，即为生活消费需要而购买、使用商品或者接受服务的主体为消费者，此系关于消费者保护范围的基本规定。之后该法通过第二十八条的规定，将《消费者权益保护法》的适用范围扩大至金融领域，使

[1] 徐孟洲：《耦合经济法论》，中国人民大学出版社 2010 年版，第 101—102 页。

[2] 杨东：《金融消费者保护统合法论》，法律出版社 2013 年版，第 50 页。

[3] 杨东：《论金融消费者概念界定》，载《法学家》2014 年第 5 期。

进行金融交易的消费者有权适用《消费者权益保护法》所确定的一系列法律固定和规则来保护自身权益。[1] 对于上述规定，存有界定消费者的两个要点，即“购买、使用商品或者接受服务”和“为生活消费需要”，但该法并未明确指出消费者主体仅为自然人，由此引发了争议。对于其他规范性文件，如2013年5月7日中国人民银行办公厅发布的《中国人民银行金融消费权益保护工作管理办法（试行）》第四条做了规定，[2] 该定义目前得到了很大一部分学者和实务界人士的支持，其将非自然人主体排除在外。类似的观点还有中国银监会于2013年8月30日发布的《中国银监会关于印发银行业消费者权益保护工作指引的通知》第三条的规定。[3] 还有观点主张，金融消费者应定义为“基于非营业目的而购买或使用金融产品或服务的自然人”，并将“金融产品或服务”的范围扩大至一般金融服务领域，进行更为宽松的界定。[4] 但部分学者认为上述金融消费者的概念仍较为狭窄，并基于对金融消费者概念的历史分析与现实需求，提出更为宽泛的概念。如有观点从制度构建的角度出发，主张“金融消费者是指已经、正在或正打算购买、接受金融机构提供的金融商品或服务的自然人、法人和其他组织，专业投资者除外”[5]。还有学者主张，金融消费者的定义应当为从金融机构购买金融投资商品或接受服务的自然人、法人或其他组织，分为专业金融消费者和一般金融消费者。其中，专业投资机构和符合一定财力、专业能力和风险承受能力的自然人、法人或其他组织是专业金融消费者；一般金融消费者是非专业金融消费者。[6] 从上述概念可以看出，目前国内在金融消费者概念上的主要分歧在于是否包括法人和其他组织，投资者是否属于金融金融消费者，以及投资人内部是否存在金融消费者的划分问题。这也是本书在界定金融消费者概念时考量的内容。

---

[1]《消费者权益保护法》第二十八条规定：采用网络、电视、电话、邮购等方式提供商品或者服务的经营者，以及提供证券、保险、银行等金融服务的经营者，应当向消费者提供经营地址、联系方式、商品或者服务的数量和质量、价款或者费用、履行期限和方式、安全注意事项和风险警示、售后服务、民事责任等信息。

[2] 即金融消费者是指“在中国境内购买、使用金融机构销售的金融产品或接受金融机构提供的金融服务的自然人”。

[3] 即“银行业消费者是指购买或使用银行业产品和接受银行业服务的自然人”。

[4] 参见廖凡：《金融消费者的概念和范围：一个比较法的视角》，载《环球法律评论》2012年第4期。

[5] 参见刑会强：《金融消费者的法律定义》，载《北方法学》2014年第4期。该概念中的专业投资者是指财力或投资专业能力达到一定标准的自然人、法人和其他组织。

[6] 参见杨东：《论金融消费者概念界定》，载《法学家》2014年第5期。其中还谈道，该概念中的专业金融消费者的范围、标准，可以由金融监管机构做适时调整，形成“具有动态性和包容性的金融消费者概念”，以实现消费者弱势保护和市场功能确保的金融法内在价值目标的有机统合。

（二）国外实践梳理

从国外情况来看，其金融消费者概念的提出是基于历史发展和实践需求的产物。自1995年英国经济学家迈克尔·泰勒提出“双峰理论”以来，金融消费者保护即成为全球性命题。该理论核心为金融监管存在两大并行目标，即旨在维护金融稳定、防范系统性金融风险的审慎监管目标、规范金融机构经营行为和保护消费者利益的行为监管目标。[1] 此外，泰勒还希望建立诸如“金融消费者保护委员会”等类似机构以专门保护消费者权益。泰勒的观点对世界金融监管理念产生了重大影响，澳大利亚在20世纪末分别设立了专门负责消费者利益保护的证券投资委员会和维护金融体系安全稳定的审慎监管局，就被认为是“双峰”理论的具体实践。进入21世纪，世界各主要发达国家开始在金融消费者领域加大研究和实践力度，并在全球金融危机后进一步深入和完备。

在美国，因为有成熟发达的证券期货投资人保护制度，且分业、多头监管的传统浓重，这使美国虽然在理论上未对金融消费者做出明确区分，但实践中在证券期货市场多用投资人的概念，而在银行业务等领域多用消费者的概念。在1999年的《金融服务现代化法》中，其对金融消费者定义为“为个人、家人或家庭目的而从金融机构得到金融产品和服务的人（以及其个人代表）”。结合法案的整体内容，可以看出其金融消费者的概念并非适用于整个法案，并以此为基准进行制度设计。在2010年7月15日出台的《多德-弗兰克法案》中，专列第十章设置了消费者金融保护局，消费者金融保护局整合了过去各监管当局的消费者保护职能，对于资产低于100亿美元的机构仍由银行监管机构进行监管；对资产超过100亿美元的银行和信贷机构、大型非银行金融机构及所有与抵押贷款有关的业务，其有权进行检查并制定规则。在其第1002条（4）写明了金融消费者的概念，即“个人或代表个人行事的代理人、受托人或代表人”[2]。同时，对于消费者金融产品或服务的具体范畴，其在第1002条（5）和（15）A项做了具体规定。而在该法案的第九章，专章规定了“投资者保护及加强证券监管”，坚持了以往美国证券与银行等业务的区别监管，其中在

[1] Michael Taylor, *Twin Peaks : A Regularory Structure for the New Century, Center for the Study of Financial Innovation*, London, 1995.

[2]《多德-弗兰克华尔街改革与消费者保护法案》，董裕平、全先银、汤柳、姚云等译，中国金融出版社2010年版，第534页。

第913条“对经纪人、交易商及投资顾问义务的研究和规则的制定”对证券“零售客户”专门做了规定，即“满足以下条件的自然人或自然人的法定代表人：（1）从经纪人、交易商或投资顾问处接受个人化的证券投资建议；（2）将这些建议主要用于个人或家庭用途”[1]。从上述规定可以看出，该法案仍然坚持了投资人与消费者的区分对待，前者对应的多是证券期货市场中的投资人，后者对应的是除证券期货市场以外的消费者，这也是美国多头监管格局反映到法律层面的结果。但上述概念都指的是自然人。

英国树立了金融统一监管模式下的金融消费者保护体系，并成为了此种模式的代表。在2000年6月，英国颁布了《金融服务和市场法案》，其确立了以金融服务局为单一监管机构的综合监管体制，确立了金融领域消费者保护的基本框架，是英国的金融监管基本法。其中在第138条第7款及第5条第3款、第10条第7款，对金融消费者做了规定。[2]上述规定涵盖的范围非常广泛，既包括现在的客户，也包括过去和未来的客户；既包括对金融服务或金融工具拥有相关权利和利益的人员，也包括直接同金融服务提供者签订合同、接受服务的人员。此外，英国还设立了金融申诉专员（FOS）制度，以妥善保护金融消费者；设立了金融服务赔偿计划，防止金融机构破产后导致金融消费者利益受损；加大金融消费者教育力度，提供公众金融咨询服务以及成立成立金融消费者分家组以便代表金融消费者维权等。此后，英国又进一步探索金融监管模式以及具体的金融消费者保护措施。在2013年4月1日，英国正式实施《2012年金融服务法》，对监管制度进行深度改革，由新设的金融行为监管局即FCA替代FSA，负责消费者保护和金融监管，其中明确了确保“消费者受到适当保护”的监管战略目标。

从美、英两国的实践可以看出，金融消费者概念是紧随一国监管模式和体制而自然衍生出的实践性概念，并非理论推演的结果。英国实施大一统的监管模式，故将金融消费者的概念扩大至整个金融领域，以便于实践操作；而美国有着证券、银

[1]《多德-弗兰克华尔街改革与消费者保护法案》，董裕平、全先银、汤柳、姚云等译，中国金融出版社2010年版，第410页。

[2] 金融消费者是“（1）正在使用、曾经使用，或者正在或可能正在考虑使用由下列人员提供服务的人：授权从事金融活动的金融机构或从业人员、受委托从事金融活动的代表。（2）其权利或利益源于或可归因于他人对金融服务使用的人。（3）因授权他人以其名义或委托他人使用金融服务，使其权利或利益可能受到不利影响的人。（4）与非授权金融机构或金融从业人员从事的金融活动相关的人，且经授权的金融机构或金融从业人员也会从事该活动”。转引自杨东：《金融消费者保护统合法论》，法律出版社2013年版，第113—114页。

行分开监管的根深蒂固的传统，所以在界定金融消费者概念时范围实际较为狭窄。总之，金融消费者的概念是从金融实践中来，又进一步服务于金融实践。

在日本，2000 年 5 月国会通过的《金融商品销售法》中，从对消费者进行倾斜保护的角度出发，明确该法的保护对象是信息处于弱势一方的客户，并且包括自然人和法人；同时为切实保护金融消费权益，该法还引入了金融商品销售者销售金融产品时的说明义务以及适合性原则，如果未履行这种说明义务，顾客可以请求损害赔偿。之后日本又在 2006 年出台的《金融商品交易法》中将证券归入到金融商品中，扩大了金融消费者的范围。此外，日本还将投资人按照是否具有专业金融知识而区分为特定投资人和一般投资人，并在销售和不当劝诱等制度设计上进行差别对待；在 2008 年 6 月公布的《金融商品交易法等部分修改法案》中，还修订了特定投资人与一般投资人的转化程序，体现了日本立法精确的一面。在具体的金融消费者保护方面，其建立了事前、事后两个方面的救济制度：事前防止制度主要包括广告宣传上的限制、限制不正当的交易方法、个人信息的管理、金融机构提供信息以及利息的法律限制等；事后救济制度主要包括存款保险制度、因伪造和盗窃银行卡和存折发生损失后的赔偿制度等。[1]

因本书论述主题的限制，不再对其他有借鉴意义的国家和地区的金融消费者保护问题进行一一论述，但从国外已有成果来看，英美法系国家实际上并未突出此概念，而是以消费者这一主体进行定位，在具体的服务和产品定位上再加以界定，并且均设计了一些不同于一般商品消费者保护的制度，体现了对金融消费者保护的重视。大陆法系国家由于成文法的特性，对金融消费者的概念有相应界定，实际上也是一种实践性很强的概念。对于国内所讨论的问题，国外的实践告诉我们，金融消费者的范围确实有越来越宽泛、越来越细化的趋势，其主体由于信息不对称、地位不对等因素，已将法人和其他组织纳入到金融消费者范畴中来。而随着投资人概念向金融消费者概念的不断嬗变，投资人也不断被列入到金融消费者概念中来，只不过因投资人身份情况复杂，需进一步区别专业投资人和一般投资人的概念，再辅之以不同的权利义务设置，共同构成现代、科学、合理的金融消费者概念和权利保护体系。

（三）本书对金融消费者概念的具体界定

结合前述分析，本书将我国金融消费者的概念界定为：指从金融机构购买金融

---

[1] 参见温信祥：《日本金融消费者保护制度及其启示》，载《金融论坛》2012 年第 11 期。

产品或接受金融服务的自然人、法人和其他组织，专业投资人除外。理由如下：首先，金融消费者的概念虽源自消费者，但其提出就是为解决发生在金融领域更加严重的信息不对称、地位不对等问题，而此问题并不随投资和消费主体是个人还是法人、其他组织而变化，除非其本身具有专业金融知识而实质上拥有了较为平等的交易地位。限定自然人作为消费者主体，考虑的主要因素之一即消费者为生活需要而购买使用商品，但在金融交易领域，这一问题显然发生了变化。可以说，凡是与金融机构发生交易的主体，只要自身缺乏专业知识，且处于交易弱势一方，均有可能纳入到金融消费者范畴中来。其次，从投资者到金融消费者的身份嬗变已是大势所趋。在以往的实践和学术研究中，往往纠缠于消费者的行为必须是消费，而金融领域内的交易弱势一方从表面来看是通过投资获取收益，体现一定的营利性，与传统不符。但投资其实在一定意义上就是一种消费；且在金融交易中，传统意义上的交易风险被再次放大，需要通过法律制度的重新构建加以保护。另外，在我国金融制度还不发达的现状下，各种金融消费者保护措施才刚刚起步，确立范围较大的金融消费者概念，也并没有实践操作上的障碍。再次，需明确并非所有的投资人均属于金融消费者。对于市场交易中掌握了专业知识、具备一定财力和判断能力的专业投资人，比如机构投资者，即无须向其提供倾斜性保护，而应坚持“买者自负”的交易原则。当然，应当设定一定条件，以使二者在具体条件变化时相互转化，实现权利义务的精准匹配。

二、网络融资交易中的金融消费者界定

具体到网络融资交易内部，需区分情况来界定哪方主体系金融消费者。在此之前，还需明确的前提是，正如前文所述，网络融资业务本质上是一种金融交易，且不论是投资人还是融资人，是出借人还是借款人，相对于网络融资平台来讲，均处于弱势地位，需要加以倾斜保护。

在网络债权融资的P2P网贷交易领域，交易主体主要有出借人[1]、借款人、融资平台、担保人、债权转让人等：其中出借人主要是自然人，借款人包括自然人、

[1] 为表述方便和统一，本书将P2P借贷中的借贷双方称为出借人和借款人，将股权众筹中的交易双方称为投资人和融资人，但都归于金融消费者概念之下。

小型工商户和中小企业主。[1] 在确定 P2P 网贷交易中的金融消费者主体之前，需首先明确两个问题：一是在网贷交易的各种模式，如纯平台模式（信息中介）和债权转让模式下，是否存在界定金融消费者的必要。产生上述问题的原因在于传统意义上的 P2P 网贷交易只是信息中介，提供居间服务，撮合借贷交易，不介入借款双方之间的借贷关系中，不承担交易风险。就此一些观点质疑 P2P 网贷交易平台是否为一种金融机构：如果不是金融机构，则与之发生交易或服务关系的其他主体便成为无本之末，不能称为金融消费者。就此，本书认为，按照我国 P2P 网贷交易平台从事的具体业务，结合我国监管层在关于影子银行的政策文件中对 P2P 网贷交易平台企的定性，P2P 网贷交易平台企业应属于新型网络金融公司，平台的功能除去提供信息交互外，还提供业务审核、贷后管理，有些还提供本金保障、平台担保等业务，这些业务的实质系金融服务，所以 P2P 网贷交易平台企业应属于非银行金融机构，从事的业务系金融业务。二是借款人是否属于金融消费者的范畴。从已有观点看，对于出借人系弱势一方、属于金融消费者范畴争议不大，但借款人作为借贷关系中的贷款人，好像并不能将其归入需要特别予以保护的一方。但实际上，在分析这一问题时，应考虑金融消费者界定的基点，即与金融机构相比弱势的另一方交易主体。在 P2P 网贷交易中，借款人接受了 P2P 网贷交易平台提供的金融服务，其地位亦与平台不相对等，所以借款人亦属于 P2P 网贷交易中的金融消费者。至于债权转让人，实际是在债权转让模式下，由平台核心人物为完成交易而构建的角色，不应属于金融消费者范畴。因本书在之后的交易模式和法律关系分析中会深入分析这一问题，故在此只做一般区分。

在网络股权融资的股权众筹交易领域，主要涉及的交易主体包括投资人、融资人、网络交易平台，其中投资人在天使式的股权众筹交易中分为领投人和跟投人，而融资人一般为初创企业。在这种模式下，融资人作为交易一方主体纳入到金融消费者范畴之内异议不大，即使其主要作为企业主体存在。需讨论的主体是股权众筹融资中的领投人，在一般交易情形下，领投人是网络融资平台作为专业投资人引入的交易衔接主体，跟投人即一般投资人在很多情况下是基于网络平台对被投资企业和项目的专业判断以及领投人的专业知识而进行交易的，此种情形下，是否将领投人纳入到金融消费者主体存有争议。本书认为，凡是与金融机构相比处于弱势交易地位的一方均有可能成为金融消费者，专业投资机构除外；领投人虽然在专业知识、交

[1] 参见零壹财经、零壹数据：《中国 P2P 借贷服务行业白皮书（2014）》，中国经济出版社 2014 年版，第 10 页。

易地位等方面不同于一般投资人，但与股权众筹平台相比，仍属于弱势一方，应属于金融消费者范畴，但在具体权利义务设定方面应与跟投人有所区别，相应的金融机构对其负有的说明告知、投资者适合性要求等义务应做有区别的设定，并防止领投人与交易对象进行串通而引发道德风险。

三、网络融资交易中金融消费者保护的现状与必要性

（一）金融消费者的保护现状

在网络融资交易中，金融消费者权益被侵害的情形更加隐蔽，涉及群体更加多样，信息不对称程度更高，消费者维权的渠道和途径更加有限。从实践情况来看，在我国 P2P 网络借贷交易和股权众筹交易中，金融消费者的保护现状着实令人堪忧。

一方面，在 P2P 网络借贷交易领域。对于 P2P 网络借贷交易层出不穷的停止兑付、关闭甚至跑路，目前金融消费者能够采用何种实际手段维权，在此做客观描述，以便为构建具体解决问题的制度和方法提供基础和依据。

首先是民商事解救手段。在一般情况下，借款人不能到期支付借款，则出借人可以要求提供本金保障的平台，按照合同约定返还本金，其资金来源在于平台设立的风险备付金或平台自有资金。当众多违约同时发生而风险备付金或自有资金难以支付时，从平台角度看，就出现了刚兑压力，这是诸多问题平台首先出现的问题。此时，出借人还可以要求由第三方担保公司在担保范围内承担担保责任，再将借款追偿权转移至平台或第三方担保公司，由其进行担保追偿。但除了个别资金雄厚的大型平台外，一些担保公司的实际控制人本身与担保公司即同属一人，此时担保公司如责任财产有限，也可能出现系统崩盘，造成出借人权益无法保障。此时，如果平台控制人未携款潜逃，则出借人可以通过民事诉讼方式，将借款人以及提供担保的平台或担保公司诉至法院，要求其承担违约责任。实际上，以这种方式行权的情形比较少，因为即使打赢了诉讼，还会面临执行难、成本高且结果遥遥无期，甚至无法执行等问题。当然，如果系债权转让模式则后果更为严重，因为此时出借人与借款人之间并不存在直接的借贷关系，无法起诉借款人，只能依据协议将债权转让主体和担保人诉至法院。此时也同样面临强制执行问题。如果涉及破产问题，则需要纳入到破产程序中加以解决，但目前还未出现 P2P 网络借贷平台企业向法院申请破产的实际案例。

其次是刑事手段。在出现跑路等问题之后，包括与东方创投案类似的案件，消费者第一反应就是刑事报案，由公安机关介入进行刑事侦查，目前已经审理完毕和正在审理的案件基于此情形。跑路是一个形容样态的非法学词汇，由此引发的法律后果也不尽相同，但跑路意味着相关责任人不愿承担已有的民事责任，此时只要发生跑路事件，出借人即有依据向公安机关进行刑事报案，由经侦部分介入调查。在我国，已无比刑事侦查更为严厉的追责手段。如果发生此种情形，则说明网络融资平台的问题很大，已经对社会公共利益产生损害，需要给予刑事方面的否定性评价。当然，如前所述，如果平台实际控制人以非法集资罪被刑事处理，出借人仍可以向法院提起民事诉讼要求赔偿，但实际效果有限。

再次是自力救助手段。由于频繁跑路事件的发生，由出借人通过微信、微博等现代信息化手段组成的维权群体层出不穷，作为一个群体进行维权要比个体维权更有力度，也更容易获得行政和司法机关的关注和重视。另外，目前如网贷之家、金融 315 一类的网站，在披露问题平台、维护消费者权益方面也居功甚伟，在问题平台的发现以及事后维权方面发挥着组织、协调、帮助、披露的重要作用。

总体来讲，更为现代的纠纷解决机制如金融 ADR、FOS 纠纷解决机制等并未建立起来，维权渠道单一、传统，成本高，时间长，结果不可预测，需要进行进一步的制度构建，以更好地解决该问题。

另一方面，在股权众筹交易领域。我国股权众筹交易的市场规模的平台数量，都远远不及 P2P 网络借贷交易，且由于交易本身的特点、方式，使得股权众筹交易发生的问题、出现的纠纷也远远少于 P2P 网络借贷交易。与私募股权投资相类似，目前存在于股权众筹交易的问题，大多集中于民商事领域；如果涉及刑事犯罪，则有可能移送公安机关进行刑事侦查，但在公开报道中鲜见关于股权众筹交易的恶性刑事犯罪。客观地说，在股权众筹交易领域的消费者保护问题上，主要是监管制度存在缺失，与金融消费者保护相配套的措施也未跟上，由此带来一些具体的交易问题。其中，最为主要的是如何保障金融消费者的公平交易权、知情权和个人隐私信息保护等问题，以及如何防止平台与融资人恶意串通、骗取投资人投资的情况发生。这些问题将在以下交易、监管和权利救济方面的讨论中加以论述，在此不再赘述。

（二）金融消费者保护的必要性

在互联网金融交易中，金融消费者权益被侵害的情形更加隐蔽，涉及群体更加多样，信息不对称局面并未缓解，消费者维权的渠道和途径更加有限，因而需要对金融消费者给予更多的保护，其必要性主要体现在以下方面：

一是现有法律制度对互联网金融消费者的保护力度不足。当前，在立法层面，能够真正与互联网金融消费者保护相关联的法律法规寥若晨星。主要是《中华人民共和国刑法》（后简称《刑法》）《中华人民共和国合同法》（后简称《合同法》）《消费者权益保护法》等法律以及《最高人民法院关于审理非法集资刑事案件具体应用法律若干问题的解释》等司法解释。其中，我国《消费者权益保护法》制定时主要针对一般商品经济下的消费者保护，如果适用于保护金融消费者，则在具体制度设计和实施效果上还有些力不从心。目前的实际情况是，在互联网金融交易出现问题时，网贷平台和行业内部自身未建立有效的纠纷解决机制，外部又缺乏基本的监管制度加以约束，产生债务违约等问题后，只能通过传统的刑事和民商事法律加以调整，既不便捷，成本也高，无法满足现实需求，这已成为当下互联网金融领域内最为严重的问题之一。

二是互联网金融交易中的信息不对称程度并未随着金融脱媒而缓解。在知识储备、信息交互方面，金融消费者还与网络交易平台有很大差距，即使是企业交易主体。一方面，由于目前没有强制性信息披露要求，借款人为尽快获取资金，网贷平台为尽快促成交易，均有将网络融资项目或产品中的固有交易风险加以隐瞒的冲动。另一方面，金融消费者保护领域内已经相对成熟的说明义务、适当性要求、后悔权设置、FOS 纠纷解决机制、金融 ADR 机制等，在我国互联网金融交易领域内并未进行相应设置，消费者权益受损容易发生但不容易解决。再一方面，我国网络融资平台早已突破单纯信息中介的定位，事实上成为交易风险的链接点，这使互联网金融风险进一步放大。

三是互联网金融交易主体之间的地位不平等状态客观存在。互联网金融交易主体目前仍主要是大量碎片化的社会一般交易主体，其面对新型网络金融交易，出于高收益考量，往往忽视交易中的固有风险，有些消费者甚至连互联网金融交易的基本特性都缺乏了解，更不用说涉及较为专业的刑民交叉、权益保障等问题。在此情况下，其实际上难以与互联网金融平台处于平等的交易地位。另外，大量的电子格式合同存在于具体交易中，通过网络进行交易的非传统特性，也使交易者无从亲历性地判断交易风险，这些均需要强有力的监管制度加以规制，但当下对 P2P 网贷和股权众筹等网络融资交易的监管基本上仍是空白，凸显了在互联网金融领域进行顶层制度设计的重要性。

四是国外实践已经给我国创设此方面制度提供了较为充分的借鉴。英美等国在金融环境、监管体制、纠纷解决方式等方面与我国有较大差异。其完善的个人和企业信用体系为互联网金融交易的开展提供了基础，法律法规和各种指令使金融消费者权益受损后能够得到相应权利救济，英美判例法的传统使其在纠纷解决和树立一般交易规则、矫正失当的交易方式上更加灵活，重视消费者问题的传统也使交易环境相对安全，这些因素共同推动 P2P 网贷和股权众筹等网络融资交易在美英等国经过数年探索后逐步走向规范。反观国内，信用体系的不健全在一开始就使互联网金融交易存在先天不足，而后天的监管和消费者权益保护措施还未跟上，现有的金融消费者保护制度仍在构建当中，这些问题需要随着互联网金融交易市场和行业的发展来一并予以解决，这也反映了我国的实际情况。

第三节　网络融资的历史考察与趋势展望

只有将网络融资这种研究对象还原回特定的历史发展时空，才能看清它的过去和未来。而网络融资交易脱胎于互联网金融，故在此一并就其他有关内容予以简要评述，以便为之后的讨论奠定更加坚实的基础，为进一步论证网络融资法律问题构建必要的时空背景和理论支持。

一、国外发展概况述评

国外互联网金融的发展实际上远早于我国，但进入移动互联网时代后，随着我国技术的迅猛发展和互联网交易的持续繁荣，我国互联网金融发展隐隐有赶超发达国家和地区之势，尤其是在网络融资方面。从互联网金融的发展历史来看，20 世纪 90 年代，伴随着现代信息技术的突飞猛进和一系列全球金融创新的开始，信息分散和不对称问题得到缓解，大数据时代的来临，也使运用网络工具从根本上改变金融交易方式成为可能，P2P 网络借贷等网络融资交易开始在传统金融领域发端并逐步延伸拓展开来。上述趋势在进入 21 世纪后持续加剧。互联网金融交易首先在美欧等发达国家和地区生根发芽，其肇始于网络银行，逐步延伸至证券、保险、信托等业务，并最终在P2P网络借贷、股权众筹等网络融资交易方面取得革命性突破。但整体上，较之传统金融机构网络化的相对成熟，纯正的互联网企业进军金融领域开展的业务还处于快速发展阶段。[1]

（一）美国网络融资发展概况

美国互联网金融的发展和实践，对世界互联网金融的发展起到了开创性的作用。自1995年10月美国第一安全网络银行这一纯网络银行成立以来，美国在网络银行、网络证券、网络保险等金融机构网络化的浪潮中一枝独秀，引领了发展。尤其是到了21世纪初，美国第三方支付的发展为我国相关行业和交易的发展提供了样本和参考。到最近几年，美国在P2P网络借贷、股权众筹领域，经历了起步、发展和相对成熟的阶段，监管层经历了从宽监管、从严监管到宽严适中的过渡。其中还出台了《JOS法案》和《多德－弗兰克法案》这两大重量级文件，为美国的网络融资交易发展和金融消费者保护奠定了制度基础。

在P2P网络借贷方面，美国主要是Lending Club、Prosper和Kiva三家P2P网络借贷平台，其中以前两个营利性平台为主，两家平台的交易额占据整个市场份额的80%以上。随着Lending Club平台的成功上市，目前已经形成Lending Club引领发展、Prosper奋起直追的行业竞争态势，整体呈现双寡头垄断格局。Prosper、Lending Club在发展初期均主张自身出售的收益权凭证不属于传统意义上的证券，不应受证券与交易委员会（SEC）监管，但SEC和各州监管部门认为二者出售的凭证属于证券，因而责令上述网络交易平台必须进行有效注册申请；之后Lending Club、Prosper两个网贷交易平台均暂停营业了一段时间，在此期间内按照监管部门要求进行整改，之后重新完成注册并开始营业。Prosper、Lending Club两个平台发售的凭证都可以在线上交易市场中交易，个人借款已经作为一种证券产品产生出了自身的P2P二级市场。在这种证券交易模式下，贷款发放人为WebBank，之后WebBank将相应的债权转卖给网贷平台；网贷平台再将贷款以收益权凭证方式卖给平台上登记的投资人；WebBank实际承担了网贷平台因没有相关牌照资质而不允许操作的分销贷款业务。Kiva是一家公益P2P网络借贷平台，其模式不同于Lending Club、Prosper，主要是通过世界各地100余个微金融机构将无息贷款再次发放到更加细致的社区。美国金融监管的宏观目标是保证市场的诚信度与公平性、为消费

[1] 参见罗明雄、唐颖、刘勇：《互联网金融》，中国制政经济出版社2013年版，第15页。

者提供完善保护、确保金融系统的稳定、监控金融机构的安全性与可靠性。对于Lending Club、Prosper等营利性P2P网络借贷平台，美国监管体制呈现出证券化、多头、严格监管的特点，形成以SEC为监管核心，由SEC、消费者金融保护局（CFPB）和联邦贸易委员会（FTC）等机构对整个行业进行职能监管的格局。各州监管机构和FDIC主要保护借款人，州证券监管部门和SEC主要保护投资人，CFPB主要保护金融消费者。尤其是对于金融消费者的保护，美国监管机构主要以保护消费者的隐私（主要是借款人）、公平对待所有消费者（主要是投资人）、消费者意识和教育（借款人和投资人双方）等为重点。[1]美国经过行业发展和淘汰后，在双寡头垄断格局下，其他后续市场进入者受制于高昂的准入审批成本，已很难进入市场内并与这两个公司进行充分竞争。比如在Prosper和Lending club发展的过程中，美国也曾出现过另外一家P2P网络借贷平台Loanio，但只发放了七笔贷款后，就因无法筹措到足够资金而很快退出了市场。

在股权众筹领域，一般认为此种交易模式首先发端于美国。有观点认为，成立于2001年美国Artist Share公司，可以称为众筹先锋平台，其资助的音乐人多次获得格莱美奖。2006年，美国学者迈克尔·萨利文建立Fundavlog平台，在阐释平台核心理念时，第一次使用了“Crowd funding”一词，含义即“公众通过网络汇集资金，支持他人或组织发起项目”[2]。但更为通俗的说法为，2009年4月在美国纽约正式成立的Kickstarter，才标志着众筹融资登上了历史舞台。由于众筹融资具有门槛较低、沟通直接、方便快捷等特点，且主要迎合了初创企业等当下一些传统金融机构无法满足的金融主体供需要求，所以自产生之日起即快速发展起来。到了2012年，全球众筹资金总额达到26.7亿美元：其中具体的市场交易额在北美为16.06亿美元、欧洲为9.45亿美元、亚洲为0.33亿美元，大致也代表了具体的发展程度。而2014年以来，全球众筹融资增长全面加快。目前，美国仍是全球众筹融资最为发达的国家。世界其他国家众筹融资的发展则呈现出不同的特点。加拿大的筹融资基本为捐赠、奖励或预购众筹，股权众筹仍存在法律障碍。在欧洲，众筹融资平台约有数百个，奖励型众筹约占一半，基于捐赠、股权的众筹各占四分之一。[3]目前，除了美国Kickstarter外，全球最为著名的众筹平台还有全球首个股权众筹平台

[1] 参见殷华：《美英P2P网贷监管法制对我国的启示》，载《法制日报》2015年2月4日。
[2] 参见刘志坚、吴珂：《众筹融资起源、发展与前瞻》，载《经济管理》2014年第6期。
[3] 参见李雪静：《众筹融资模式的发展探析》，载《上海金融学院学报》2013年第6期。

Crowdcube、Indiegogo[1]、Lucky Ant[2]以及专门针对游戏的众筹平台 Gambitious，针对应用程序的众筹 AppsStori，面向亚洲设计师的众筹平台 ZAOZAO，针对音乐的众筹平台 ZIIBRA 等。

单纯从网络融资交易在美产生和发展的土壤分析，其实和我国实践也有相近之处，即仍是解决部分企业融资困难、渠道狭窄等问题。在美国，大量的中小企业是经济中的活跃力量和就业岗位的主要来源之一，但随着2008年金融危机以来，世界经济持续不景气，资本市场长期低迷，中小企业更是受到冲击性影响，“麦克米伦融资缺口”现象加剧。[3]为此，不论是美国还是欧洲，均想方设法通过私募或是进行小额公开发行等方式筹措资金，但受制于缺乏有效的豁免规则、现有证券发行又产生高昂费用等现实交易和监管层面的障碍而效果有限。市场急需一种低成本、高效率、主要服务于中小企业的融资渠道，此时众筹融资等这些新交易模式才逐步出现。[4]美国的上述实践为世界其他国家和地区树立了样本，特别是《JOBS 法案》的颁布，将股权众筹这一交易完全纳入到法制化轨道中来，开一时风气之先。美国总统奥巴马于2012年4月5日正式签署《JOBS 法案》，进一步对小微企业放宽了金融监管要求，扶持其发展创业。[5]其中，《JOBS 法案》对《1933年美国证券法》和《1934年美国证券交易法》的多项条款进行了增补，并在第三部分专门对众筹融资模式做了规定。[6]《JOBS 法案》是一系列促进初创企业和小企业融资的法案组合，其进一步放松企业 IPO 的条件，包括放松了对网络小额融资、小额公开发行的限制

[1] Indiegogo 成立于2008年，以不限定客户类型著称，其目标多是成为大型而多元的投资公司。当客户在期限前满足他们的收益目标后，才会收取客户的抵押资金。其业务遍及全球，只收取4%的手续费。

[2] Lucky Ant 尝试让用户支持他们所在区域的项目，网站每周推出一家本地企业，用户通过向企业提供赞助而获得相应的回报。

[3] 麦克米伦融资缺口的概念，是1931年麦克米伦在调研了英国金融体系和企业后，提交给英国政府的一份《麦克米伦报告》中提出的，其中阐述了中小企业发展过程中存在的资金缺口，即资金供给方不愿意以中小企业提出的条件提供资金，此后成为金融领域中的一个常用概念。

[4] 参见龚鹏程、臧公庆：《美国众筹监管立法研究及其对我国的启示》，载《金融监管研究》2014年第11期。

[5] 《JOBS 法案》的推出过程为，2012年3月8日，美国众议院通过了《JOBS 法案》；2012年3月22日，美国参议院就《JOBS 法案》关于公众小额集资（Crowdfunding》提出修改意见；2012年3月27日，美国众议院通过了参议院的修改意见并将方案提交给美国总统；2012年4月5日，美国总统奥巴马签署《JOBS 法案》，使其成为法律。据《华尔街日报》的报道，2011年美国的107个 IPO 中有98个适用《JOBS 法案》中的减低标准和豁免条款。

[6] 如明确规定，允许公司通过社会融资的方式来筹措资金，并由贷款人获取资本所有权或债权，旨在通过增设公众募资平台、融资便利通道设计、部分豁免报告公司信息披露义务等措施，促进美国资本市场进一步发展。

条件；法案还放松了部分私募发行注册豁免的限制条件，扩大了中介参与范围，降低了企业的融资成本，取得了实效。[1]

（二）欧盟网络融资发展概况

在欧盟国家，由于成员众多、经济情况各异，欧盟在网络融资领域也呈现出发展不均、情况不同的现状。从整体来看，英、法、德、意等传统上的欧洲经济强国在网络融资交易方面发展迅猛，尤其是英、法等国为此出台的相关规定，为世界其他国家和地区提供了参照。随着 P2P 网络借贷、股权众筹等网络融资交易的兴起和繁荣，各类众筹交易规模不断扩大，欧盟已经意识到其在鼓励投资兴业、促进经济繁荣方面的重要作用，并将此种交易纳入到下一步的发展战略计划中，欧盟内部成员国一方面鼓励众筹交易的发展，另一方面在综合考虑自身金融监管体系、经济发展环境的基础上，针对众筹交易中出现的问题，合理地确定自身监管政策，出台相应文件，以应对众筹交易可能带来的风险，保护投资人相关权益。当然，由于欧盟注重单一市场建设，各个成员国之间的经济往来越发密切，跨境金融交易频繁，在欧盟一体层面制定众筹方面的总体框架性文件，呼声日益高涨，但除去已单独制定法律法规的国家，绝大部分国家仍在现有法律制度范围内对众筹交易加以规制，对形成何种统一监管意见，还属于未知数。据了解，欧盟在 2013 年曾经对欧盟内部各成员国的众筹市场发育发展情况做出系统调研，结论是各国在众筹交易的监管问题上呈现碎片化状态，亟待形成进一步共识。为此，欧委会专门成立“欧洲众筹参与者论坛”，就众筹领域的相关问题和组织构架进行研究，提供立法建议和信息咨询，若要达成欧盟成员国之间的共识，还有待于进一步的实践推动。[2]

从众筹主要交易模式来看，主要是股权众筹、借贷众筹和捐赠众筹，而最为普遍的是捐赠众筹。

---

[1] 参见鲁公路、李丰也、邱薇：《美国新股发行制度改革：JOBS 法案的主要内容》，载中国证监会网站 http://www.csrc.gov.cn/pub/newsite/ztzl/yjbg/201406/t20140610_255815.html, 2015 年 10 月 18 日访问。

[2] 参见顾晨：《欧洲众筹市场现状与监管评述》，载《互联网金融与法律》2014 年第 8 期。其中介绍，欧盟各国众筹市场的发展水平极不均衡。一方面，根据欧洲众筹联合网的统计，如法、德和英国等，由于资本市场活跃，无论是在平台数量、众筹模式还是市场规模方面发展都十分迅速，众筹已成为金融市场的重要组成部分；而一些国家如克罗地亚、立陶宛、卢森堡、斯洛伐克和斯洛文尼亚则还没有众筹平台，一些国家如匈牙利和拉脱维亚只有捐赠或奖励类众筹，众筹与投资或金融基本无关。另一方面，由于各国经济发展情况差异较大，作为众筹主体的小微企业发展问题在不同国家的地位不同；根据欧洲中央银行的调查报告，“难以寻找客户”和“难以融资”是欧洲小微企业面临的两大难题，但困难程度在不同国家差异极大。现在各国基本都在欧盟现行金融和投资法律框架下，对众筹所涉及问题区分模式进行监管。

第一大类股权众筹，主要是个人通过网络平台向公司或项目进行投资以获取回报，此系最为重要的一种众筹模式，但由于涉及现有金融法律法规对此种交易的具体评价和规制，除去一些已出台具体意见的国家外，大部分国家对此态度仍较为模糊。在欧洲众筹交易发展的过程中，在股权众筹领域主要形成四种交易方式：

一是众筹交易平台申领了金融服务牌照，除了项目介绍外，还能提供一些投资产品和证券的交易市场，即金融服务机构模式，如德、奥部分平台。

二是众筹交易平台只做项目介绍和展示，不做宣传及投资建议，没有网络申购功能，不需申领牌照，其功能在于居间服务，即投资经纪模式，如德、意部分平台。

三是众筹交易平台为规避金融监管，仅在网络上为投资人和融资人开立一个特别账户以便融资，即联合账户模式，如西班牙一些平台。

四是众筹交易平台与有资质的投资公司开展合作，将需要资质的业务交给有牌照的投资公司操作，即合作模式，如希腊一些平台。

第二大类借贷众筹，即本书意义上的P2P网络借贷交易，投资人通过网络平台向公司或项目发放贷款，以本金和利息为回报。此种众筹在欧盟区内主要有三种，即预售、售后回租和贷款，最基本的为贷款模式、第三大类捐赠众筹，一般用于资助公益性、创意性的产品或项目，但没有金钱作为回报，绝大多数欧盟国家均有此种众筹形式。从实际操作来看，捐赠类众筹问题较少，基本上用现有法律制度加以规制；借贷类众筹和股权类众筹问题较多，涉及投资人权益保护、融资人说明义务、平台责任以及相应资质许可等问题，尤其是股权类众筹，各国均区分不同情况予以应对。由于英、法两国在此问题上走得最远，故下文重点对两国有关众筹市场发育和监管情况予以分析。

1. 英国网络融资的发展

英国在2005年成立了世界首个P2P网络借贷平台Zopa，可以说是P2P网络借贷交易的发祥地。英国的P2P网络借贷平台只负责认证、利率确定信用、文件提供、业务配对以及追收欠款等服务，主要起中介作用。在网络融资平台发展初期，英国将P2P网络借贷界定为消费信贷，起初确定由公平贸易管理局和金融服务管理局共同监管，之后均纳入金融行为监管局（FCA）统一进行监管。[1] 早在2011年8月15日，英国就成立了以Zopa、Ratesetter、Funding Circle为主要成员的P2P金融协会，该协会成立目的在于为借款人保护设立最低标准、促进P2P行业健康发展。

---

[1] 参见胡剑波、丁子格：《互联网金融监管的国际经验及启示》，载《经济纵横》2014年第8期。

从实际情况看，由于 P2P 网络借贷交易平台较少，所以监管的规模、范围和难度均比较小。鉴于自身 P2P 市场交易规模较小，英国还未达到需要就此进行全面审慎监管的程度，所以长期以来，FCA 并没有对 P2P 的发展制定具体的法律法规。[1] 同时，英国财政部作为 FCA 上级，也会与欧盟沟通，以建立必要的多边框架来满足实际需求。[2] 对于股权众筹，英国过去主要是通过修订现行法律法规，予以应对和监管，如限定只有高净值投资人、成熟投资人、具有专业资质认证的人才能成为合格投资人等，并明确网贷平台对投资的等级划分以及投资建议需要取得 FCA 相应授权等。[3] 英国于 2014 年 4 月 1 日正式施行《关于网络众筹和通过其他方式发行不易变现证券的监管规则》（以下简称《英国众筹监管规则》），该规则将 P2P 网络借贷作为借贷型众筹，与股权投资型众筹一并被纳入到众筹监管的范围中，且区分情况进行了不同的规定。《英国众筹监管规则》被誉为世界首部针对 P2P 网络借贷监管的法律法规，也是英国在 P2P 网络借贷领域进行实践和理论研究的最新成果，具有很强的借鉴意义，为其他国家建立相应规则提供了参考。

2. 法国网络融资的发展

在法国，众筹交易起步早、发展快，已形成一定市场规模。其中产生了欧洲最早的众筹平台 Mymajor company，其可以视作法国乃至欧洲众筹平台的先驱，其业务主要是通过网络众筹平台向民众或粉丝筹集资金，以发现和支持有实力的音乐人，之后开始涉及图书等业务领域。此外，法国还有诸如 Ulule 等其他一些著名众筹平台。因众筹交易可以鼓励经济发展、促进更多就业，法国政府非常重视众筹交易对投资创业的巨大作用。2014 年 10 月 1 日，其专门针对众筹融资交易而制定的《参与性融资条例》正式生效，法国将众筹正式定义为参与性融资，即一种主要通过网络进行的为一个创新项目或企业融资为目的而向其他公众筹集资金的金融机制。具体分为两类，即证券模式的参与性融资（股权众筹）和借贷、捐赠模式的参与性融资，前者要求将融资平台注册为“参与性投资顾问”（CIP），对可提供的服务和可从事的行为进行了较为严格的限制，规定了公开发行金融证券的条件等。后者需要将该类平台注册为“参与性融资中介”（IFP），旨在使 P2P 模式借贷合法化、便利化，取消了银行对有息贷款的垄断。上述规定还对平台的项目推销和广告的限制、

[1] 参见殷华：《美英 P2P 网贷监管法制对我国的启示》，载《法制日报》2015 年 2 月 4 日。

[2] 上述内容参考第一财经新金融研究中心：《中国 P2P 借贷服务行业白皮书（2013）》，中国经济出版社 2013 年版，第 190 页。

[3] 参见刘姝姝：《众筹融资模式的发展、监管趋势及对我国的启示》，载《金融与经济》2014 年第 7 期。

说明义务、资金收取与转账等内容进行了规定。[1]《参与性融资条例》共有五个部分：第一部分规定了金融证券模式，第二部分规定了借贷或捐助模式，第三部分规定了各种模式的共同之处，第四部分对法国海外省做了相应的变通规定，第五部分规定了过渡条款等。因根据法国《货币与金融法典》确定的框架，存有支付和电子货币、银行、投资以及其他四类服务提供商，《参与性融资条例》将众筹平台明确为其他服务提供商，并相应增加了CIP和IFP两种新牌照，并分别对二者的服务范围、注册条件等进行了规定。

（三）日、韩等国网络融资发展概况

亚太地区整体互联网金融的发展，比欧美等国稍显落后且发展不均衡。传统金融机构互联网化方面，日本、新加坡以及我国香港、台湾地区发展都比较迅猛，日本在1990年即由日本富士银行、第一劝业银行共同推出网上银行业务，起步很早。新加坡于1998年成立独立网络银行即吉宝达利银行，提供网络银行服务。韩国证券网上交易额和股市交易总额占比已经超过美国，高达85%以上。对于P2P、众筹融资等网络融资交易部分，整体上还处于起步、发展阶段，目前已将股权众筹的监管政策制定提上工程，并开始明确具体的监管框架。就整体发展而言，我国的网络融资发展在亚太地区位居前列。

由于技术因素，互联网金融发端均始于一些发达国家和地区，且一部分是从传统金融中分离出来后得以发展的。总体来讲，在美欧这些发达国家和地区，互联网金融的发展已经相对成熟，但占金融整体体量的比例仍然很低，不能构成对传统金融的颠覆式影响。[2]在P2P网络借贷、众筹融资等网络融资方面，虽然上述地区的网络融资业务已经发展为一种新型金融模式和业态，但这些发达国家和地区本身的利率市场化已经完成，投资收益与风险负担相对均衡，网络融资能够争取和吸引的资金有限，长期在金融总量中占据极小的份额。当然，不论是P2P、股权众筹或是其他网络融资交易，提供的产品或服务均是小额贷款或投资，与传统金融业务在客户

[1] 参见顾晨：《法国众筹立法与监管介绍》，载《互联网金融与法律》2014年第10期。

[2] 造成这种情况的原因很多，并且呈现具体地域化的特征。如网上银行虽然在信息交互、交易成本等方面具有天然优势，但在贷款管理、风险控制等方面还需要物理网点的支持，人们的交易习惯正在改变，但还未完全适应；网络保险需要保险机构和购买人之间进行更多的沟通，这方面，互联网方式并不好完全替代；第三方支付的崛起实际上对传统银行的部分业务如银行卡、支付结算、理财业务、代理业务等产生了分流作用，但因为银行支付工具本身就很发达、第三方支付的替代功能并不是很明显等，所以互联网金融通道业务范围较为狭窄。发展壮大以至达到能与传统金融体量比肩，可能还需加以时日。

群上有所交叉，预计会在较长时期内形成与传统金融各自发展并相互融合的态势。

综上，从世界各地来看，网络融资的发展并不均衡，这与这些国家的金融体系、生态、传统以及具体法律制度息息相关。从金融和法律层面观察上述交易模式，可以总结出以下内容：

一是国外网络融资交易也仅是处于起步阶段，与之配套的监管制度、交易评价、消费者保护制度等也处于探索当中，但仍然能够为我国网络融资行业发展提供了一些非常有益的借鉴。如美国的 P2P 行业，也从最初的宽松监管发展过渡到 SEC 适度监管的过程，且美国当下也对 P2P 行业如何进行监管仍存在不同声音。

二是网络融资行业发展需要一段时间，以便完成与各自国家现有金融制度体系的对接，并进而形成相对确定的交易模式。如美国因为有较为良好的社会征信和社会保障服务，因而在无抵押、无担保且在网上完成借贷的情况下，P2P 网络借贷平台债务违约率也还在可控范围内。

三是网络融资行业前景光明。目前，美、英等国网络融资行业已有较多机构投资人进入，风险投资也加大了投资力度，交易市场和监管制度进一步明晰，行业进一步走向规范。

四是法律制度主要为网络融资行业发展设定框架。由于网络融资是一种新生事物，所以总是先由现行的法律制度规定加以较为碎片化的规制，并进行制度托底，而后循序渐进地将此种交易导入到相对规范的法律体系当中去。

五是金融消费者保护问题均有涉及，但大多系现有金融消费者保护措施在网络融资领域内的直接运用，很少有独立与网络融资交易专门配套的整体金融消费者保护保护体系，这方面还需要实践的进一步推动和探索。

二、国内发展概况述评

在我国，互联网金融对传统金融行业和金融结构有巨大的促进和变革作用。一直以来，小微企业融资难、融资贵问题制约着经济整体发展，而民众投资渠道极其有限也长期受到诟病，整体来看金融管制非常严格，金融行业并未实现完全的市场定价机制。而网络融资的出现，让广大小微企业和需要资金的个人，能通过市场机制以较短时间、较低成本取得融资，这给网络融资的破茧而出提供了基础和条件。这与我国并未彻底完成利率市场化、完成金融市场改革相关。从现实意义上说，网络融资的产生和发展为我国金融发展打开了另一扇窗，也被誉为一种具有变革性意义的金融创新。[1]2014年，互联网金融被首次写入了我国政府报告，说明了政府要促进互联网金融健康发展、完善金融监管协调机制的意愿。同年11月19日，国务院李克强总理在国务院常务会议上首次提及将开展股权众筹融资试点工作。2014年12月18日，中国证券业协会在其官网上发布《私募股权众筹融资管理办法（试行）（征求意见稿）》（以下简称《股权众筹管理办法（试行）（征求意见稿）》），并同时公布了相应起草说明，其中涉及了监管部门对股权众筹融资的监管制度底线和基本态度，上述征求意见稿也引发了诸多争议。[2]这些都意味着国家充分重视互联网金融的发展，并开始思考如何引导和监管互联网金融得到快速、健康的发展。

（一）国内P2P网络借贷发展概况

国内P2P网络借贷行业的起步发展肇始于2007年，当年8月成立的拍拍贷是我国第一家P2P网络借贷平台。之后，宜信、红岭创投等P2P网络借贷平台陆续上线，并迅速发展起来。但总体来看，在2007—2009年，国内P2P网络借贷平台的发展还处于起步阶段，数量较少，规模不大，社会关注度还不是特别高。2010年左右，一方面由于我国资本市场、房地产市场的持续低迷，民众手中的资金找不到更加合适的投资渠道；另一方面一些中小微企业又无法通过正常的传统金融行业获取得以发展壮大的必要资金，于是民间借贷需求持续升温，各种中国本土化的金融创新开始发力，这在一定程度上将P2P网络借贷推上了历史前台，整个行业呈现加快发展态势。人人贷、E速贷、盛融在线等平台相继出现，2011年陆金所成立并运营后，在一定程度上加速了整个P2P行业的发展。然而，P2P网络借贷行业的快速发展也暴露出明显的风险和问题，涉及跑路、欺诈的平台频繁出现，这种问题和行业风险，尤其是对广大投资人权益的侵害，引起了我国金融监管机构的注意，2011年8月23日，我国银监会发出《关于人人贷有关风险提示的通知》（银监办发〔2011〕254号），对P2P网络借贷平台的七种潜在风险进行了提示。[3]从2012年至今，经过了被誉为

---

[1] 有观点将我国互联网金融发展分为三个阶段：第一个阶段是20世纪90年代—2005年左右的传统金融行业互联网化阶段；第二个阶段是2005—2011年前后的第三方支付蓬勃发展阶段；第三个阶段是2011年以来至今的互联网实质性金融业务发展阶段。参见郑联盛：《中国互联网金融：模式、影响、本质与风险》，载《国际经济评论》2014年第5期。

[2] 《乌镇论剑互联网金融：管理部门阐释监管思路》，载《21世纪经济报道》2014年11月21日。

[3] 七种风险为：影响宏观调控效果；容易演变为非法金融机构；业务风险难以控制；不实宣传影响银行体系整体声誉；监管职责不清，法律性质不明；国外实践表明该模式信用风险偏高，贷款质量远远劣于普通银行业金融机构；人人贷公司开展房地产二次抵押业务同样存在风险隐患。

互联网金融发展元年的2013年和加快发展的2014年，我国P2P网络借贷行业发展进入了井喷期。但仍因处于无准入门槛、无行业标准、无机构监管的“三无”时期，网贷平台的制作成本也很低廉，一度每天都有三四家平台上线。在交易量大增的同时，[1]跑路、破产、挪用资金等问题越发频繁。据我国银监会相关监管部门透露，在可查的一1 000余家P2P中，到2014年7月份为止跑路的已经有150家，每个月有六七家跑路，问题较为严重。我国监管部门对P2P行业发展的初步的意见是：为P2P网络借贷平台设置包括平台安全性、资本金、平台风控能力、高管人员的资格、信息把关能力等门槛；不能非法吸收存款，资金要由银行或者第三方机构监管，不能建立资金池；平台不得为投资人做担保，不对投资人进行收益和保证承诺：应明确具体收费机制；充分进行信息披露、揭示风险；加强行业的自律性。[2]

就我国P2P网络借贷平台在发展中呈现出的特点，可以概括为以下方面：一是在引入国外一般模式后即开始本土化改造，具有鲜明的中国特色。国外模式更加强调平台的中介性，而国内平台由于社会环境完全不同于国外，发展伊始即在平台功能的多元化、平台增信上下足功夫，在期限错配、债务拆分等具体交易环节上尽可能降低交易风险，在如何规避有可能构成非法集资、非法吸收公众存款方面想方设法，这些都是在中国语境下出现的本土化特征。二是配套征信系统的缺失使P2P行业发展存在先天不足。目前，虽然我国新确定了八家企业从事个人征信业务，也有北京安融惠众征信有限公司于2013年创建的以会员制同业征信模式为基础的“小额信贷行业信用信息共享服务平台”、上海资信有限公司建立的全国首个基于互联网服务的征信系统即网络金融征信系统（NFCS）等对P2P网络借贷进行征信支持，但中国人民银行的全国性个人信用信息基础数据库并未向P2P网络借贷平台开放征信系统端口，与网络融资行业的征信需求相比，现有征信支持还不充分、不协调、不够严谨规范，也还存在网络融资交易中征信数据的使用与个人隐私信息保护之间如何达到协调统一的争论。三是监管措施长期缺位。也有一些观点认为，因为目前P2P网络借贷行业的发展还处于起步阶段，监管过度可能会扼杀行业的蓬勃发展。然而，由于目前P2P网络借贷平台频繁出现问题，基础性的监管措施何时出台一直是社会各界关注的内容。四是一些较为规范的交易细节还处于摸索阶段。如P2P

[1] 以2014年1月为例，据第一网贷提供的资料显示，2014年1月份全国P2P网络借贷平均综合年利率为21.98%、平均期限为5.73个月、总成交额111.43亿元。

[2] “王岩岫：全国可查的1 200家P2P中已有150家跑路”，载网易财经http://money.163.com/14/0815/16/A3NIDFVT00253BOH.html，2015年9月12日访问。

网络借贷平台资金如何完全做到交由第三方进行资金托管、是否要强制提取风险备付金、平台功能的进一步规范化等，均需在P2P网络借贷行业的发展过程中加以推进和完善。

纵观国内P2P行业发展，目前仍处于鱼龙混杂、群雄逐鹿、加快发展和加剧竞争的时期，数以千计的P2P网络借贷平台参差不齐、实力各异、成分复杂，具体业务模式也存在进一步趋同和分化两种趋势；但总体来看，P2P网络借贷行业以互联网技术为依托，以碎片化金融服务为基本特点，惠及了传统金融难以服务到的领域和企业，刺激了金融功能的再生和活跃，使整个社会的金融生态得以优化。同时，随着行业自律的进一步加强、第三方托管等保障交易安全模式的普遍适用以及自身运营的规范化，下一步P2P网络借贷平台的发展，已经凸显出向综合型的金融服务平台、创业投资机构、网络理财机构等方向发展，如何进一步健全征信制度等问题，则是P2P行业下一步发展的重点。从法学层面观察P2P网络借贷的组织运行、交易方式和业务构架，主要应放在如何实现有效监管、事前控制交易风险并事后提供纠纷司法救济以及如何更加有效地保护好金融消费者权益等问题上来，这些也是目前整个网络融资领域可能共同面对的风险和挑战。

（二）国内众筹融资发展概况

国内众筹交易晚于P2P网络借贷行业的发展。2011年7月，作为我国最早的众筹网站“点名时间”正式创立，主要为各种创意产品提供资金支持，系仿照美国的Kickstarter网站的运营模式。之后又出现了以“淘梦”、“觉”等众筹平台，这种平台主要做某一种类的众筹项目，如“淘梦”专注于影视类项目，“觉”专注于生活创意类。具体交易模式大致相似，首先由融资人在众筹平台上进行注册并说明融资项目，平台会帮助融资人进行项目推介，之后平台会通过网络在限定的期限吸引投资人进行投资，如果融资成功平台会收取相应佣金，不成功则退还投资人相应款项。2011—2012年我国的众筹业呈加快发展态势，“乐童音乐”等各类众筹网站纷纷成立。2013年2月，众筹网正式上线，为项目发起者提供投资、募资、孵化、运营等一系列众筹服务。但上述众筹平台在运作中均遇到一些问题，整体运作情况不佳。[1] 一直以来对“非法集资”的担忧，也让众筹这种新型的融资模式变得影影绰绰，“美微传媒事件”的发生让这种担忧公开化，成为我国众筹融资发展过程中的一个转折点。

据报道，截至2014年10月底，全国113家众筹平台，其中15家倒闭或已无营运迹象，与P2P网络借贷领域的群雄逐鹿不同，按项目数和融资金额来看，众筹领域中的股权众筹行业逐渐形成了天使汇、创投圈、原始会“三分天下”的局面，上述三家平台共计发布48 394个项目，占到总体的98%；获得融资的项目为274个，占到总体获投资项目的83.7%；融资金额13.2亿元，占到总体的85.4%。[2]

从目前我国众筹交易额总体交易量上来看，还非常微小，甚至与P2P网络借贷交易量都不能同日而语，但作为低成本、高效率的融资方式，众筹在我国已经显示出强大的生命力，并急需通过立法层面的肯定来为其松绑，促其发展。

从整体发展程度上看，我国国内互联网金融发展非常迅猛，一些交易类型的发展比国外还要快得多，特别是在P2P、股权众筹等最具创新性的网络融资领域，由于特定的国情和法律框架，不似美、英等利率市场化改革彻底国家的金融环境，反而给上述交易在我国发展创造了更为空旷的发展空间。[3] 而这些创新性的网络融资交易也反过来推动和刺激我国金融改革的进一步深入推进，并促进了我国投资兴业浪潮的进一步兴起。

---

[1] 据统计，截至2012年“点名时间”上线一年时，共收到5 500个左右的项目提案。通过审核上线的项目有318个，其中项目的成功率为47%，150个项目成功达到目标，总共筹集到资金近300万元。其中，单个项目最高筹集金额约为33.95万元，平均每个项目筹集金额9 267元。作为垂直型平台代表的“淘梦”以及“觉”则成绩相对差些，其中“淘梦”总共运行141个项目，其中已结束项目56个，成功21个，成功率37.5%。单项最高151 300元。所有成功项目平均筹集13 693元；而“觉”总共运行136个项目，成功67项。成功率49.2%，单项最高414 166.41元，所有成功项目品平均筹集13 774元。

[2] “3家平台占九成市场股权众筹或迎‘百筹大战’”，载凤凰财经http://business.sohu.com/20141125/n406361470.shtml，2015年12月14日访问。

[3] 有观点认为，我国互联网金融将加速利率市场化、有效推进金融要素市场化。如余额宝即深刻改变了我国银行主导的资金供求模式和定价机制，削弱了银行长期享受低资金成本的制度性优势，打破了银行长期享受的较高利差收益，确立了资金供给者提供资金的定价新机制，而这种改变最后的结果就是资金价格的定价更加市场化，互联网金融对利率市场化还在于倒逼政策尽快放开银行存款利率，以使银行通过市场化和互联网金融产品竞争。参见郑联盛：《中国互联网金融：模式、影响、本质与风险》，载《国际经济评论》2014年第5期。

第二章　国内外网络融资交易模式比较分析

如前所述，网络融资的概念外延实际上较为宽广，本书只以其中最具有创新意义和价值的交易形式即P2P网络借贷、众筹为具体研究对象，以点带面开展研究。下文将主要对上述两种交易做视野宽广的实证考核，并在此基础上开展法律关系的理论研究。

第一节　网络债权融资模式研究：以P2P网络借贷为研究对象

P2P（Peer-to-Peer Lending），一般是指投资人与融资人通过独立的第三方网络平台直接进行的借贷活动，又称点对点信贷、人人贷。中国人民银行在《中国金融稳定报告（2014）》中认为，P2P网络借贷指"个体和个体之间通过网络平台实现的直接借贷"。其中，P2P网络借贷平台为出借人与借款人提供信息交互、资信评估、撮合、投资咨询、法律手续办理等中介服务，有些平台还提供包括资金移转和结算、债务催收等服务内容。从具体交易过程来看，一般以P2P网络借贷平台作为具体依托和服务中介，借款人在平台上进行注册并对项目加以推介，以吸引出借人投资。在此交易模式下，出借人一般可以准确知道具体的借款人情况和资金流向等交易信息，在P2P网络借贷平台对信息的充分披露和匹配下，借款人以低于传统金融领域借款的价格取得借款，出借人则根据风险性高低等因素取得高于传统金融领域的收益回报，实现多赢。自国外引进的传统意义P2P网络借贷平台，实际上只做撮合交易的纯粹中介服务，不能介入出借人与借款人本身的借贷法律关系中，债务违约的风险也应由出借人自行承担，但这种方式在我国目前社会信用水平整体较低的情况下，推广较为困难，尤其是借款人与出借人系陌生人的情况下。所以，在我国P2P

网络借贷业务发展的过程中，围绕P2P网络借贷平台增信开展了很多尝试，也最终促使了P2P网络借贷在我国发展繁荣起来。

当然，我们不容忽视的问题是，P2P网络借贷交易在我国发展还很迅猛，具体交易方式仍处于不断创新变化当中，在投资主体方面，不断有机构出借人的身影。在交易方式、风控手段、盈利模式、平台功能等诸方面，还存有很多变化，在此本书仅就最基本和最能体现P2P网络借贷实质的交易模式加以分析，以期得出最具有典型性、普遍性的结论。

一、P2P网络借贷国外交易模式分析

P2P网络借贷的出现和发展，仍是互联网迅猛发展、大数据时代的来临等因素共同推动的结果，这种情况在进入21世纪后持续加剧，P2P网络借贷市场也日益成熟。从国外情况来看，目前较为知名的P2P网络借贷平台主要有：美国Prosper和Lending Club、英国的Zopa、德国的Auxmoney、韩国的Popfunding、日本的Aqush、西班牙的Comunitae等。但回溯整个P2P网络借贷行业的发展，英国和美国的实践是肇始和源泉。以下介绍三种最为典型的国外P2P网络借贷公司，并就其具体交易模式加以分析、评价。

（一）英国Zopa模式

Zopa是世界上公认的第一个P2P网络借贷平台，2005年成立于英国，Zopa是“Zone of Possible Agreement”，即“可达成协议的空间”的缩写。[1]Zopa平台要求正式用户为英国公民，且须年满18周岁、至少拥有3年信用记录。平台的借贷交易流程大致为：

首先，客户要在Zopa网络平台内注册，注册内容涉及详尽的个人资料。Zopa平台会将客户按照一定标准将其 分为A*、A、B、C四个信用等级，并将含有借款金额、愿意支付的最高利率等内容的借款请求在网络平台上加以公布；投资人参考

[1] "Zopa is the UK's leading peer-to-peer lending service. It helped people lend more than £78 million in peer-to- peer loans, More than 51 000 people are lending between £10 and £1 million to credit worthy borrowers. Zopa is a founding member of tbe Peer 2 Peer Finance Association (P2PFA) industry group. It sought and won Financial Conduct Autllo ń ty (FCA) regulation for the industry. Zopa's FCA firm registralion number is 563134", see from http://www. zopa. com/, Last visited in March 5, 2015.

融资人的信用水平和愿意支付的最高利率，在500—25 000英镑的贷款幅度内，以贷款利率竞标，最终在网贷平台考察核准借贷款信息的基础上，进行匹配撮合，从而完成借贷交易。

平台在具体交易中主要是起到中介作用，完成文件提供、信用认证、利率确定、业务匹配以及追收欠款等服务。为分散风险，平台将投资人的贷款进行分散，每个借款份额最少可到10英镑，并强制融资人按月还款。Zopa向融资人收取100镑手续费，向投资人收取出借款项1%的服务费。[1]Zopa网络借贷平台的交易模式较为传统，中介色彩浓重，可以说是实际上P2P网络借贷交易的起点。在此种交易下，网贷平台的法律定位也较为清晰，即从事借贷居间业务的平台，但平台也承担了一些传统金融机构的中介职能，而使其具有了新型网络金融公司的特性。尤其需要注意的是，为降低交易风险，防止投资人利益受损，平台采取了一系列保障措施，如限定交易金额、由平台进行信用审核认证等。另外，随着英国《英国众筹监管规则》于2014年4月1日正式施行，Zopa网络借贷平台需要取得FCA授权开展业务，并服从FCA建立的平台信息披露制度、信息报告制度、最低审慎资本标准、合同解除权、客户资金保护规则、平台倒闭制度安排与争端解决机制七项基本监管规则，并定期向FCA报告客户资金、财务状况、上一季度贷款信息等。[2]

（二）英国内Funding Circle模式

除去Zopa这种典型的网贷交易模式外，英国最大的P2P网络借贷平台是Funding Circle平台。该平台于2010年8月创立，主要是向中小微企业提供网络贷款，贷款的准入门槛很低。Funding Circle平台对个人借贷的最低门槛为20英镑，收取1%的服务费；企业借贷标准为5 000—100万英镑，收取2%—4%的服务费；平台按照人工评估和测算模型将企业风险评级定为A-、A、B、C、C-五个等级，贷款申请周期一般为一周左右。Funding Circle平台拥有6万名左右的投资人，投资人可自行选择投资对象，也可以委托给Funding Circle平台。[3]自成立以来，Funding Circle平台一直在飞速发展，并促进了英国中小微企业的发展。在2014年2月，

[1] 参见第一财经新金融研究中心：《中国P2P借贷服务行业白皮书（2013）》，中国经济出版社2013年版，第188页。

[2] 参见张雨露：《英国借贷型众筹监管规则综述》，载《互联网金融与法律》2014年第5期。

[3] 参见零壹财经、零壹数据：《中国P2P借贷服务行业白皮书（2014）》，中国经济出版社2014年版，第21页。

英国政府向Funding Circle平台公司投资4 000万英镑，由平台决定这些投资的投向，以使投资更有效率。这种不同于个人之间借贷的模式，已在国外开花结果，与国内实践相互呼应。

（三）美国Prosper模式

Prosper网络借贷平台是目前全球最大的P2P网络借贷平台之一，系2006年成立于美国的美国繁荣市场公司的简称。Prosper网络借贷平台要求，在美国具有真实社保账号以及个人信用评分大于一定标准后，可注册成为平台正式用户。投资人竞标额度为25美元以上，融资人的借款额度为2 000—35 000美元。Prosper早先的平台基本流程为：

首先由融资人将自身借款金额、理由以及其他信息提交平台后，平台自动生成借款页面；而后投资人根据融资人的信用打分、财务情况等情况，以自身能够承受的金额和利率竞标，利率较低者中标。

这种交易一直持续到2008年，当年10月，美国监管部门SEC认为Prosper出售的凭证属于证券，责令Prosper平台暂停业务，在进行注册申请后才能继续营业。虽然对此认识上有差异，但Prosper平台仍进行了相应准备和调整，并在SEC重新注册，于2009年7月重新开始营业。Prosper为纯粹中介性平台，只提供交易信息、促成交易。其采用双盲拍卖模式，努力在以一种最低的交易成本完成借贷活动，使公众利益得以最大化。[1]

2010年，Prosper取消了原来的拍卖模式，改为根据融资人违约风险提前设定好的利率来促成交易。事实上，Prosper平台并非由投资人直接借给融资人，而是投资人购买与融资人相对应的收益权凭证，由WebBank具体进行审核、筹备、拨款和发放贷款至借款人，之后WebBank再将贷款出售给Prosper平台，这样贷款违约风险即通过收益权凭证的转移而转移给了投资人。在具体操作层面，美国另外一家Lending Club也基本类似。为了保障投资人权益，Prosper平台专门设置了严密的资金结算和清算制度，客户资金会专门存入一个特定账号，即在富国银行专门为客户开立的特别托管FBO账户，与我国第三方托管账户性质基本类似。转入账户的资金，在转账清算时直接进入美国自动清算所，Prosper平台自身均无法接触到上述资金，从而确保了资金安全，防止了资金池现象的发生。

---

[1] 参见王鹏月、李钧：《美国P2P借贷平台发展：历史、现状与展望》，载《金融监管研究》2013年第7期。

Prosper 平台的风控措施也非常严格，如果融资人系通过欺诈等手段来骗取投资人贷款，而 Prosper 平台没有尽到审查义务的话，则 Prosper 平台应就此承担责任、进行赔付，对于融资人的二次贷款，Prosper 平台也做了时间限制，即必须和上次借款相隔 6—12 个月，以防止以新换旧、恶性骗贷的发生。[1]Prosper 平台在完成 SEC 注册后，投资人平均净年化收益率超过 11%，从业务开始之日起，其所有的 3 年期贷款的平均年利率为 20.6%。[2] 美国将 P2P 网络贷款定性为证券化产品，实施较为严格的监管，必须遵守相关证券方面的法律，以及《真实借贷法案》《公平信用报告法》等法案。

（四）美国 Lending Club 模式

Lending Club 于 2007 年美国上线。2008 年 4 月，Lending Club 主动向 SEC 提交注册登记，2008 年 10 月完成注册开始在“证券模式”下开展业务。Lending Club 与 Prosper 的办理流程有相似之处，但平台在接到融资人的借款请求后，征得用户同意从 E-Equifax、Trans Union 和 Experian 等征信机构取得信用数据，将其放在平台上供投资人自主选择。交易成功后，投资人购买的是平台发行的“会员偿付支持债券”，其是 Lending Club 的无担保债权人，与融资人之间并不存在直接的债权债务关系，客户将独自承担投资的全部损失。[3]Lending Club 在部分开展业务的州引入了投资人财务可行性测试，要求投资人在平台上的投资额不得超过其个人净资产的 10%；投资人的资金以单独账户形式存放，确保不与平台自有资金混同。2014 年 12 月 12 日，作为全球最大的 P2P 网络借贷平台 Lending Club 成功登陆纽约证券交易所（简称“纽交所”），这掀开了 Lending Club 历史发展新的一页。[4]

除 Prosper 和 Lending Club 外，美国还有非营利性的 P2P 网络借贷平台，主要

[1] 参见张宏：《美国 P2P 网络借贷平台的法律规范及时中国的启示——以美 Prosper 网站为例》，载《财经界（学术版）》2013 年第 20 期。

[2] 参见盛佳、汤浔芳、杨东、杨倩：《互联网金融第三浪——众筹崛起》，中国铁道出版社 2014 年版，第 29 页。

[3] [美]Peter Renton:《Lending Club 简史》，第一财经新金融研究中心译，中国经济出版社 2013 年版，第 5 页。

[4] 2014 年 12 月 12 日凌晨，全球最大的 P2P 网络借贷平台 Lending Club 成功登陆纽约证券交易所。开盘价 24.86 美元，较 15 美元定价高出 65.7%。收盘价 23.43 美元，上涨 56%，成交量近 4 500 万股。市值 85 亿美元，总融资额 8.7 亿美元。此次 IPO 将发行 5 800 万股，其中出售 5 030 万股。引自“Lending Club 上市首日收金价 23.43 美元上涨 56%”，载搜狐网 http://it.sohu.com/20141212/n406883166.shtml，2015 年 7 月 12 日访问。

是2005年10月创立的Kiva，该平台专门向发展中国家创业者提供小额贷款，其模式可以概括为“小额借贷+批量投资人”[1]。当然，在Prosper和Lending club发展的过程中，美国也曾出现过另外一家P2P网络借贷平台Loanio，但只发放了七笔贷款后，就因无法筹措到足够资金而很快退出了市场。

综上，虽然在前文中仅介绍了Zopa、Funding Circle、Prosper和Lending Club四种典型模式，但这四种P2P网络借贷平台却非常具有代表性，且被誉为美、英等国P2P网络借贷交易的典范，尤其是Lending Club平台，因近期的成功上市而更加享誉内外、备受推崇。从国外P2P网络借贷交易的发展走势来看，监管层在经过数年观望后，近期纷纷出台了相对确定、监管制度的法律制度规定，这表明P2P网络借贷交易已得到监管层认可，并开始逐步走向成熟。当然，目前国外的P2P网络借贷交易虽然不及国内P2P网络借贷交易衍生出的交易模式繁杂，但正是因为其金融制度环境较为规范，金融市场发展较为成熟，才形成今日之局面。

这种交易模式和监管政策，能够给我国P2P网络借贷交易的规制监管提供一些思路。当然，由于监管法律制度将在后文有详细论述，特别是针对金融消费者保护方面，所以在此对监管举措不再详述，但对交易本身的流程以及通过这种流程梳理的交易框架，通过此种描述，已有了清晰的了解，这为进行国内外比较提供了基础。

二、P2P网络借贷国内交易模式分析

对于P2P网络借贷交易模式的具体划分，存在不同的标准和视角。从目前实际情况来看，国内P2P网络借贷交易还处在快速发展阶段，具体交易模式也在频繁变化和调整，这种市场自发的创新源于市场主体的逐利本性，以及我国金融市场留给P2P网络借贷交易发展的巨大空间。不得不说的是，我国P2P网络借贷交易之所以市场总量达到全球第一这样的规模，与我国具体的金融环境，尤其是投融资现状等息息相关。正是严格管制的金融体制，使部分金融需求难以满足，这才使各种金融通道业务蓬勃发展起来，而网络融资正是市场自发弥合这种供需矛盾的典型体现。

本书将进一步深入探讨国内P2P网络借贷交易的一般交易模式和框架，以期能够梳理出可供从法学意义上进行研究的基础。毕竟法学研究的对象，应是此种交易

[1] Kiva平台的具体流程为：平台上贷款请求会列明借款人的基本情况、贷款理由和用途、贷款时限等信息，由投资人进行选择；一般情况下，每位投资人只要支付25美元，一笔贷款募集完成。Kiva使用支付工具Pypal将贷款转账给Kiva的当地合伙人，该合伙人为当地小额金融服务机构，跟踪和管理企业，具体负责寻找、支付和收回小额贷款，最后将到期贷款收回后返还给Kiva，而后再返还给投资人。

涉及的基本法律关系和法律责任，其他很多金融意义上的具体创新，对法学研究来说也可能只是一些细枝末节。

（一）纯平台模式与债权转让模式

按照借贷流程和构架来划分，可分为纯平台模式和债权转让模式。这其中的纯平台模式，就是借贷双方通过网贷平台直接接触而达成的交易；这也是最传统意义上的P2P网络借贷交易。下面以拍拍贷为例介绍此种模式。[1] 拍拍贷作为纯平台模式的典型代表，其基本流程为：

出借人和借款人首先在网贷平台上进行注册，之后由出借人将自身资金充值到平台账户当中，出借人即有权就经过平台审核的借款人借款列表进行投标，最终由网贷平台撮合促成交易，并辅助完成具体交易；交易达成后，借款人必须按月还本付息。

拍拍贷网贷平台本身属于单纯中介，不过多参与借贷双方的交易，只提供辅助服务，同时也不承担坏账风险。当然，面临网贷市场的激烈竞争，拍拍贷也适时推出了本金保障计划。[2] 拍拍贷的利润来源主要是平台收取的服务费，对借款期限6个月（含）以下的借款，借款成功后按照本金的2%标准收取，不成功则不收取费用。另外，拍拍贷网贷平台的功能非常全面，从信用审核、用户开发、签订合同到贷后管理，拍拍贷整个业务操作都主要通过网络完成。但由于交易主体的征信系统问题，纯线上模式审核借款人信用资质的办法比较有限，主要是通过查看银行交易账单、查证身份信息、网络视频认证，甚至是获取网络社交圈数据等途径，部分平台还通过购买一些征信机构提供的征信数据加以解决，但在此方面仍属薄弱环节，也是造成一定呆坏账率的重要因素。这种模式和国外Zopa、Prosper和Lending Club等模式较为类似，但在我国存在一些实施上的障碍，导致纯平台模式的采用比例亦不高，在我国实际上各种经过改造的网贷平台是主流。

债权转让模式是指借贷双方不直接签订借贷合同，而是通过第三方先贷款给借

---

[1] 拍拍贷成立于2007年6月，全称为上海拍拍贷金融信息服务有限公司，是国内首家P2P纯信用无担保网络借贷平台。截至2014年上半年，注册用户近360万，是国内用户规模最大的P2P平台。20周岁以上的中国大陆地区公民均可成为平台用户，最多单笔借入50万元。

[2] 本金保障计划是拍拍贷于2011年7月发起的，旨在促使借出者分散投资，保障投资收益的投资保障性产品。符合以下条件自动享受本金保障：①通过身份认证；②成功投资50个以上借款列表（同一列表的多次投标视为一次）；③每笔借款的成功借出金额小于5 000元且小于列表借入金额的1/3。满足上述条件后，若满足条件列表的坏账总金额大于收益总金额时，拍拍贷将在3个工作日内赔付差额。

款人，后由第三方将债权转让给出借人的P2P网络借贷交易模式。从实际情况来看，上述第三方一般为此P2P网络借贷平台的内部核心人员。[1]该模式将出借人提供的款项进行拆分和错配，俗称“拆标”，形成债权包供借款人选择，是P2P网络借贷行业在我国的又一种发展，也引起了较大争议。下面以宜信为例，介绍该种模式的具体交易情况。[2]宜信P2P网络借贷交易的基本流程为：首先由平台公司核心人员作为第一出借人，将自有资金借给需要的用户即借款人并签署协议，避免企业之间非法拆借资金；而后由网贷平台将上述所获债权的金额和期限进行拆分，打包成宜信宝、月息通、月满盈等各类确定收益的组合产品，销售给出借人。为了进一步降低交易风险，宜信网贷平台建立了信用评分、信用审查、风险控制等制度，并设立专门的还款风险金。此外，宜信还从事宜车贷、宜房贷、宜人贷等小额贷款项目，这些业务实际上是由借款人提供担保并取得贷款，与P2P网络借贷交易没有关系。债权转让模式使资金池的建立以及非法集资类犯罪的数项罪名有了存在的前提，并且借贷双方更加依赖网贷平台，这种交易从根本上说是否属于P2P网络借贷交易，实际上都值得商榷，只不过目前在乱象丛生的P2P网络借贷行业中称为网货交易，还有一些平台采用此种模式。

（二）纯线上模式与线上线下相结合模式

除去纯平台模式和债权转让模式的分类。按照线上线下功能不同，P2P网络借贷交易平台还可以分成纯线上模式（即纯平台模式，不再赘述）和线上线下相结合模式。下面简要介绍线上线下相结合模式，这种模式实际上也与债权转让模式有所交叉，但侧重点并不相同。产生线上线下结合的业务模式，其实在我国有其现实条件，即如果坚持纯线上交易，则我国的绝大部分P2P网络借贷平台会因征信数据的先天不足，而导致在交易过程中产生审核、风控、追偿等现实困难，这种模式已是国内绝大多数P2P网络借贷平台的选择，这种交易模式的一般流程是，P2P网络借贷平台首先将产品推介公开展示于平台之上，而把贷前审核、现场调查、贷后催收工作流程等放到线下进行，这种线下功能的实施一般通过P2P网络借贷平台在全国

[1] 参见罗明雄、唐颖、刘勇：《互联网金融》，中国财政经济出版社2013年版，第111页。

[2] 宜信公司创建于2006年，总部位于北京，业务范围包括财富管理、信用风险评估与管理、信用数据整合服务、小额贷款行业投资、小微借款咨询服务与交易促成、公益理财助农平台服务等，目前已在133个城市（含香港）、48个农村建立起协同服务网络。力求为客户提供全方位、个性化的普惠金融与财富管理服务。

各地设立的分支机构来完成，有一些P2P网络借贷平台设定了具体交易的交易限额，超过限额就需实地审查，以及提供必要实物担保；还有一部分P2P网络借贷平台在线下开发借款人，通过组建专业团队进行营销，以拓展市场。

下面以人人贷为例，介绍此种模式的具体内容和交易构架。人人贷是国内平台功能转型的一个例证，其成立于2010年；成立初期人人贷平台采用纯线上模式，坚持传统模式，但之后和其他公司合作，开始将平台业务部分转移至线下，通过建立自身市场营销和风险控制团队，来拓展优质客户以及贷后管理，逐步形成线上线下相结合模式；具体产品类型为生意贷、工薪贷、网商贷等。

具体交易过程是，借款人在经过注册登记后，通过网贷平台获取信用评级，之后发布借款需求以吸引和获得资金。网贷平台提供的功能主要是资料和信用审核、贷中和贷后管理等服务。平台提供给借款人的款项系纯信用借款，不需要抵押、担保，审核通过可获得最高50万的借款额度。人人贷平台也有自身的“本金保障计划”，具体资金来源为每笔借款成交时平台提取的一定比例金额，上述资金均存入“风险备用金账户”，借款出现严重逾期或其他按合同约定情形时，平台可以向出借人垫付此笔借款的剩余出借本金或本息，对资金托管问题，人人贷平台与招商银行上海分行就风险备用金托管问题达成协议，并正式签署托管协议，将风险备付金进行资金第三方托管。[1] 自2014年1月1日开始，人人贷每月公布风险备用金情况，供用户监督。[2]

（三）无担保模式和有担保模式

按照P2P网络借贷平台对出借人有无设定担保，可将平台分为无担保模式和有担保模式，后者又具体分为平台自身担保和由第三方担保两种类型。无担保模式系P2P网络借贷平台的传统样态，平台只有交易居间、信用认定等功能，交易风险由出借人自身承担。平台自身担保模式主要是指由P2P网络借贷平台自身为出借人的投资资金安全提供连带责任担保，如前文提到的人人贷、拍拍贷等，体现为具体交易过程中平台承诺的本金保障承诺。从实践来看，还有一些平台既提取了相应的风险保证金，又同时有第三方提供的担保。下面主要对红岭创投模式和陆金所模式予以介绍。

---

[1] 根据协议，人人贷在每个月都会公布风险备用金《资金托管报告》，报告主要内容为备用金托管账户的基本信息、风险备用金专户余顿、同比情况以及托管银行将认真履职的承诺。

[2] 以上为人人贷资料。参见人人贷官网 http://www.renrendai.com，2015年10月13日访问。

红岭创投平台2009年初成立于深圳市，系国内较为知名的P2P网络借贷平台。该平台在具体进行P2P网络借贷交易服务时，由深圳可信担保有限公司为交易双方提供有偿担保和信息咨询服务。红岭创投平台的具体收费分为三部分：一是按每月借款初始本金的0.5%或按每天借款本金的0.04%收取的借款管理费，一般在借款审核通过时扣除；二是借款人还款时平台划扣的出借人利息收益的10%，用于补充平台风险保证金；三是由深圳可信担保有限公司在借款成功后的担保服务费，收取标准根据客户资信评级来确定。如果出现借款人债务违约，红岭创投平台会依据具体合同约定，由深圳可信担保有限公司垫付本金或本金和利息，出借人原有债权自动全额转让给担保公司，由担保公司再向债务人追偿。实际上，红岭创投拥有深圳可信担保有限公司90%的股权，红岭创投实际指导和控制深圳可信担保有限公司开展业务，这也是部分观点质疑平台实际担保能力和责任财产大小的原因。[1]2014年3月28日，红岭创投平台设置了风险备付金，初始准备金为5 000万元，计划准备金标准为每笔借款金额年化1.2%提取。红岭创投平台的具体服务对象包括中小企业和个人，其在网站上发布具体的融资项目，从事借贷交易，部分项目融资金融较大，其获得了一定市场份额，也产生了一定风险。[2]

陆金所，成立于2011年9月，注册资金8.37亿元，全称为上海陆家嘴国际金融资产交易市场股份有限公司，是中国平安保险（集团）股份有限公司旗下成员，由于该平台依托平安集团，信用背景较好，自成立以来业务发展速度非常迅猛，实际系我国P2P行业发展的标志性平台之一。[3]陆金所分别有针对机构的金融资产交易服务平台（Lfex）和针对个人的网络投融资平台（Lufax），区分客户资金和平台自有资金，由第三方支付机构进行资金管理，不采用资金池、期限错配等，防止发生风险。平台成立后，平台业务由平安融资担保（天津）有限公司提供全额担保，上述公司亦属于平安集团；根据平台协议约定，如果借款人逾期超过80天或提前还款，则担保公司向出借人赔偿全部应还本息，之后再替代债权人向借款人催收欠款。

---

[1] 上述红岭创投资料，参见红岭创投官网 http://www.my089.com/，2015年10月15日访问。

[2] 具体情况为，2014年8月28日红岭创投公布了4笔坏账，涉及本金总额1亿元。上述坏账均为广州纸业企业，债务关键人物已“失联”，出现了债务违约情形。

[3] 据报道，美国最大的P2P研究机构 Lend Academy 在2014年5月5日美国举行的全球网贷行业的峰会期间，发布了调查报告《中国最重要的P2P公司》，陆金所被列为全球第三大规模的P2P网络借贷平台，且增速最快，宜信和美国的 Lending Club 公司分列全球第一和第二。

由于我国《融资性担保公司管理暂行办法》第 28 条的规定限制[1]，在陆金所平台交易增速达到全球第一的同时，陆金所的担保模式也受到严重考验，虽然一再增加注册资本，但由于 10 倍杠杆要求，仍无法满足业务增长的要求，加之我国监管层对平台担保进行限制的反复表示，陆金所正在筹划逐步取消担保。[2] 目前，陆金所正在面临业务转型，剥离 P2P 网络借贷业务的声音也不绝于耳，但其实践对本书的讨论仍具有重要的样本意义。

（四）P2C、O2O 等其他模式

此外，随着 P2P 网络借贷行业和市场的快速发展，在我国还出现了一系列其他模式发生变化的网络借贷平台，实际上均属于网络债权融资的范畴，O2O 模式即 P2P 网络借贷平台通过与小贷公司、担保公司、融资租赁公司、保理机构等开展合作，由合作机构提供融资项目，并在产品到期后回购并提供担保，平台收取居间费用，其是一种线上线下相结合的新型交易模式。一直以来，如何获得高收益、低风险的好项目一直困扰着 P2P 网络借贷平台，尤其是针对机构客户而言，一些平台企业在此方面存在业务短板。所以网贷平台主动寻求专业本贷、担保公司等机构进行合作，来完成上述业务。包括开鑫贷、有利网在内的一些平台采用这种模式；上述模式是在 P2P 网络借贷具体交易内容上加以变化，并不构成一种新的 P2P 交易模式。也有报道将 2013 年出现的发生于个人与企业之间、通过网络平台进行债权融资的模式称为 P2C 网贷（Person to company），也有的称为 P2B 模式，具体是指 P2C 网贷平台通过线下开发优质的中小企业客户，在线上通过网络平台寻找普通出借人，并引进有实力的融资性担保机构对项目进行担保的模式。目前我国采用此种模式的交易平台主要是积木盒子、爱投资、爱互融网等。当然，除了上述分类，实际上还有一些平台的交易模式更加混搭，有观点将其概括为混合模式。[3]

综上，通过对以上国内 P2P 网络借贷交易的具体模式分析，可以看出我国 P2P 网络借贷交易已经产生了很大程度上的本土化变异，且个人对个人的贷款实际上也只是其中一个部分，通过项目或企业进行融资占据了很大一部分；需注意的问题是，

---

[1]《融资性担保公司管理暂行办法》第二十八条规定：融资性担保公司的融资性担保责任余额不得超过其净资产的 10 倍。

[2] 2014 年 7 月 15 日，陆金所专事理财频道上新了一款产品为弘盛 -09A 号产品，期限为 203 天，预期收益率为 7.7%。这是陆金所专事理财频道发布的第一款没有担保的产品。

[3] 参见零壹财经、零壹数据：《中国 P2P 借贷服务行业白皮书（2014）》，中国经济出版社 2014 年版，第 13 页。

我国 P2P 网络借贷交易发展过程中，限于国内金融法制环境的特定情形，具体交易模式设定时，各平台充分注意了一些小贷公司、融资租赁公司、第三方支付公司以及其他一些影子银行金融机构的功能和价值，在网络债权融资交易框架内重新梳理和构架了具体交易模式，并在市场推广和实践中获得了一定的成功。但从法学层面分析，这些交易实际上万变不离其宗，仍属于借贷交易。在金融消费者保护方面，层出不穷的“跑路”事件造成了出借人利益巨大损害，同时由于没有基本的市场准入、市场退出、合格投资者界定、后悔权等制度加以配套，这种趋势有愈演愈烈之势，亟需加以关注和解决。

三、P2P 网络借贷交易的法律关系分析

从法律角度分析 P2P 网络借贷交易，首先应就交易涉及的法律主体以及这些主体之间是何种法律关系加以梳理和分析，之后再就由此产生的法律问题加以解决。法律关系是指“根据法律规范产生、以主体之间的权利与义务关系的形式表现出来的特殊社会关系”[1]，包括主体、客体和内容等。其中，因涉及不同的法律关系界定，P2P 网络借贷具体交易中的主体要素系重点内容，需详细加以梳理。“无论在哲学还是在各门社会科学中，主体总是意味着某种自主性、自觉性、自危性、自律性，某种主导的、主动的地位。”[2] 从金融法角度分析，金融法主体是指“具有从事金融经营服务或接受金融服务消费或管理金融活动的权利能力和行为能力，并能独立承担法律责任的主体”[3]，一般包括金融经营主体、金融管理主体和金融消费主体三类。就 P2P 网络借贷交易，其主体主要有：

一是借款人。一般情况下，P2P 网络借贷平台会明确要求，借款人应是具有完全民事权利能力和民事行为能力，能够独立承担权利义务的自然人；并要求该自然人以通过提交注册资料等方式，向交易平台提供详细的自然人情况以及借款用途、金额等相关信息。借款人在 P2P 网络借贷交易中主要是借款义务方，除了接受审核、按时还款等当然义务外，为确保交易的顺利完成，还负有向平台及时报告可能影响其信用状况、经济状况、还款能力等事由，同时承担根据向平台和出借人承诺的借

[1] 朱景文主编：《法理学》，中国人民大学出版社 2008 年版，第 428 页。

[2] [德] 路德维希·费尔巴哈：《费尔巴哈哲学著作选集·下卷》，荣震华、王太庆、刘磊译，商务印书馆 1984 年版，第 113 页。

[3] 徐孟洲：《金融法》，高等教育出版社 2012 年版，第 19 页。

款用途使用借款资金，保证不将借款资金用于其他目的和用途或挪用借款等义务。对于以中小微企业为具体融资对象的P2P网络借贷而言。借款人也可能是上述企业，具体表现可以是这些企业在网贷平台上进行具体宣传和推荐的融资项目。目前，P2P网络借贷交易中，借款人的外延包括自然人和中小微企业，这也是对传统P2P网络借贷交易模式的一种嬗变。

二是出借人。从现有规范意义层面，出借人属于网络债权金融交易中的金融消费者。一般情况下，P2P网络借贷平台也会将其明确为具有完全民事权利能力和民事行为能力、独立承担网贷协议项下权利义务的自然人。因为出借人在P2P网络借贷交易中主要是权益方、权利人，交易处分的是其自身利益，所以监管、交易和其他交易风险防范措施均与之有密切关系，并且成为网络融资主体中最为重要的一环。出借人在具体交易中，对于是否需要参照其他金融交易领域进行分级和风险能力评级，是否需要专门为P2P网络借贷出借人提供一些专门性的保护措施，都是目前讨论的热点问题，这也是本书讨论的重点内容。实际上，从目前实际情况看，正是在这一主体的权益保护上，对网络融资交易进行监管的必要性才愈发突出。

三是P2P网络借贷平台。网贷平台是P2P网络借贷的核心要素，即促成P2P网络借贷交易的媒介。结合前文对P2P网络借贷平台具体模式的梳理分析，网贷平台在P2P网络借贷业务中国化后围绕平台增信发生了质的变化。网贷平台的基本功能是信息中介而非信用中介，在法律性质上可以定性为居间人。但在本土语境下，P2P网络借贷平台除了居间人的身份，还可能因为平台自身提供担保而成为担保人，还可能在债权转让模式下成为债权转让人，这与具体交易模式存有很大关系。就网贷平台在具体交易中的作用，还衍生出一个较为重要的问题，即平台对网贷交易存在哪些约定和法定责任，值得进一步思量和探讨。

四是担保人。即为P2P网络借贷业务提供担保的组织主体。除了上述提到的平台自身提供担保外，更多的担保方是一些融资性担保公司、平台关联公司以及专门从事担保业务的公司等。担保公司的介入使我国P2P网络借贷发展急剧加快并赶超国外发达国家。实践中，担保公司为P2P网络借贷借款提供连带责任担保，其中如果既存在平台担保又存在担保机构担保的，一般在合同中载明具体担保权利行使的路径：在借款人未按期还款并符合行使担保权的条件时，为保证业务的顺利开展，一般还会在平台服务合同中进行约定，由网贷平台出面代替出借人向担保公司要求履行保证责任（代偿）；担保公司代偿后，出借人可以以数据电文等证据形式确定代偿债务的结果，之后由担保公司向借款人进行追偿，追偿范围一般包括代偿款以及担保公司为追偿、催收上述款项所产生的其他费用。有时，在网贷平台服务合同中还同时约定，一旦发生借款人违约，网贷平台有权将借款人账户中的资金直接划扣给担保公司账户，用以偿还追偿款项，这样可以省去不必要的合同履行环节，降低追偿成本，但这种做法在实践中产生了一些争议。

五是资金托管人。从P2P网络借贷交易的实际情况看，将P2P网络借贷资金进行资金托管目前已成为行业共识，这样可以有效防止资金挪用、平台自有资金与客户资金混同等问题，避免发生东方创投案那样随意处置客户资金的案件，但资金托管的方式和范围仍差异很大。

此外，涉及P2P网络借贷业务的还有风险信用评级人、监管机构等主体，但上述主体实际上并非具体交易的主体，故不在此进行赘述。

对于各种主体之间的具体法律关系，因涉及具体交易的开展、评价，交易各方权利义务的界定，尤其涉及金融消费者权益的具体保护等问题，这是对网络融资所涉法律问题开展一系统研究的基础，故在此详细加以分析解读。按照我国目前的法律法规规定，本书对此做如下分析：

一是借款人与出借人之间的法律关系。在一般P2P网络借贷交易模式下，借款人与出借人之间系民间借贷合同法律关系。当然，由于存在债权转让这种交易模式，所以在此问题上，还会存在以网贷交易平台选定的债权转让方，作为借款人与出借人之间的交易中介，在上述三方之间产生两个不同主体的民间借贷合同法律关系，此部分将在下文加以论述。按照我国《中华人民共和国合同法》（后简称《合同法》）《中华人民共和国民法通则 》（后简称《民法通则》）《最高人民法院关于人民法院审理借贷案件的若干意见》（后简称《借贷案件司法解释》）等法律及司法解释的相关规定，民间借贷是指自然人、非金融企业之间或者相互之间的借款行为。当然，也有观点认为，民间借贷应区分广义和狭义：广义的民间借贷是指出借主体为非金融机构的民间借贷；而狭义的民间借贷是指当事人一方为自然人的民间借贷，其包括自然人之间、自然人与法人之间、自然人与其他组织之间的借贷。[1]与民间借贷法律关系相关联的借款法律关系，还有金融借款合同（以自然人、企业或其他组织为借款人，以银行等金融机构为出借人）、企业借贷（非金融企业之间相互借款）和同业拆借（银行相互之间的资金融通）。一般来讲，只要借贷双方意思表示真实，且利率未超过一定标准，则应认定此种借款关系合法有效。上述标准是《借贷案件司法解释》第六条规定确定的标准[2]，即以银行同类贷款利率的4倍为限。如果涉及企业之间借款的情况，传统上认为这种拆借资金因违反国家强制性法律法规而归于无效，具体依据为《贷款通则》中“企业之间不得违反国家规定办理借贷或者变相借贷融资业务”的相应规定，但最高法院奚晓明副院长在2013年全国法院商事审判工作座谈会上的讲话指出，对于企业之间形成的相互借款，应区分情况，对于不以资金融通为常业，未违反国家金融管制的强制性规定的情形，不认定借款合同无效。[3]这实际上肯定了很大一部分企业借款合同的效力。

二是借款人、出借人与P2P网络借贷平台的法律关系。这三者之间的关系需要在不同的交易模式下予以界定。首先，在纯平台模式下，P2P网络借贷平台应系居间人。按照我国《合同法》第四百二十四条的规定，居间合同是由“居间人报告订立合同的机会或者提供订立合同的媒介服务，委托人支付报酬”的合同。关于居间合同的法律规定，主要是我国《合同法》第二十三章“居间合同”中的共有4条。居间行为与委托行为、行纪行为有一定的相似性，均系提供劳务而非交付物品，但严格意

[1] 张雪楳：《P2P网络借贷相关法律问题研究》，载《法律适用》2014年第8期。在该文中，作者提到，关于民间借贷，我国《关于审理联营合同纠纷案件若干问题的解答》《关于企业相互借贷的合同出借方尚未取得约定利息人民法院应当如何裁决问题的解答》、《关于依法妥善审理民间借贷纠纷案件促进经济发展维护社会稳定的通知》等法律文件均对其进行了规定。最高人民法院正在起草的《关于审理民间借贷案件适用法律若干问题的规定》（以下简称《民间借贷规定》）即采用了广义上的民间借贷的概念。

[2] 该条规定。民间借贷利率可以适当高于银行利率，各地法院可根据地区实际情况具体掌握，但最高不得超过银行同类贷款利率的4倍（包含利率本数），超出此限度的利息不予保护。

[3] 对于民间借贷合同的效力问题，奚晓明副院长在2013年全国法院商事审判工作座谈会上讲话中专门予以说明，原文为：“就企业间的借贷而言，既包括具备金融从业资质的小贷公司、典当公司等非银行机构与企业间的借贷，也包括不具备金融从业资质的企业之间的资金拆借行为。在商事审判中，对于企业间借贷，应当区别认定不同借贷行为的性质与效力。对不具备从事金融业务资质，但实际经营放贷业务、以放贷收益作为企业主要利润来源的，应当认定借款合同无效。在无效后果的处理上，因借贷双方对此均有过错，借故人不应当据此获得额外收益。根据公平原则，借款人在返还借款本金的同时，应当参照当地的同期同类贷款平均利率的标准，同时返还资金占用期间的利息。对不具备从事金融业务资质的企业之间，为生产经营需要所进行的临时性资金拆借行为，如提供资金的一方并非以资金融通为常业，不属于违反国家金融管制的强制性规定的情形，不应当认定借款合同无效”。

义上来讲，居间服务只限于报告订立合同机会或提供媒介，居间人不参与委托人与第三人之间的合同。从行为性质上来分析，P2P 网络借贷平台功能即在于提供交易信息、通道，促成借贷双方完成交易，法律层面分析，其行为基本性质属于居间，只是在交易模式进一步创新发展后，需要对平台的其他功能加以法律分析。其次，在债权转让模式下，由第三方个人作为交易衔接，先由第三方个人向借款人提供贷款，之后由第三方个人将债权转让给出借人，借贷双方之间没有直接的债权债务关系。债权转让模式将出借人提供的款项进行拆分和错配，形成债权包供借款人选择。此种模式由于平台功能的延伸拓展甚至可以说是异化，已经与提供信息中介的传统意义上的网贷平台存在根本性区别，此时借款人、出借人与P2P 网络借贷平台并非居间，而是 P2P 网络借贷平台实体企业与借款人之间首先形成借款合同关系，而后作为债权人的 P2P 网络借贷平台实体企业将上述债权予以拆分切割，形成债权包后转让给出借人系债权转让法律关系，此时借款人与出借人因网贷平台企业的债权转让形成新的债权债务关系。规制此种交易行为的民商事法律规范主要是我国《合同法》第五章“合同的变更和转让”部分，其中特别规定，债权人转让债权的，应当通知债务人；未经通知，该转让对债务人不发生效力。这种交易方式除了需要用合同法律关系来分析，更主要的问题在于平台作为债权转让方将自身拆解和错配过的债权包，通过网络平台公开向社会不特定人进行销售，是否会对我国既有的金融管理秩序和金融稳定造成冲击，而归于无效甚至是涉嫌刑事犯罪，这在下文将有详细分析。再次，在平台提供担保的模式下，还会涉及各方主体身份交叉的问题。在平台提供本金保障的情况下，平台变相提供担保，其来源为平台自有资金或从每笔交易中提取的风险备付金，此种风险备付金一般均有上限。这种情况下，P2P 网络借贷平台不仅是居间人或是债权转让人，而且还是担保人，其用上述资金为原本不该介入的借贷交易提供交易支持，从而使交易进一步走向复杂。此时，如果监管部门明确出台文件，不准许此种交易方式，则上述交易行为将可能做出进一步修正。当然，在目前的情况下，更多的是遵从各方当事人在进行交易时签署的电子合同文本内容，即“有约定的从约定”，按照合同内容予以履行。

三是借款人、出借人、P2P 网络借贷平台与担保公司之间的法律关系。为解决 P2P 网络借贷平台风险问题，担保公司被引入以拓展交易为信用基础。此时，担保公司与出借人之间系担保法律关系。从已有交易模式看，一般情况下，如出现借款人由于不能偿还到期债务导致的违约，则直接由 P2P 网络借贷平台代替出借人通知担保公司履行担保义务，平台予以全力配合，之后担保公司因代偿而取得追偿权。

比较难的问题在于，如果P2P网络借贷平台运用自有资金提供了类似本金保障之类的担保，则出借人可以选择要求平台或担保公司来承担责任，有合同约定的应当按照合同约定来执行。平台用自有资金担保和通过向每笔交易收取不等的风险备付金，是两种不同的模式，其法律性质也存有差异，但均不影响出借人权益的实现，剩下的只是平台与担保公司的责任分担以及如何向借款人进行追偿的问题。

四是P2P网络借贷平台与资金托管方的法律关系。第三方资金托管是指资金在第三方资金托管机构流运行，而不经过平台账户。P2P网络借贷平台与资金托管方之间实质系委托关系，资金托管机构负责资金的运作安全、因第三方资金托管可以有效避免平台恶意挪用交易资金给出借人带来的风险，所以越来越多的网贷平台以此作为保障出借人资金安全的举措加以设定，进行相应的资金托管。对于P2P网络借贷要进行资金托管，国内主流观点并未有太大争议，但实践做法却存在一些问题，对于资金托管的具体分析和界定，也存有争议。如有观点认为，界定P2P网络借贷合法与否的事实标准之一，是资金转移和投资行为的发生先后序位。如果出借人与借款人之间还未形成正常的借贷法律关系，而出借人资金已经进入了网贷平台中的专业放贷人账户中，即先以网络平台名义从出借人处获得资金，再由平台决定资金如何使用和支配，则会产生资金沉淀问题，并涉嫌非法集资。[1]对于债权转让模式的P2P网络借贷交易而言，由于需要进行期限错配和资产打包，资金池的存在实际是一种常态，这在法律层面始终是一个问题。如果监管部门严格要求P2P网络借贷平台均不能设置资金池，则债权转让方式的P2P网络借贷有无继续存在的可能，实际上都存有疑问。就P2P网络借贷与非法集资犯罪的界限，是分析网络融资法律问题的第一重基础，也是保护金融消费者权益需明确的第一要点，这个问题将在下文有详细论述。

此外，除主体内容外，还有P2P网络借贷交易的客体内容。法律关系的客体是指“法律关系主体的权利与义务所指向的对象”[2]。对于P2P网络借贷交易的客体而言，一般即是以财富形式体现的货币，是物的一种形式。因无特别需要注意的法律问题，在此不再赘述。

---

[1] 参见第一财经新金融研究中心：《中国P2P借贷服务行业白皮书》，中国经济出版社2013年版，第125页。

[2] 朱景文主编：《法理学》，中国人民大学出版社2008年版，第442页。

第二节　网络股权融资模式研究：以股权众筹为研究对象

众筹，对应的英文为crowd funding，字面意思即群众筹资或大众筹资。国内外的理论界和实务界对于众筹的概念和具体指向，存有一定差异。英国金融行为监管局认为，众筹就是公众可以通过网络众筹平台为自身项目或企业进行融资的一种方式；法国将众筹表述为参与性金融，即一种以一个创新项目或企业融资为目的，通过网络向一大群人筹集资金的金融机制；欧盟认为，众筹是一种向公众公开地为特定项目通过互联网筹集资金的行为。[1] 上述概念其实差异不大，均指出了众筹交易进行的一般要素，即向公众筹资、通过网络进行和融资的具体中介即网络平台，而其范围既包括了网络债权融资，也包括了网络股权融资。国际证监会组织对众筹融资的定义为，“通过网络平台从大量的个人或组织处获得资金以满足项目、企业或个人资金需求的活动”[2]。对此，国内观点则相对多元，但在范围上指网络股权融资更多一些，如有观点认为，众筹就是指项目发起者通过利用互联网和社会性网络服务传播的特性，发动众人的力量，集资金、能力和渠道，为小企业或个人进行某项活动、某个项目或为初创企业提供必要资金支持的融资方式。[3] 中国人民银行在《中国金融稳定报告（2014）》中认为，众筹融资是指“通过网络平台为发起人筹集从事某项创业或活动的小额资金，并由发起人向投资人提供一定回报的融资模式”。此外，也有观点主张，在我国当下的法律环境下，因向公众募集资金的方式非常有限，如公司上市融资，其他形式面向社会大众的公开募股行为被认为是非法集资行为，因而我国目前不存在股权众筹扎根的法律土壤，所以，国内如大家投、天使汇等通过限制投资人资格、金额或人数等方式避免相关监管规定的网络平台，实质系一种私募或者半公开的融资行为。[4] 在中国证券业协会于2014年12月18日发布的

[1] 参见顾晨：《欧洲众筹市场现状与监管评述》，载《互联网金融与法律》，2014年第8期。

[2] 中国证券业协会：《关于〈私募股役众筹融资管理办法（试行）（征求意见稿）〉的起草说明》，载中国证券业协会官网 http://www.sac.net.cn/tzgg/201412/t20141218_113326.html，2015年8月18日访问。

[3] 参见罗明雄、唐颖、刘勇：《互联网金融》，中国财政经济出版社2013年版，第179页。

[4] 参见杨东、苏伦嘎：《股权众筹平台的运营模式及风险防范》，载《国家检察官学院学报》第22卷第4期，第158页。

《股权众筹管理办法（试行）（征求意见稿）》中第二条规定，本办法所称私募股权众筹融资是指融资者通过股权众筹融资互联网平台以非公开发行方式进行的股权融资活动，将股权众筹交易界定为私募股权融资活动。实际上，将众筹定性为私募股权融资等内容，本身存在很大争议，随着实践的进一步发展，这种界定的科学性、准确性等可能还会发生变化，需要进一步的理论探讨和实践验证。本书认为，众筹是指个人或企业为自身项目或创业，通过互联网向多数人进行融资的行为。上述企业主要是指初创企业，而且在我国国内网络融资交易的自然发展过程中，对P2P网络借贷和众筹交易二者做了区分，并未按照国外一些国家的做法，将二者统一置于众筹概念之下。本书亦是将众筹概念的重点放在股权众筹方面，以便于开展讨论，明确研究对象的具体内容。

一、众筹融资国外典型交易模式分析

纵观近些年全球快速崛起和发展的众筹融资交易，其模式和范围实际上较为确定，下文主要以Kickstarter和Crowdcube典型平台为例，解析国外典型众筹平台的运作模式。

美国Kickstarter平台模式。美国Kickstarter平台成立于2009年4月，是一家为创意项目和企业进行筹资的奖励式众筹网络平台，主要致力于支持和激励创新性、创意性的活动。Kickstarter平台的具体交易流程为：需要筹资的个人或组织即融资人，将自身项目提交网络平台，由平台严格审查项目的价值、信息披露、融资额之后，推送至平台对外网站，采用“达标入账”的方式进行筹款直至成功。[1]只有项目在规定的日标期限内达到或超过日标筹资金额时才算“达标入账”，投资人资金才会从平台账户划到融资人账户。募集成功后，该平台会从募集成功的资金中收取5%作为费用。Kickstarter将募资项目分为电影、音乐、艺术、戏剧和出版等13个门类，尤其是在艺术和创意类产品上，通过网络平台支持，涌现了很多好的产品。当然，也有不采用“达标入账”模式的平台，如另一家美国众筹平台Indiegogo采用“当即入账”或“达标入账”的可选模式，投资人可以根据项目执行和现金流支出情况自行选择。“当即入账”即不论项目是否在规定的时间达到筹资目标，都将出资者的出资打入项目投资人的账户中。上述两种方式实际上产生的效果明显不同。

英国Crowdcube平台模式。该平台于2011年2月在英国成立，是一种以股票为

[1] 参见黎少芬、苏竟夕：《造梦机Kickstarter》，载《新经济》2014年第1期。

基础的筹集资金平台，也是目前英国最大的股权众筹平台[1]，Crowdcube 平台的服务对象为在英国注册的非上市企业，一般是初创企业；通过该股权融资平台，企业可以直接从社会大众处获得资金，投资人可以得到投资回报，还可以成为投资企业的股东。Crowdcube 平台项目筹资基本流程为：投资人首先向平台注册并提出申请，详细制作申请标书，并写明出售公司的股权比例以及何种股权，股权类型一般以是否有投票权分为 A、B 两种；同时说明筹集资金的具体数额，在一般为 60 天的筹资期内开展筹资活动。当筹资成功时，Crowdcube 会联合律师事务所，帮助投资人和出资人签订有关协议，最终完成整个法律程序，2013 年 2 月，FCA（金融市场行为监管局）认定 Crowdcube 平台模式合法，其是除英国 FCA 第一家认可的股权众筹平台 Seedrs 后，第二家获得授权的平台。获得授权后，Crowdcube 平台可开展更多业务，并为其投资人提供金融申诉专员服务（FOS）和金融服务补偿计划（FSCS）的专家咨询，从而更有利于金融消费者保护和行业健康发展。

纵观国外众筹模式，其交易内容一般较为规范，平台只进行居间服务，且股权众筹模式一般最引人注目，并受到各国监管部门的监管，但在监管强度和思路上，呈现出不同的方向和内容，其中，如以 Kickstarter 为代表的奖励式众筹和以 Crowdcube 为代表的股权众筹，二者就在回报内容、出资额度限制与否、项目选择和审核等方面，均存在显著差别。[2]因就上述交易的具体监管和金融消费者保护问题，将在下文单独进行论述，故在此不就国外交易做过多描述。

二、众筹融资国内典型交易模式分析

目前，因在我国开展网络众筹融资交易容易触碰非法集资的合法性界限，且没有相应监管规定，所以我国的众筹网站项目，大多以相应服务或者实物等作为回报，或者通过精心设计交易形式来规避具体的证券监管规定。按照目前学术和实务界的主流观点，基本模式可分为：股权式众筹、奖励式众筹、募捐式众筹。其中股权式众筹在我国主要有凭证式、会籍式、天使式三种。[3]部分观点还将 P2P 网络借贷交易作为借贷式众筹归入众筹类别当中，美英法等国均存在这种界分方式，但因我国

[1] 参见 http ://www. crowdcube. com/, last visited in march 2, 2015。

[2] Funders Club 挑出有潜力的创业公司，供人们通过网络对它们进行投资，并获得真正的股权作为回报。任何一名年收入超过 20 万美元或者净资产超过 100 万美元的用户（合格投资人）都可以在网站上浏览器个创业公司的信息，选定自己喜欢的那家进行投资，最低额度为 1 000 美元。

[3] 上述分类重点参考了罗明雄、唐颖、刘勇：《互联网金融》中的分类办法，但因众筹交易尚处于起步阶段，进行相对严苛的分类目前还不具备成熟的条件，故而仅能依据具体操作方法来初步划分。

实践将上述两种交易进行了实践性区分，故本书所论述的众筹交易不包括借贷式众筹。同时，因本书讨论的重点系股权式众筹，故对奖励和募捐式众筹只做简单分析。

（一）股权式众筹

股权式众筹是指项目发起人以出让股权的方式换取投资人出资的众筹融资模式。随着美国《JOBS 法案》的出台，纯粹的股权式众筹在全球范围内加快发展。这种众筹模式下，项目的发起人一般为初创的中小企业，希望通过众筹平台出售股权以获取融资，众筹平台审核并向投资人推荐项目，履行类似于证券交易一级市场的角色，投资人出资获得股权回报，与项目发起人共担风险，共享收益。当然，当前在我国法律环境下，因可能涉嫌犯罪，还不允许严格按照国际上股权众筹平台标准的模式在社会上公开募集和交易股份。所以，股权众筹在我国的发展初期，即经历了具体的中国化改造，形成实际意义上的类股权式众筹。这种类股权式众筹的交易一般模式为：投资人平台注册、创建投资项目、发送商业方案、投资人约谈、投资人投资、履行线下增资手续。按照具体交易模式和内容的不同，我国的股权式众筹又分为天使式、凭证式、会籍式三种，下面分别予以分析：

天使式股权众筹模式系通过领投人、跟投人等的投资人设置，以各投资主体组成的有限合伙企业作为股东，入股被投资企业，以避免触动《中华人民共和国证券法》（后简称《证券法》）《中华人民共和国公司法》（后简称《公司法》）的强制性规定，并通过股权众筹平台的居间服务来最终促成交易。下面以大家投、天使汇为例，分析该种模式的具体交易过程。

大家投成立于 2012 年 12 月，是国内目前知名众筹平台之一。众筹平台的交易模式基本为：首先网络平台对申请融资的项目或企业进行审核，之后在网络平台上公布；当有意向的投资人确定后，在投资人中间，确定领投人和跟投人，明确其相应权利义务，而后通过设立一般由领投人为普通合伙人、跟投人为有限合伙人的合伙企业，持有日标公司股份，完成入资手续，按照约定模式取得回报。大家投众筹平台对担任普通合伙人的领投人有明确的资质要求。[1] 上述有限合伙企业成立后，由普通合伙人委托大家投平台到银行开设合伙企业基本账户，由平台按照全体合伙人在投资协议中约定的出资方式，从托管账户中统一将认筹款转入上述合伙企业基

---

[1] 担任普通合伙人的领投人要满足以下至少一项条件：早期 VC 基金经理级以上岗位从业经验，两年以上天使基金，三年以上企业总监级以上岗位工作经验；两年以上创业经验（只限第一创始人经验）；两个以上天使投资案例，五年以上企业经理级岗位工作经验等。

本账户，则视为已缴纳对合伙企业的认缴出资。当合伙企业产生亏损时，普通合伙人对企业债务承担无限连带责任，有限合伙人对企业债务以其认缴的出资额为限承担责任。有限合伙人享有如下权利：表决权，查阅会议记录、财务以及经营资料权，收益分配权，出资转让权等。如果项目融资成功，则融资企业需向大家投缴纳项目融资居间费，一般为融资额度的5%（含投资人集体成立有限合伙企业的所有费用）。如果项目没有融资成功，不收取创业者费用。[1]

天使汇平台成立于2011年11月，是国内按照天使投资人众筹规则运行的股权众筹平台。截至2014年12月，已为230个项目完成了10亿融资额，其中包括黄太吉、嘀嘀打车、大姨吗、面包旅行等，一些融资成功的案例已经完成多轮融资，亦属国内知名股权众筹平台"天使汇"平台的一般运作流程为：投资人注册平台、创业者在线提交项目、天使汇专业分析师团队审核项目、投资人浏览项目、天使汇给投资人推荐项目、创业本和投资人约谈、创业者和投资人签约。天使汇将自身平台定位为天使投资与创业公司的信息对接服务平台，其投资对象包括初创型非公众公司或其他民事主体，并非经国务院证券监督管理机构核准公开发行股票的公司或其他主体。对于投资可能产生的风险，天使汇不做任何担保或保证，不对投资人投资损失承担责任。

上述两种交易是我国目前在股权众筹交易中最为典型的模式，也是本书讨论股权众筹融资交易时的主要对象。除去上述天使式众筹，我国还存在以下模式。首先，会籍式股权众筹。会籍式众筹模式一般通过相互介绍、朋友圈等熟人方式加入被投资企业，共同进行企业运作，共担风险，共享收益；和天使式众筹模式相比，投资人的范围更加狭窄。下面以3W咖啡为例说明会籍式股权众筹的基本操作。3W咖啡是通过微博发起、由百名互联网参与的互联网主题咖啡馆。3W咖啡创始人通过微博进行公开资金募集，每股6 000元、每人10股，后成功吸引多位互联网业界投资人加入进来成为股东和会员，目前主要进行创业孵化、创业培训等工作。会籍式股权众筹更加突出股东的选择性即组织人合性，且很多是基于熟人圈子产生。从法学层面观察，此种众筹除通过互联网方式募集资金外，其他方面并未与传统上通过设立公司或其他实体的程序有更大差别。其次，凭证式股权众筹。即通过网络等平台将公司股权以凭证方式进行公开销售，如前述美微传媒模式，因此种交易形式在前文已有述，且在我国目前法律环境下不被允许，故在此不再赘述。

---

[1] 上述关于大家投众筹平台的资料，来源于大家投官网 http://www.dajiatou.com/，2015年8月25日访问。

（二）奖励式众筹

奖励式众筹即通过网络筹资项目吸引大众投资，并以实物或服务等形式进行回报的众筹形式。奖励式众筹一般会明确截止期限和所需人数，如完成预期融资目标，则活动生效；如未完成，则筹资活动失败，资金将返还投资人。奖励式众筹通常适用于创新产品或者项目的融资，尤其是对科技产品以及电影、音乐等创意产品的融资。在此种模式中，预先销售是一种较为常见的形态，销售者在网站平台发布新产品或服务信息，投资人通过平台推介和自身判断进行事先订购或支付，从而完成众筹融资，具有一定程度上的团购性质。实际上，通过这种方式，可以实现对此种创新的产品或服务预先进行来自市场的检验和判断，兼有开拓市场和吸引投资的功能，形成多赢局面。下面以国内较早从事此类众筹的平台“点名时间”以及众筹网为例，说明奖励式众筹的具体运作。“点名时间”2011 年 7 月成立于北京，主要以众筹方式发起和支持创意项目，但其已从 2014 年平台开始转型专注于“智能产品首发”[1]对于平台的基本功能，“点名时间”官网上明确为“包含点名时间网站体验和使用、点名时间互联网消息传递服务以及点名时间提供的与点名时间网站有关的任何其他特色功能、内容或应用程序”。该平台之前的具体交易流程为：满足一定条件的融资方向平台提出产品发布申请，该产品必须是尚未正式对外发布的智能产品，且产品在平台上线之前不能在国内其他相似平台或媒体发布，在经过平台审核后发布；如果产品在上线预售期间下线，则其产品上线期间所获得的金额将被立即退回给预订用户在点名时间上的账户中；在此过程中，平台不收取费用。从上述交易过程来看，“点名时间”的具体交易模式有些团购加预购的性质，平台通过居间媒介服务，将投融资双方加以撮合，形成一座信息交互和意见交换的桥梁。从目前的实践来看，众筹网在奖励式众筹平台中成长较为迅速。众筹网属于综合性奖励式众筹平台，其为项目发起者提供募资、投资、孵化、运营等服务。众筹网平台的基本交易规则较为明确，即筹资项目须在预设时间内达到或超过目标金额，否则筹资失败，款项将退还给投资者。另外，就资金管理问题，众筹网在相关交易合同文本中明确约定，发起人在众筹网平台发起的项目，由众筹网作为代收款方，收取项目投资人基于项

[1] 根据“点名时间”官网说明，其自身定位为“点名时间是智能产品简发平台，点名时间帮助团队进行智能产品的首次发布和预售”。网址：http://www.demohour.com/faq?chapter=section_1 #al，访问时间 2015 年 7 月 24 日访问。

目投资明细单而支付的众筹金额。[1]

（三）募捐式众筹

募捐式众筹主要是利用网络平台来发起公益性募捐项目，实际上投资人一般不获取任何实质性的收益，金额也比较小。国外通过公益性众筹平台进行公益活动已经较为普遍，比较典型的平台如Prizeo平台，其利用名人的社会影响力来为慈善活动筹集善款；GofundMe平台，其项目主要是解决个人生活苦难如无保险的车祸、房租、学费等。在我国，募捐式众筹虽然起步较晚，但已有成功的案例，如“拍出一个新视界——中国三明治儿童摄影公益项目”，通过在“点名时间”发起项目，收集到网友的闲置相机，用于帮助务工人员子女学习摄影。[2]募捐式众筹实际上是将公益活动从传统方式放置于网络之上，取得更大的社会影响和更好的社会支持率。

纵观国际国内的诸多众筹模式，其具体方式和内容与一国国内的金融、法律以及政策环境息息相关。尤其是众筹性质偏重于证券业务，所以与P2P网络信贷业务一样，其在国内的发展实际上产生了很多变异，更加小心地游走在合法合规与非法集资、非法吸收公众存款等罪名之间。从法律层面观察，奖励式众筹、募捐式众筹并未实质性改变交易模式，只是走了网络通道，但股权式众筹实实在在地改变了以往的交易方式，并且一定程度上影响了我国的资本市场结构，虽然目前这种趋势还只是萌芽阶段。股权众筹给传统资本市场以及PE、VC不能触及的领域，特别是给初创企业提供了更加方便、快捷且有预先市场反馈的融资方式，促成了传统金融媒介在融资领域的进一步分离，也实际上践行了普惠金融的核心理念，成为促进我国中小企业成长和经济发展的有力推动因素。当然，对于这种新生事物，不管是监管部门，还是金融消费者，都在观望阶段，对于众筹平台和项目的筛查、评级还远未到位，对于金融消费者保护的制度还未建立，具体交易产生的风险还有待于进一步发展才能更加清晰地显现。所以，从宏观上看待众筹交易，还只能做出阶段性、良性、谨慎的法律回应，并站在长远发展角度，从法学层面为众筹交易提供必要的制度支持。

---

[1] 关于众筹网的资料均来源于其官网 http://www.zhongchou.cn/，2015年8月25日访问。项目众筹成功后，众筹网留存项目众筹总金额的30%作为保证金，在项目发起人兑现回报承诺后，众筹网将该保证金返还给项目发起人。如果项目发起人未兑现回报承诺，则众筹网有权直接支配该保证金以用于兑现对项目投资人的回报承诺。

[2] 在活动中，自2012年10—12月，在网友们捐助的二手相机和通过“点名时间”网站募集的项目资金帮助下，在北京市朝阳区东坝乡民办博雅小学展开了为期八周的摄影普及活动，一共有10余名专业摄影师连同志愿者队伍为孩子们讲授如何使用相机、如何拍照。

三、股权众筹融资交易的法律关系分析

众筹融资作为一种新兴金融形式，在全世界蓬勃发展的过程中，都遇到交易的合法性与消费者权益保护等共性问题。其中，商品众筹由于交易结构简单，对现有法律法规冲击不大，问题较少，但股权众筹问题比较复杂，在各国的境遇不一。实际上，在众筹交易中，最具有创新和实用意义的交易类型就是股权众筹，其中又以天使式股权众筹最具有代表性，这也是本书讨论的主体。因股权众筹必然涉及如何进行投资、众筹平台的功能定位、投资人权益保护等问题，因此有必要讨论众筹交易主体之间的实质法律关系类型，以及在现有法律框架下对上述内容的客观评述。

在一般的股权众筹交易中，基本主体包括融资人、投资人和股权众筹平台。融资人又可以称为项目发起人、借款人，其通过在股权众筹平台上推介自身产品或项目等，吸引投资人进行投资。一般投资对象均为处于起步的初创期企业。股权众筹平台是为投融资双方提供交易媒介服务，承担融资人项目审核、展示等服务，并收取一定佣金的网络平台。股权众筹平台目前的主要业务是为初创企业融资提供网络服务平台，审核并向投资人推荐项目，使初创企业有机会直接接触到国内投资人，也使投资人可以通过平台找到高质量的投资项目。[1]

股权众筹平台一般只对融资人收费，不对投资人收费。投资人是根据股权众筹平台提供的融资人项目，选定投资目标后投入资金获取收益的主体。当然，实际的股权众筹交易中，涉及的主体还包括被投资的初创期企业、投资人中的领投人和跟投人、专为投资所设立的有限合伙企业等。对于各主体之间的法律关系，需进一步区分主体以便界定。对于融资人与投资人之间的关系，通过股权众筹平台形成股权投资关系，但在天使式股权众筹中，投资人并不会直接登记为被投资企业股东，而是通过成立有限合伙作为被投资企业股东，有部分系股权代持关系。股权众筹平台与融资人、投资人之间形成居间法律关系，平台的主要功能仍是居间服务，但较之于一般意义上的居间，其服务内容有所延伸，如承担了具体的审核、管理等职能。有观点认为，众筹平台应尽何种法定义务，法律应明确规定，包括保护投资者个人

[1] 参见杨东、苏伦嘎：《股权众筹平台的运营模式及风险防范》，载《国家检察官学院学报》第22卷第4期。

信息、风险提示、审核监督、投资者教育等义务。[1]领投人与跟投人之间形成有限合伙内部的合伙关系，一般由领投人担任普通合伙人，由跟投人担任有限合伙人，当然二者在合伙权利义务上存有很大差异。如合伙企业发生亏损时，对于其债务承担，普通合伙人承担无限连带责任，有限合伙人以其认缴的出资额为限承担责任。

[1] 参见杨东、刘翔：《互联网金融视网下我国股权众筹法律规制的完善》，载《贵州民族大学学报（哲学社会科学版）》2014年第2期。

第三章　网络融资交易环节中的法律问题研究

网络融资交易是一个新事物、新问题。作为一种具有蓬勃生命力的金融创新，由于其业务类型多样、涉及利益广泛、部分交易模式新颖而复杂，用现有法律制度来予以评价已不能完全满足现实需求。从目前的实际情况来看，整个行业仍处于起步发展时期，为避免一放就乱、一管就死的局面出现，对整个网络融资行业，监管部门仍以观察为主，运用传统法律手段予以规制。虽然社会各界尤其是金融投资人和从业者均发出希望尽早出台监管政策文件的声音，但有针对性的专门性文件始终没有“千呼万唤始出来”，而是“犹抱琵琶半遮面”，通过制定和发布一些行业自律性文件以及发布对于影子银行等的监管意见来进行表态。在 2014 年 11 月 20 日的“2014 世界互联网大会”上，央行官员透露，目前央行正在牵头制定关于促进我国互联网金融健康发展的指导意见，监管重点将放在平台、投资人适当性安排以及资金安全等环节上。但实际上这一类陈述，只是口头意见，具体有多少实操性内容犹未可知。目前制定一部专门的互联网金融法既无可能，也无必要。要对互联网金融开展一系列法学论述的前提，既应彻底摸清我国网络融资业态的具体运行情况，又能够准确地将其存在问题寻找出来，一并进行更深入的分析，此部分系解决第二个问题，即我国网络融资中最具创新性的 P2P 网络借贷和股权众筹到底是何种法律关系，存在哪些主要法律问题，解决这些问题有哪些现有法律制度供给，共同为下一步解决问题和制度建设的部分奠定讨论基础。因为现行问题均可以在具体交易中得到体现，所以本书主要用现行民商事以至刑事法律来分析；对于真正存在缺位的问题如具体的金融消费者保护制度等，将在本章最后部分重点加以详述。

第一节　P2P 网络借贷交易的主要法律问题

对于 P2P 网络借贷交易的主要法律问题，目前从表象上来看，主要是违约责任承担、是否涉及违法犯罪、具体的交易合法性评价等问题。仅从网贷之家网站发布的《中国P2P网络借贷行业2014年11月月报》来看，以2014年11月这个时点来分析，P2P网络借贷平台不良率再度上升，39家平台出现问题，有些平台的官网都已无法打开。据零壹财经提供的2014年11月P2P平台简报显示，至少有29家平台出现问题，其中31%的问题平台是纯诈骗平台。截至2014年11月30日，零壹数据统计的问题平台达到288家（不含港澳台地区）。[1]从这些描述来看，仍然主要是有些所谓的P2P网络借贷平台本身即诈骗载体，有些P2P网络借贷平台无法应对兑付压力而选择“跑路”，从现象上来看，属于违约风险。但从深层次来看，一直困扰P2P网络借贷平台的资金池问题、平台自融问题、征信数据获取问题、市场退出问题等仍然没有解决，甚至是实质性推动。虽然央行、银监会等监管部门三令五申，但部分P2P网络借贷平台仍然在采用成本低、易控制的资金池模式，而介于罪与非罪之间的一些具体交易模式仍然大行其道，监管文件迟迟不下，导致行业市场准入缺失，仍然有大量P2P网络借贷平台以极低的成本涌入市场，意图在监管部门规范管理前获取监管红利，问题非常严重。监管层通过会议等发出的意见只是意见，并未上升至法律法规层次，不能作为监管执法的依据，导致只能通过行业内自身的优胜劣汰来完成行业净化，出借人权益遭到很大程度上的损害，由平台跑路导致的民事和刑事案件层出不穷。在这种情况下，不论网贷平台出现什么样的问题，出借人权益受损首当其冲。从保护金融消费者角度分析这一问题，需要首先在交易层面让金融消费者准确分清和鉴别P2P网络借贷的合法性边界，民商事领域的责任界定，之后再从制度构建层面，研究需要引入何种交易制度对金融消费者加以平衡和保护。当然，由于网络融资问题内容庞杂，涉及网络和金融的方方面面问题，所以在此重点突出地进行研究。

一、P2P网络借贷交易中罪与非罪的界限

2014年7月21日，深圳市罗湖区人民法院做出〔2014〕深罗法刑二初字第147号刑事判决书，分别判处主犯深圳市誉东方投资管理有限公司法定代表人邓某、运营总监李某有期徒刑三年和有期徒刑二年、缓刑三年，同时并处罚金，该案被称为

[1]《11月又有39家P2P“跑路”》，载《澎湃新闻网》http://www.thepaper.cn/newsDetail_forward_1282359,2015年9月2日访问。

我国的“P2P 非法集资第一案”。[1] 对于P2P网络借贷交易中是否涉及刑事犯罪的问题，自P2P网络借贷交易产生之日起就一直存有争论，诸如东方创投案这样以非法吸收公众存款罪处置的案件毕竟是少数。一些P2P网络借贷交易的业内人士认为，东方创投案中的所谓P2P网络借贷平台并非真正的P2P网络借贷，只是一种犯罪手段，与实质意义上的P2P网络借贷交易有着根本性区别。从P2P网络借贷交易的具体内容来看，其可能有所涉及的刑事犯罪罪名主要是非法吸收公众存款罪，擅自发行股票、公司、企业债券罪，集资诈骗罪，非法经营罪等。如果P2P网络借贷平台主体挪用了客户资金，有可能构成挪用资金罪；如果管理人员直接“跑路”，还可能构成职务侵占罪；如果借款人以非法占有为目的，通过平台进行虚假融资，则有可能涉及诈骗罪或者合同诈骗罪。但总体来看，纯正的P2P网络信贷业务并不涉及犯罪，尤其是纯平台模式。债权转让模式中有部分交易内容涉及灰色地带，极易被界定为是违法犯罪行为，有些实际上已经触犯刑律但未予以处理。还有一些类似东方创投甚至更差的平台交易，本身即违法犯罪，系所谓的“假平台”，无须再费笔墨加以论证。对于P2P网络借贷交易中需要用刑事手段进行法律规制的问题，其实也有争议，既然是一种值得鼓励发展的金融创新，是否用刑事手段规制烈度过高，从而遏制行业健康发展。有观点即主张，P2P网络借贷等互联网金融的创新性，决定了对其的刑法规制应保持一定的限度性。[2] 但从必要性上分析，一方面有些P2P网络借贷确实系一种犯罪手段；另一方面，对于处于灰色地带的网贷交易，尤其是已经变异了的交易内容，已经把个人对个人相对封闭的借贷交易，通过网贷平台在社会层面加以放大，债务风险具有集中性和扩散性特征，具有一定的社会危害性。所以有学者提出，可以将是否坚持“信息中介”的经营模式作为划定刑法规制范围的界限，传统“信息中介”平台交易排除在犯罪之外，重点审查“异化”的P2P网络集资。[3]

需注意的是，一般讨论P2P网络借贷业务涉及的犯罪问题，使用的多是非法集

[1] 根据判决书展示，东方创投是2013年6月成立于深圳的一家P2P平台，向社会公众推广其P2P信贷投资模式；平台按不网借款期限向投资人承诺付月息。在实际资金用途为平台自融的情况下，东方创投对投资人长朗以本息保障等进行公开宣传；平台募集资金都是投资人直接打改至邓某的私人账号或者打款至第三方支付平台后再转到邓某的私人账号，具体投资款均由邓某个人支配。投资人本息返还则相反，东方创投前期有意向将投资款借给融资企业，但实际操作后坏账率超过6%不能按时收回，最终资金转投私人地产物业。3个月后，邓某资金链断裂，导致投资人提现困难，邓某、李某相继自首。法院在判决书中认为，邓某、李某非法向社会公众吸收资金，行为已构成非法吸收公众存款罪。该案系法院系统对P2P平台自融案件的首次刑事裁判。

[2] 参见刘宪权：《论互联网金融刑法规制的“两面性”》，载《法学家》2014年第5期。

[3] 参见刘宪权、金华捷：《P2P网络集资行为刑法规制评析》，载《华东政法学院学报》2014年第5期。

资概念。早在1999年1月27日，中国人民银行即发布《关于取缔非法金融机构和非法金融业务活动中有关问题的通知》（以下简称《取缔通知》）（银监办发〔1999〕41号），对非法集资问题做出规定，[1]其中还具体规定了非法集资的概念和特点等内容。[2]之后为依法惩治非法吸收公众存款、集资诈骗等非法集资犯罪活动，最高人民法院会同银监会等单位出台《关于审理非法集资刑事案件具体应用法律若下问题的解释》（以下简称《非法集资司法解释》）（法释〔2010〕18号）。非法集资概念对应的犯罪行为和罪名有数个，要区分清楚，还需对号入座。

（一）P2P网络借贷交易与非法吸收公众存款罪

非法吸收公众存款罪，是指“违反一国金融管理法规，非法或者变相吸收公众存款，扰乱金融秩序的行为”[3]。其中，公众指社会上不特定的多数人和单位；变相吸收公众存款是指面向社会公众不是以吸收存款的名义，也不是以承诺支付高额利息为条件，而是以投资、入股等名义吸收公众资金，并且以支付股息、红利等名目为回报。也有观点认为，非法吸收公众存款罪是指未经批准擅自从事资金信贷业务、吸收公众存款，或者金融机构违规擅自变更利率而破坏存贷款秩序的行为；是否公开宣传、吸收社会公众资金以及具体方式，不属于此罪名的构成要件，罪名认定时不需做此判断。[4]对于此罪，我国《刑法》第一百七十六条有明确规定。[5]最高人民法院为进一步明确该罪名适用，在2011年1月4日起施行的《非法集资司法解释》中第一条规定了该罪的具体表现，在第二条中列举了部分可能涉嫌非法吸收公众存款罪的种类，其中第一款第（五）、（八）、（九）项有可能在P2P网络借贷

[1] 非法集资是指“单位或个人未依照法定程序经有关部门批准，以发行股票、债券、彩票、投资基金证券或其他债权凭证的方式向社会公众筹集资金，并承诺在一定期限内以货币、实物及其他方式向出资人还本付息并给予回报的行为”。

[2] 非法集资具有如下特点：①未经有关部门依法批准，包括没有批准权限的部门批准的集资以及有审批权限的部门超越权限批准的集资。②承诺在一定期限内绘出资人还本付息。还本付息的形式除以货币形式为主外，还包括以实物形式或其他形式。③向社会不特定对象即社会公众筹集资金。④以合法形式掩盖其非法集资的性质。

[3] 参见王作富、黄京平：《刑法》，中国人民大学出版社2009年版，第344页。

[4] 参见王韬、李孟娣：《论非法吸收公众存款罪》，载《河北法学》2013年第6期。

[5] 《刑法》第一百七十六条规定：非法吸收公众存款或者变相吸收公众存款，扰乱金融秩序的。处三年以下有期徒刑或者拘役，并处或者单处二万元以上二十万元以下罚金；数额巨大或者有其他严重情节的，处三年以上十年以下有期徒刑，并处五万元以上五十万元以下罚金。单位犯前款罪的，对单位判处罚金，并对其直接负责的主管人员和其他直接责任人员，依照前款的规定处罚。

交易中出现。[1]上述三种情形需要有一定的适用条件，即需满足《非法集资司法解释》第一条第一款确定的四个条件，这是确定非法吸收公众存款罪的最主要条件。对于该罪的刑事立案条件，《最高人民检察院、公安部关于公安机关管辖的刑事案件立案追诉标准的规定（二）》（以下简称《刑事案件立案追诉标准（二）》）（2010年5月7日）第二十八条做了规定，明确了具体标准。之后，《非法集资司法解释》第三条又做出规定，法院目前裁判的具体起刑点主要按照《非法集资司法解释》第三条掌握。[2]结合上述分析，目前司法实务界界定是否构成非法吸收公众存款罪，主要依据《非法集资司法解释》第一条的相关规定。可见，界定正常的民间借贷与非法集资活动，显著区别应在于是否进行了公开宣传行为以及是否向不特定对象吸收资金，其共同点在于都存在借款行为。

就P2P网络借贷交易与非法吸收公众存款罪的界限问题，需要区分P2P网络借贷交易的两大模式即纯平台模式和债权转让模式，以便分析。纯平台模式是典型、规范和传统的P2P网络借贷交易。此种模式下，P2P网络借贷平台只做居间服务，并围绕服务投资人和借款人做部分延伸服务工作，本身并不介入投资人和借款人的民间借贷关系当中，在二者直接进行交易的情况下，P2P网络借贷平台也没有所谓的资金池设置，不进行期限和金额错配，此时该交易不涉及犯罪问题，是正常的、应依法保护的交易形态。如果P2P网络借贷平台设置用自有资金或风险备付金进行本金保障计划，虽然监管层有声音认为P2P网络借贷平台不能设立自担保，但此时仍属于规范交易行为的层面。平台设置了上述保障，也系在民商事领域加以解决，P2P网络借贷平台并不因此即涉嫌非法吸收公众存款罪或其他犯罪，只是加大了交易可能产生的风险。其中，风险备付金的设置实质系交易各方为保障交易安全而设置，一般系从具体交易中抽取并设有上限，此系交易方对自身交易权益的处置，属正常交易范畴。而P2P网络借贷平台设立自担保，结果是进一步加重了平台自身经营风

---

[1] 即“（五）不具有发行股票、债券的真实内容，以虚假转让股权、发售虚构债券等方式非法吸收资金的；（八）以投资入股的方式非法吸收资金的；（九）以委托理财的方式非法吸收资金的”。

[2]《关于审理非法集资刑事案件具体应用法律若干问题的解释》第三条规定，非法吸收或者变相吸收公众存款，具有下列情形之一的，应当依法追究刑事责任：①个人非法吸收或者变相吸收公众存款，数额在20万元以上的，单位非法吸收或者变相吸收公众存款，数额在100万元以上的；②个人非法吸收或者变相吸收公众存款对象30人以上的，单位非法吸收或者变相吸收公众存款对象150人以上的；③个人非法吸收或者变相吸收公众存款，给存款人造成直接经济损失数额在10万元以上的，单位非法吸收或者变相吸收公众存款，给存款人造成直接经济损失数额在50万元以上的；④造成恶劣社会影响或者其他严重后果的。

险和违约风险。上述模式在交易中，P2P 网络借贷平台是通过公开手段吸收社会资金，系直接撮合了交易双方，并不符合具体的非法吸收公众存款罪犯罪构成。也有观点认为，此种情况下平台担保行为应属于附条件民事法律行为，而其承诺系附期限民事法律行为[1]，均属于民商事范畴。

债权转让模式涉及的刑事犯罪风险较大，一部分交易平台采用的此种模式，从现有刑事法律角度分析，已触犯刑律。[2] 在债权转让模式下，平台内部人员作为第三人将贷款发放于借款人，而后再由第三人将债权转让给出借人，一般在债权转让前平台将款项进行拆分和错配，形成债权包或设计成各类确定收益的产品供借款人选择或购买。从交易过程来看，第三人将贷款发放于借款人的阶段，因属于正常范围内的民间借贷，并无违法违规之处；关键在于平台对上述债权进行重新拆分错配，形成债权包或投资产品，并通过网络平台对外进行转让或销售，以此吸收出借人资金，这种行为实际上并不属于一般意义上的 P2P 网络借贷交易。从行为构成上看，平台实际上通过其核心人员依托网络公开平台向社会公众募集资金，并满足“以货币、实物、股权等方式还本付息或者给付回报”的要件。且从严格意义上来说，上述交易并未通过有关部门批准，很难称得上合法。在此情况下，满足了非法吸收公众存款罪的构成要件，直接触及了违法红线。而且，如果没有第三方资金监管等措施，上述类型的平台很容易形成资金池，由平台完全控制资金流向，使出借人的权益无法得到保护。从犯罪构成来分析，非法吸收公众存款罪的主体可以是自然人，也可以是单位；对于犯罪主观方面一般系以自身获取非法利益为目的；犯罪客体是国家金融管理秩序；犯罪客观方面是实施了吸收或变相吸收公众存款行为。那么，如果债权转让模式构成上述罪名，其获取的管理费等收益可能构成非法利益，而此项交易行为模式设计即违反了目前的金融法律法规，属于破坏了金融管理秩序，客观上也实施了变相吸收公众存款的行为，应对其给予刑法上的负面评价。如果某些 P2P 网络集资平台为借款人实施非法吸收公众资金活动提供帮助，还可以构成非法集资犯罪的共犯，部分学者持这种观点；[3] 但总体来看，上述行为均应该存在严重的主观故意，才能在定罪方面加以考量。

当然，对于是否构成“未经有关部门依法批准或者借用合法经营的形式吸收资

[1] 参见左坚卫：《网络借贷中的刑法问题探讨》，载《法学家》2013 年第 5 期。

[2] 对此已有多篇报道，如最早在 2011 年 9 月 19 日的“银监会警示 P2P 贷款七大风险宜信模式涉嫌非法”，中，认为宜信模式涉嫌非法。又如“重庆五家网货公司被查处包括立信”。

[3] 参见刘宪权、金华捷：《P2P 网络集资行为刑法规制评析》，载《华东政法学院学报》2014 年第 5 期。

金”，可能还会有争议，比如目前并无针对P2P网络借贷交易的具体监管和法律规定，也无批准部门，无法认定部分债权转让行为即违反了法律规定，构成了犯罪。但依据现有法律，这种所谓创新的交易很容易触及法律底线，应当予以警惕。对此，有观点即认为，判断P2P平台是否涉嫌非法集资，应重点考量是否具有向不特定对象吸收资金的行为，平台与出借人是否形成借款关系，平台是否构成非法集资者的“共犯”等，情况较为复杂。[1]对于刑事犯罪的一些罪名，在设定之后实务中很少使用的情况也经常发生，但并不影响P2P网络借贷交易中违法犯罪行为的认定，只不过是否启动程序在实务操作中空间过大，从而使执法尺度难以统一。东方创投案中，司法机关最后确定的罪名也系非法吸收公众存款罪，相对来讲，属于非法集资类犯罪中较轻的一种，也没有认定平台管理者具有“非法占有”的目的，没有将其定性为非法经营、集资诈骗和挪用资金等罪名，并没有量刑较重。

（二）P2P网络借贷交易与集资诈骗罪

集资诈骗罪，是指“以非法占有为目的而使用诈骗方法非法集资且数额较大的行为”[2]。该罪实际系从诈骗罪中分离出来，只不过该罪破坏了金融管理秩序，社会危害性更大。该罪名的犯罪主体包括个人和单位，系一般主体；主观方面应是故意，以非法占有公私财物为目的；犯罪客观方面表现为使用诈骗方法且数额较大；犯罪客体为公私财物和金融管理秩序。集资诈骗罪的具体法条规定包括《刑法》第一百九十二条的规定。

目前，判断是否构成该罪的主要适用依据是《非法集资司法解释》中的第四、五条。其中第四条明确以非法占有为目的而使用诈骗方法实施《非法集资司法解释》第二条规定行为的，应以集资诈骗罪定罪处罚。集资诈骗罪中的非法占有目的，应当区分情形进行具体认定。[3]从上述规定可以看出，在我国集资诈骗罪系目的犯、数额犯。有观点认为，该罪名需符合普通诈骗罪的一般构成特征，即行为人实施欺骗行

---

[1] 参见杨振能：《P2P网络借贷平台经营行为的法律分析与监管研究》，载《金融监管研究》2014年第11期。

[2] 参见王作富、黄京平：《刑法》，中国人民大学出版社2009年版，第360页。

[3] 使用诈骗方法非法集资，具有下列情形之一的，可以认定为“以非法占有为目的”：①集资后不用于生产经营活动或者用于生产经营活动与筹集资金规模明显不成比例，致使集资款不能返还的；②肆意挥霍集资款，致使集资款不能返还的；③携带集资款逃匿的；④将集资款用于违法犯罪活动的；⑤抽逃、转移资金、隐匿财产，逃避返还资金的；⑥隐匿、销毁账目，或者搞假破产、假倒闭，逃避返还资金的；⑦拒不交代资金去向，逃避返还资金的；⑧其他可以认定非法占有目的的情形。

为，使交易方陷入认识错误，交易方基于认识错误处分财产使行为人取得或使第三人取得财产，导致交易方遭受财产损失；还有自己的特征，即集资诈骗罪只能发生在金融活动中，其以骗取公众钱款为对象并且使用诈骗方法实施了非法集资行为。[1]集资诈骗罪与普通民间借贷的区别在于，是否以非法占有为目的骗取集资，并没有意愿归还。集资诈骗罪与非法吸收公众存款罪的区别主要在于，非法吸收公众存款罪侵害了国家正常的金融秩序，但行为人只是实施了向社会不特定对象吸收资金的行为，其承认此种债权并愿意归还；而集资诈骗罪首先是侵犯公私财产的所有权，没有归还意愿，而以非法占有为目的，客观上对国家金融秩序造成侵害，实践中，上述两个罪名可以相互转化，如开始时并无非法占有的故意，但一旦难以还债导致卷款“跑路”时，即具备了非法占有的故意，其性质就不仅仅是吸收公众存款了。从具体量刑幅度上比较，集资诈骗罪的量刑远重于非法吸收公众存款罪。根据我国现有的法律法规规定，进行融资活动，必须在主体、目的、方式、行为上合法合规。

具体到P2P网络借贷交易中，如果行为人以非法占有为目的，使用诈骗方法实施了《非法集资司法解释》列明的情形，可以认定为构成集资诈骗罪；但如仔细观察上述法条规定的情形，可以看出与目前的P2P网络借贷交易并无明显交集，对于是否可以适用“（十一）其他非法吸收资金的行为”这一概括性兜底条款，目前看来没有障碍，但还有待于实践观察。从大量的P2P网络借贷跑路事件实质看，应属于利用网络工具实施的其他普通犯罪，也不构成集资诈骗罪。对于实际判例，如在目前深圳市中级人民法院公开审理的网赢天下案中，深圳检察机关将平台责任人定性为集资诈骗罪，具体理由为网赢天下平台通过装布虚假投资标的，以公开方式向公众宣传，用20%左右的高额利息和1%—4%的奖励，吸引社会公众通过银行转账到该公司指定的个人账户或者通过第三方支付平台转账到网赢天下公司账户。但实际上，这些资金大多被平台实际控制人个人使用，借贷平台上的担保公司实际控制人也均为同一实际控制人，这些担保公司并无偿还出借人借款的能力。所以检察机关认为应构成集资诈骗罪。[2]目前此案还未有生效结果。但本书认为，如果平台实际控制人等通过发布虚假信息已获得资金，并且非法占有的目的明显，且款项系自己使用，则将其定性为集资诈骗罪亦有充分的法律依据。

---

[1] 参见周少华、董晓瑜：《集资诈骗罪的司法认定》，载《人民检察》2010年第8期。

[2]《P2P案件接连开审司法介入存诸多难题》，载《每日经济新闻》2014年10月22日。

（三）P2P 网络借贷交易与擅自发行股票、公司、企业债券罪，非法经营罪

与 P2P 网络借贷交易还可能有混淆的犯罪罪名是擅自发行股票、公司、企业债券罪和非法经营罪这两个罪名。首先是擅自发行股票、公司、企业债券罪。[1] 其是指“未经国家有关主管部门批准，擅自发行股票或者公司和企业债券，数额巨大、后果严重或者由其他严重情节的行为”[2]。对于 P2P 网络借贷交易与擅自发行股票、公司、企业债券罪是否存有关系，关键在于 P2P 网络借贷交易通过平台进行交易的标的物是何内容，从现实交易来看，有可能是某项交易、某种债权或是某种投资项目，并非严格意义上的股票或者公司、企业债券等有价证券，所以两者一般不存在交叉。其次是非法经营罪。[3] 非法经营罪是一个口袋罪，最近几年有越来越泛化的趋势。一般是指违反国家规定从事非法经营，扰乱市场秩序，情节严重的行为。[4] 在关于非法经营的规定中，触犯非法经营罪的条件之一为违反国家规定，此规定是指违反了法律和行政法规，但目前上述规定中并未有涉及 P2P 网络借贷交易，所以从这个角度分析，非法经营罪也不太可能适用到真正的 P2P 网络借贷交易中来，用所谓的 P2P 网络借贷平台等粉饰其他犯罪行为的假平台则另当别论，有观点认为，对于 P2P 网络借贷平台未经批准擅自经营传统银行业务行为时，可以依据非法经营罪的兜底条款即“其他严重扰乱市场秩序的非法经营行为”，追究相关责任人员的刑事责任。[5] 对此，本书认为，只有在 P2P 网络借贷平台违规从事需授权业务时，才存在上述事项，并应从宽掌握，防止对新交易模式产生过多的负面性评价，也不利于行业的整体发展。

综上，在分析 P2P 网络借贷交易中罪与非罪的界限问题时，首先需要界分是否属于真正的 P2P 网络借贷交易，是不是真正的 P2P 网络借贷交易平台，交易内容是不是进行了变异；界分清楚后，才能进一步在 P2P 网络借贷交易范围内就是否触及刑律进行界定。就 P2P 网络借贷交易内部，实际上纯平台模式和债权转让模式是对 P2P 网络借贷交易模式的其中一种划分标准。在 P2P 网络借贷交易中，各种平台的所谓创新仍然层出不穷，目前债权转让模式还处于罪与非罪的灰色地带，而较之更为严重的一些非正规平台如东方创投甚至本身即是诈骗平台，已经造成了广大出借

[1] 见《刑法》第一百七十九条；“非法集资司法解释”第六条等规定。

[2] 参见王作富、黄京平副：《刑法》，中国人民大学出版社 2009 年版，第 348 页。

[3] 见《刑法）第二百二十五条等规定。

[4] 参见王作富、黄京平副：《刑法》，中国人民大学出版社 2009 年版，第 390 页。

[5] 参见刘宪权、金华捷：《P2P 网络集资行为刑法规制评析》，载《华东政法学院学报》2014 年第 5 期。

人利益的巨大损失，严重扰乱了金融秩序，应当按照现行刑事法律予以惩戒。当前，有一部分平台根本不是真正的P2P网络借贷交易，如有犯罪则应按照现行刑事法律法规和司法解释依法查办，不能因为有网站能进行交易。其自封为P2P网络借贷交易平台，就将其按照P2P网络借贷对待，一律有了护身符，这方面也凸显了监管缺位的弊端，甚至可以看作一种不作为，对此要有清晰明确的认识。如果涉及挪用资金罪、职务侵占罪、诈骗罪或者合同诈骗罪等其他一般犯罪，应当按照现有规定处理。

二、P2P网络借贷交易的民商事法律责任界定

在分析了P2P网络借贷交易与刑事犯罪之间的界限问题后，对于不属于刑事犯罪的一般P2P网络借贷交易，应在以下方面从具体的民商法角度加以解读，对于各方主体之间的具体合同性质、权利义务关系，特别是合同效力问题进行分析，便于实际操作时予以把握。具体到网络融资领域，民商事法律主要解决网络融资各主体间形成的特定法律关系的性质、效力以及权利义务界定分配，解决目前和可能存在的主要法律问题的方式和思路。对于如何提供司法救济以及具体的纠纷解决机制问题，将在最后一个章节加以论述。

（一）借款人与出借人之间的利息保护

如前文所述，在一般的纯平台模式下，借款人与出借人之间系民间借贷关系，除去P2P网络借贷平台收取的居间佣金外，通过P2P网络借贷平台撮合、借款人给付出借人的资金回报，在法学层面实际上是借款利息。根据《合同法》第二百一十条、第二百一十一条相关规定，个人之见的借款合同自提供借款时生效，没有约定利息的视为不支付利息，约定的利息不得超过一定标准。[1]根据《借贷案件司法解释》（法民发〔1991〕21号）第六条、第八条的规定，民间借贷的利率以银行同类贷款利率

[1]《合同法》第二百一十条规定：自然人之间的借款合同，自投资人提供借款时生效。第二百一十一条规定：自然人之间的借款合同对支付利息没有约定或者约定不明确的，视为不支付利息。自然人之间的借款合同约定支付利息的，借款的利率不得违反国家有关限制借款利率的规定。

的4倍为限。[1] 上述规定实际上确定了法院裁判时对民间借贷合同利息的基本意见，与P2P网络借贷交易紧密相关的规则，即法院对不超过中国人民银行公布的同期同档贷款基准利率4倍以内（包含利率本数）的部分予以保护。另外，一些地方法院出台、体现具体裁判尺度的文件，也为界定此种交易和合同效力提供了思路。[2]

对于实际P2P网络借贷交易平台披露的出借人收益率情况，本书随机调取了网贷之家网站披露的2014年11月份的数据，其中显示：P2P网络借贷交易平台的综合利率在10%—20%，但从局部数据来看，一些网贷平台的综合利率显示已达到30%—40%。对于上述收益率对应的利息部分，如果双方当事人就此达成一致并予以履行，法律并不进行强制性干涉。如发生借款人违约情形，从法律层面分析，对于超过同期同档贷款基准利率的4倍以外的部分，法院不予保护。按照2014年11月22日中国人民银行下调之后的金融机构人民币存贷款基准利率计算，六个月至一年下调0.40个百分点，即5.6%计算，年利率的4倍为22.4%。当然，从已有数据来看，目前P2P网络借贷交易的绝大部分利率均未超过此标准。对于法院在界定上述借贷行为时确定的利率标准是否构成对市场交易行为的过度干预问题，一直存有争议，但目前的适用标准仍然是上述规定。2013年9月17日，最高法院奚晓明副院长在全国法院商事审判工作座谈会上，对这一问题阐明了当前法院裁判的基本立场[3]，这些规定是未来一段时期判断P2P网络借贷交易利息保护的基本裁判尺度。对于利息保护问题，需注意三个问题：一是利息不得在本金中预扣。具体依据为《合同法》

---

[1]《借贷案件司法解释》第六条规定，民间借贷的利率可以适当高于银行的利率，各地人民法院可根据本地区的实际情况具体掌握，但最高不得超过银行同类贷款利率的4倍（包含利率本数）。超出此限度的，超出部分的利息不予保护。第八条规定：借贷双方对有无约定利率发生争议，又不能证明的，可参照银行同类贷款利率计息。

[2]《浙江省高级人民法院关于审理民间借贷纠纷案件若干问题的指导意见》第十一条规定："民间借贷的合同效力按照合同法第五十二条以及最高人民法院《关于适用〈中华人民共和国合同法〉若干问题的解释（二）》第十四条的规定认定，自然人与非金融企业之间的借贷中，企业将借贷资金用于合法生产经营活动，不构成集资诈骗、非法吸收公众存款等金融犯罪活动的，不宜认定借贷合同无效。"

[3] 具体内容为：①借贷東方时借款利率有约定的从约定，但不得超过借贷行为发生时中国人民银行公布的同期同类贷款基准利率的4倍。②借贷双方对支付利息的约定不明的，可以根据当事人之间的交易习惯，参照中国人民银行公布的同期同类贷款基准利率或者当地同期民间借贷的平均利率水平确定。③借贷双方既约定了逾期还款的违约金，又约定了逾期利率的。借款人可以同时主张逾期利息和违约金，但总额以中国人民银行公布的同期同类贷款基准利率的4倍为限。④随着我国利率市场化改革进程的推进，今后央行可能不再公布贷款基准利率。在此背景下，以基准贷款利率的4倍作为利率保护上限的司法政策，也将做出调整。在法院审理民间借贷案件时，是否考虑以肖地不同商业银行之间同期同类贷款的平均利率作为4倍的参照值需进一步研究论证。

第二百条的规定。[1] 二是应注意债务的具体偿还顺序。即有约定的从约定；没有约定的，按照先息后本计算。三是逾期利息和违约金的关系问题。在具体进行裁判时，逾期利息和违约金都属于违约损失的范畴，权利人可一并主张，但总额还是按照4倍标准确定，超过部分仍不受保护。在关于利息的裁判尺度上，可参考我国法院对电商小贷方面的判例。[2]

（二）平台居间人的权利义务界定

纯平台模式下，P2P网络借贷平台与借款人、出借人之间系居间合同关系，其基本义务为促成交易、提供服务等，并有权就此服务收取一定比例报酬。当然，如前文所述，我国P2P网络借贷交易发展过程中，由于国内金融管制环境以及征信制度等的不完善，特别是P2P网络借贷平台无法接入央行征信系统，不能和其他金融机构一样通过系统获取关键的客户信用资料，所以在我国纯粹的信息中介型P2P网络借贷平台不多，如果不进行平台增信，很难在激烈的市场竞争中生存，故需要对我国特有的P2P网络借贷交易进行深入研究。因居间人身份是P2P网络借贷平台的基础性功能，有必要对此进行法律层面的分析。首先，关于居间人的主要合同义务。P2P网络借贷平台作为居间人，应当就有关订立合同的事项向委托人如实报告，这里的委托人实际上应是借款人和出借人双方。在具体交易中，对于借款人提供的信息，平台一般要进行审核，这种审核实际上应属于居间服务的延伸，目前有线上、线下或线上与线下相结合等方式，对于收集到的借款人信息，平台应如实在交易中向主要的交易对象即出借人进行披露，由出借人进行选择。如果平台故意隐瞒重要事实或者提供虚假情况而损害了出借人利益，则网贷平台不得要求支付报酬并应当承担损害赔偿责任。也有观点认为，居间人承担赔偿责任应具备以下条件，即故意隐瞒事实或者提供虚假情况，损害委托人利益，二者具有因果关系。[3] 其次，关于

[1]《合同法》第二百条规定：借款的利息不得预先在本金中扣除。利息预先在本金中扣除的，应当按照实际借款数额返还借款并计算利息。

[2] 典型案例如浙江阿里巴巴小额贷款股份有限公司诉郑某某借款合同纠纷案，一审文书号为浙江省杭州市滨江区人民法院〔2011〕杭滨商初字第178号。案例来源：北大法宝司法案例数据库。

[3] 参见张雪楳：《P2P网络借贷相关法律问题研究》，载《法律适用》，2014年第8期。

居间人的报酬。对于此问题，我国《合同法》确立了一系列规则[1]，但对于P2P网络借贷平台来说，上述规定几乎没有适用的可能，因为在具体交易前，P2P网络借贷平台的收费标准是明确和清晰的，已经作为电子居间服务合同的一部分加以确定，交易双方应当按照此种约定交付佣金，否则无法完成交易。

对于借款人发生逾期、逃债等违约行为导致出借人利益受损时，居间平台是否应当承担责任及承担何种责任的问题，实际上目前在对P2P网络借贷交易法律问题的讨论中，鲜有涉及。一方面源于按照一般规则，P2P网络借贷平台应属纯居间性质，依据一般法学理论，不应就居间行为承担责任另一方面，我国许多P2P网络借贷平台设定了本金保障计划或者提供了第三方担保，有损失时即及时进行了赔付，未就此问题形成争议甚至诉讼。但不能忽视的问题是，我国P2P网络借贷行业的发展使P2P网络借贷平台早已脱离了纯中介性质，即使如美国的P2P网络借贷平台，自身也承担审核借款人资质的职能，实际上出借人是依据P2P网络借贷平台所做出的业务审核和风险判断，来和借款人发生交易。此种情况下，相较于传统居间服务中的促成交易机会等内容，P2P网络借贷平台的法律义务已经有了质的突破。在此情况下，需讨论的问题是，如果P2P网络借贷平台来提供本金保障计划、第三方担保措施，出借人依据P2P网络借贷平台业务审核的结果进行了投资，但借款人发生了债务违约，出借人和P2P网络借贷平台无法追回的情况下，P2P网络借贷平台需对出借人承担什么样的责任或者不承担责任。可能的情况有如下几种：第一种可能的情况为不承担责任。P2P网络借贷平台作为居间人已经完全按照约定形式，将交易双方的信息完全予以披露，并进行了风险识别和提示，按照风险与收益匹配、高风险高收益的原则，经由平台让交易双方以市场方式决定交易价格，在整个过程中，P2P网络借贷平台完全没有过错，借款人出现逾期是正常的市场交易风险，不应由P2P网络借贷平台承担过多的交易风险，这也与P2P网络借贷平台收取的只是较低比例的佣金相匹配。在借款人发生逾期后，P2P网络借贷平台仍然会主动在追回债务中发挥主要作用，不应再承担责任。第二种可能的情况为要求P2P网络借贷平台对出借大损失承担连带赔偿责任。依据在于P2P网络借贷平台已经在交易中获取了

---

[1] 即①居间人促成合同成立的，委托人应当按照约定支付报酬。②对居间人的报酬没有约定或者约定不明确，依照一般惯例仍不能确定的，根据居间人的劳务合理确定。③因居间人提供订立合同的媒介服务而促成合同成立的，由该合同的当事人平均负担居间人的报酬。居间人促成合同成立的，居间活动的费用，由居间人负担。④居间人来促成合同成立的，不得要求支付报酬，但可以要求委托人支付从事居间活动支出的必要费用。

佣金，该佣金的合同对价应是P2P网络借贷平台对借款人进行严格审核、贷后管理、风险控制，为出借人提供安全交易并实现投资收益，但P2P网络借贷平台在履行上述合同义务时存有违约，导致借款人出现逾期或逃债，此时P2P网络借贷平台应就此承担违约责任，并赔偿出借人损失。第三种情况为要求P2P网络借贷平台对出借人损失承担补充赔偿责任任。具体依据在于，P2P网络借贷平台在居间交易中突破了居间义务，出借人基于对P2P网络借贷平台的信赖才与借款人进行交易，传统上居间人并不参加到具体交易中来，只提供交易机会，但此种情况下，如借款人出现逾期或逃债而至出借人利益受损，则P2P网络借贷平台应与借款人一起对出借人受损利益负责，对出借人利益无法实现的部分进行补充赔偿。第四种可能情况为要求P2P网络借贷平台对出借人损失与借款人一起承担不真正连带责任。[1] 正是因为P2P网络借贷平台审核不严、风控失察给借款人提供了恶意违约的机会，上述两个主体虽然在主观上并无通谋，但客观上导致了出借人权益受损的结果，应承担不真正连带的侵权责任，具体侵权的内容即侵害了出借人的债权。

对于这个问题，以现有法律框架来分析，首先需要确定P2P网络借贷平台的功能以及承担权利义务的边界，之后再对责任类型即侵权还是违约做出判定，对于P2P网络借贷平台的功能，一般交易各方均需按照合同约定来履职定责。即有约定的从约定，没有约定的才涉及非约定义务的承担。实际操作中，P2P网络借贷平台职能已经突破了传统居间人，资质审核、风险控制、贷后管理等视为平台基于居间人职能的延伸，平台对借款人的审核规则也较为固定，并且交易双方能够在交易前得以了解，这能够说明交易双方已经对P2P网络借贷交易规则予以了认可，此时如果P2P网络借贷平台没有在履约过程中存有过错，则正常的市场交易风险应当由交易人自身来承担。但如果是因为P2P网络借贷平台审核不严、信用评价有误等因素，导致出借人基于此种错误信息订立交易合同，则此时应就自身过错承担一定比例的责任，这种责任应当系违约责任，并且应属于补偿性赔偿。至于具体比例，不应在具体法律法规中确定得过于死板，而应在具体裁判中加以灵活掌握。当然，目前很大一部分平台均有相应的平台增信举措，所以此种纯平台模式下的责任承担，还未

[1] 不真正连带责任是指多数行为人违反法定义务，对同一受害人实施加害行为。或者不同的行为人基于不同的行为而致使同一受害人的民事权益受到损害。各行为人产生的同一内容的侵权责任各负全部赔偿责任。并因行为人之一的责任履行而使全体责任人的责任归于消灭，或者依照特别规定多故责任人均应当承担部分或者全部责任的侵权责任形态。参见杨立新：《论不真正连带责任类型体系及规则》，载《当代法学》2012年第3期。

形成实际判例，此种思路也有待于实践的进一步检验。

另外，界定和追究P2P网络借贷平台具体责任的法律依据，除去一般的合同法等法律，从消费者保护角度加以考虑。需特别注意的是，我国《消费者权益保护法》第四十四条规定了网络购物的相关规则[1]，上述规定虽然仍主要针对传统意义上的消费者，但在网络融资交易纠纷中加以适用并没有法律上的障碍。其中第一款的规定，可以处理类似平台虚拟借款人借款而进行平台自融或信息披露不实的情况；且如果存有平台提供的本金保障计划，平台也必须履行承诺，这与本书重点讨论的网络融资交易后的责任承担以及实践中一般违约责任的设定是相符的。对于第二款的规定，可以对应处理平台是否应当承担责任的问题。此种情况下，网络融资平台如果参与和协助借款人进行虚假融资，如已构成犯罪的，则网络融资平台可能构成刑事犯罪的共犯；如果还未达到刑事犯罪的程度，可以根据上述规定，在认定网络交易平台行为性质的基础上，出借人可以要求P2P网络借贷平台和借款人一并向出借人承担连带赔偿责任。

（三）担保的合法性问题

P2P网络借贷交易中存在的担保，主要是两种形式：一种是P2P网络借贷平台自身提供的担保，一般以“本金保障计划”的形式出现，对于P2P网络借贷平台能否作为担保人，目前主要根据我国《合同法》《中华人民共和国担保法》（后简称《担保法》）等法律规定进行认定。以人人贷为例，其在官网上公布的本金保障计划，如果出现债务逾期，则由平台用风险备用金优先垫付；资金来源是向借款人收取的服务费；对于风险备用金账户中的资金，人人贷确立了违约偿付、时间顺序、债权比例、有限偿付、收益转移、金额上限等规则。从其形态上分析，上述风险备用金账户是以人人贷名义单独开设并由银行进行资金托管的一个专用账户。对于类似上述平台提供的本金或本息保障，其实质应属平台企业以收取的一部分佣金形成风险备付金，用此备付金作为平台为出借人提供的担保，上述备付金实际上并没有从客户资金中划扣。也有观点主张，上述风险备付金的性质到底是平台企业的债务承担，

[1] 我国《消费者权益保护法》第四十四条第一款规定：“消费者通过网络交易平台购买商品或者接受服务，其合法权益受到损害的，可以向销售秆或者服务者要求赔偿。网络交易平台提供并不能提供销售者或者服务者的真实名称、地址和有效联系方式的，消费者也可以向网络交易平台提供者要求赔偿；网络交易平台提供者作出更有利于消费行的承诺的，应当履行承诺。网络交易平台提供者赔偿后，有权向销售者或者服务者追偿。”第二款规定：“网络交易平台提供者明知或者应知销售者或者服务者利用其平台侵害消费者合法权益，未采取必要措施的，依法与该销售者或者服务者承担连带责任。”

还是属于提供了一种担保，存有争议。[1] 从法律后果上，在上述本金保障计划中，平台企业应是担保人。至于P2P网络借贷平台是否可以作为担保人，其担保行为是否可以视为一种金融担保业务，是否需要特殊资质等，因目前监管层面还未出台针对性的法律法规，实际上还有较大争议。但本书认为，平台企业为借款人向出借人提供担保是一种长期性的商业行为，实质是一种融资性担保，而从事融资性担保业务需要按照《融资性担保公司管理暂行办法》第八条第三款的规定处理，即任何单位和个人未经监管部门批准不得经营融资性担保业务；上述P2P网络借贷平台的担保行为属于未拿到牌照即从事融资性担保业务的行为，有很高的合法合规性风险。为了增强平台信用等级，提升平台吸引力，一些P2P网络借贷平台引入了第三方担保为出借人提供担保，如红岭创投等。从现有法律法规分析，第三方为P2P网络借贷交易提供担保并不存在法律上的障碍，但有些担保公司实际上是平台企业的关联公司，这种情况需要加以注意。担保法律关系中，涉及担保能力界定的主要标准系担保财产即责任财产的多少，如果P2P网络借贷平台与担保企业实际系关联方，可能在责任财产上并不能产生更多事实上的担保意义。如果系其他融资性担保公司，则在规范性程度上会更好一些，关键还是要判断担保机构偿付能力的大小。

随着P2P网络借贷平台频繁出现跑路或逾期等行为，P2P网络借贷平台通过本金保障以及提供的第三方担保等手段获取的交易安全，受到广泛质疑。为此，银监会等监管机构认为下一步P2P网络借贷平台应该回归信息中介的定位，而实现P2P网络借贷平台“去担保化”，但实际上在我国征信制度本身不完备的情况下，很难实现，否则许多P2P网络借贷平台企业会在获取交易机会上更加困难。目前已出现平台企业放弃偿付、打破刚性兑付规则的实际情况。[2] 下一步。P2P网络借贷平台还是应该在加强内部风险控制等方面上加以努力，逐步向信息中介的传统平台模式靠拢。在目前监管层的意见为坚持P2P网络借贷的纯信息中介模式的情况下，此时的担保问题在下一步发展中还是否存在，本身也是一个问题。

（四）债权转让的效力界定

在分析P2P网络借贷交易中债权转让模式的法律关系时，已对债权转让的相关法律规定做过梳理，并且在罪与非罪的界定中重点对债权转让这种交易模式做过评述，一般情况下的债权转让模式，因涉及非特定交易对象，并且通过期限和资金错

[1] 参见张雪楳：《P2P网络借贷相关法律问题研究》，载《法律适用》2014年第8期。

[2] 《平台“兜底”能力存疑去担保化仍难落地》，载《中国电子银行网》http://efinance.cebnet.com.cn/2014/1118/318090.shtml.2015年9月22日访问。

配形成资金池，容易被界定为刑事犯罪。但在实际交易过程中，债权转让的交易双方人数可以是一对一，也可以一对多、多对一和多对多。如果是一对一这种模式，即债权转让人与受让人均指向同一债权，则一般情况下，符合民商事法律规定的普通债权转让情形，可以确定其效力。在此种交易形式下，即使债权转让人与P2P网络借贷平台企业有着千丝万缕的联系，也不影响债权转让的效力，毕竟涉及的交易主体系特定，且P2P网络借贷交易平台承担的是居间功能。对于其他债权转让形式，一般会通过资金和期限错配，以理财产品或资产证券化形式出售，从而涉嫌刑事犯罪，对此不再赘述。

需注意的是，有学者提出，在债权转让模式下，如果存在期限和金额错配，则不能成立合同法意义上的债权转让，而是在债权转让人或P2P网络借贷平台与出借人之间产生新的借贷关系。[1] 比如在P2P网络借贷交易中债权转让人与借款人达成一致，约定3年期200万元债权的还款方式为等额本息、按季归还，而债权转让人向诸多出借人转让的是每月20万元的债权及其利息，则会因债权转让人并不享有每月请求借款人还款20万元及利息的权利，而导致转让的债权不特定，而使债权转让行为不成立，此时交易性质也发生了变化。就此，本书认为，如果从严格的合同法意义上来分析，债权转让的前提需债权首先合法有效，而如果债权转让又经过了期限和金额错配，则很难称为债权转让，只能从交易整体上将其概括为与债权转让类似的合同行为，其实质确系在各方之间形成新的借贷关系。当然，这种观点还需要在具体裁判过程中加以检验。

（五）P2P网络借贷平台资金池问题

资金池的概念屡次出现在P2P网络借贷交易的各类报道中，并数次被银监会等监管部门所明确禁止，但其并不是严格法学意义上的概念，而是金融领域对这种业务形态的具体描述。2014年4月，银监会公开表示P2P企业“四条红线”不能碰，其中之一即不得搞资金池。2014年9月27日，在以“理性与规范跨界与融合”为主题的2014中国互联网金融创新与发展论坛上，银监会官员提出P2P网络借贷行业监管有十大原则，第一项就是P2P的发展要坚持业务本质，不得建资金池。[2]P2P行

[1] 参见杨振能：《P2P网络借贷平台经营行为的法律分析与监管研究》，载《金融监管研究》2014年第11期。

[2] 《银监会：P2P网络借贷行业监管十大原则》，载《中国电子银行网》http:// hy. cebnet. com. cn/2014/1121/320355. shtml. 2015年8月22日访问。

业的资金池是指客户资金需先流向P2P网络借贷平台账户内，形成储存资金空间，实现平台对资金的控制。在例举的东方创投案中，网贷平台并未将资金托管于商业银行等第三方，也未实现平台资金与客户资金的分离，而是混同存于平台企业实际控制人个人账户中，这是较为极端的案例。实际上，目前的P2P网络借贷平台在具体资金的存储和适用上存在不同方式。有报道称，一些P2P网络借贷平台实际上只是将资金存管到一些金融机构，并非托管，资金仍掌握在平台企业手中；一些平台还称与交付宝、财付通有资金托管业务，但支付宝、财付通没有资金托管业务，只有第三方支付功能，业内有第三方资金托管资质的第三方支付机构是汇付天下、国付宝等。[1] 还有一些平台将风险备付金托管于第三方机构，这也不是真正意义上的P2P网络借贷平台第三方资金托管。[2] 如果没有资金托管，网贷平台就可以完全操控资金，非常危险，而如果P2P网络借贷平台为借款人和出借人专门在银行等托管机构开设账户，资金只有借款人和出借人两个流向，则交易较为安全。从目前P2P实现资金第三方托管方式来看，主要分为第三方支付机构托管和银行托管，但严格进行银行托管的平台实际上并不多。

目前，P2P行业仍处于无门槛、无监管的状态，资金挪用风险相较于证券、第三方支付机构更大，且相关案例已屡见不鲜。而出借人一般很难界定平台是否将资金进行了有效托管。从资金实际适用的过程来看，如出借人想通过第三方支付机构提供的交付通道来向平台打款，则其可通过第三方支付提供的网关交付充值，成功后将更新出借人在平台上的账户信息，第三方支付公司相应地增加P2P平台的账户余额。如果要真得实现第三方托管，需切断平台对第三方付上的账户的管控权。有观点认为，目前在P2P网络借贷交易领域，单纯资金托管无法完全避免平台侵占资金，有可能存在虚假托管，即使托管也未在法律上改变资金所有权归属，因而不能有效解决非法集资问题。[3] 虽然随着市场竞争的日益加剧，越来越多的平台开始自

[1]《P2P网络信贷资金托管的猫腻大揭秘》，载《网贷观察网》http://www. wangdaiguancha_com/wangdaizixun/1336.html. 2015年8月29日访问。

[2] 有观点总结，目前P2P平台的资金通道大致分为三种模式：一是通道型模式。即没有实行资金托管。投资人将钱充值到平台或平台在银行开设的账户。多起平台跑路事件均属此类模式。二是平台以备付金的形式将资金存管在银行帐户或第三方支付机构账户，此模式下银行对于账户内的资金流动并无实质监控。三是设立托管型账户，即在资金存管在第三方的基础上，为投资人和借款人设置虚拟二级账户。实现点对点的资金流动监控，相对安全。参见李耀东：《银行托管胜在资质更适合第三方支付托管》，载《网易财经》http://money. 163. com/14/1021/01/A91TKB2 A00253BOH.html. 2015年8月29日访问。

[3] 参见杨振能：《P2P网络借贷平台经营行为的法律分析与监管研究》，载《金融监管研究》2014年第11期。

觉地进行第三方资金托管业务，但要从根本上解决该问题，还需要从政府监管的角度，将这一制度上升至法律法规层面加以强制。

三、P2P网络借贷交易的民刑交叉问题

就P2P网络借贷交易中的刑事和民商事责任性质的认定，本书在上述部分已做出评述。但实践中往往出现的问题是，P2P网络借贷平台或平台负责人员因涉及非法吸收公众存款罪等罪名时，在纯平台模式下通过平台撮合的出借人与借款人之间的借款协议以及担保人所做的担保承诺是否有效，在债权转让模式下形成的借贷协议、债权转让协议、担保协议同等合同文件是否有效，以及此种民商事纠纷是否和刑事程序相冲突，而必须按照先刑后民的原则先行中止，等待刑事处理结果等。上述问题实际上经常在网络融资交易中发生，因而必须明确需适用的规则。

对此，最高人民法院在相近案件中曾经表达过具体的裁判思路与尺度。在2011年11月10日〔2011〕第11期《最高人民法院公报》中，刊载了“吴国军诉陈晓富、王克祥及德清县中建房地产开发有限公司民间借贷、担保合同纠纷案”，该判例确定了具体借贷行为与非法吸收公众存款罪之间存在关联时的裁判规则。[1]对于其中的两个争议焦点问题，最高法院通过公报案例的形式亮明了自己的观点。首先，在此种情况下的民间借贷和担保合同是合法有效的。具体理由为虽然刑事犯罪人实施了一系列非法吸收公众存款行为，但单个行为仅仅是借贷双方形成的一种民间借贷关系，刑事犯罪行为是这种单个借贷行为从量变到质变、从一个到数个“向不特定人借款”行为的总和，并不能把非法吸收公众存款的犯罪行为与单个民间借贷行为等同对待，当事人在订立民间借贷合同时是基于自身真实意思表示，且不存在《合同法》第五十二条规定的违反法律法规的强制性规定、以合法形式掩盖非法目的等无效情形，所以单个的民间借贷行为应当确认为有效。对于担保合同的效力，因没有证据证明存在债权人与债务人恶意串通等情形，不能免除保证人的保证责任；另外，如果认定与非法吸收公众存款罪存在交叉的民间借贷合同无效，但担保合同会因主合同无效而无效，更不利于权利人的保护，会造成事实上的不公，所以担保合同亦应为有效；其次，先刑后民需区分情况，案件不需要中止审理。民间借贷和非法吸收公众

[1] 即“民间借贷涉嫌构成非法吸收公众存款罪，一方合同当事人可能被追究刑事责任。并不自然影响借贷合同、担保合同的效力。如果民间借贷纠纷案件的审理并不必须以刑事案件的审理结果为依据，则该民事案件无须中止审理”。

存款的犯罪属于两个法律关系，刑事程序并不影响法院审理当事人间的民事合同纠纷，二者不存在冲突，也没有《中华人民共和国民事诉讼法》（后简称《民事诉讼法》）关于“本案审理需以另案审理结果为依据，而另案尚未审结”需中止审理的情形，所以无须中止。

具体到P2P网络借贷交易领域，如果发生非法集资类犯罪案件，主要是非法吸收公众存款罪，则此种情况下，一般可以适用上述判例确定的规则。在特定的交易环境下。还需就此进一步区分情况：一种情况是平台自融，与东方创投案情节类似，此种情况下，虽然平台企业或者企业核心成员因涉嫌犯罪，但由平台与借款人签订的借贷合同依然有效，并在民商事合同合法有效的前提下，行使自身权利以获取尽可能的赔偿。另一种情况是债权转让，此种情况下，平台有可能因为自身出现的资金池以及对资金的操控而演化为刑事犯罪，但其签订的民商事合同亦可以在有效的前提下加以解决。在出现上述情况后，P2P网络借贷交易之前提供的本金保障、担保等继续有效，金融消费者可以就此进行进一步行权。轻易确定合同无效的后果要远比确认合同有效更有利于权利人的保护。但需注意的是，虽然可以确认合同效力，但在实务操作中，刑事手段要远比民商事手段在退赔赃物、责任追究等方面有用得多，如果刑事部分解决时仍难以获得赔偿，则通过正常的民商事途径以及强制执行手段，其实都可能达不到权利人所要实现的效果。而对于刑民交叉程序问题，如果并非需等待刑事审理结果作为定案依据，则民商事程序可以正常进行，并非一律需先刑后民。

第二节　网络股权融资中股权众筹交易的主要法律问题

2013年，被称作“众筹第一案”的美微传媒案，因证监会的定性，而使国内对在线公开销售股份做法的讨论告一段落。[1] 众筹模式从国外直接引进后，虽然目前在国内进行运作时，为避免触及法律红线而已经做了中国式改良，但在整体制度环境上存在的缺失现状，仍然不能无视。如众筹交易中平台公开推广相关项目时涉及的知识产权保护制度缺失问题，信用体系不健全问题；特别是投资人保护制度存有缺失，如果融资人或平台对项目或企业的关键信息加以隐瞒，而信息披露制度又未跟上。极有可能导致投资人利益严重受损。而众筹交易中，奖励式众筹、募捐式众

[1] 参见殷华、周明勇：《美国JOBS法案内容解析及对中国众筹融资法制的影响探析》，载《现代管理科学》2014年第10期。

筹并不涉及太多法律问题，主要存有法律争议的是股权式众筹，我国目前并未出台和美国《JOBS 法案》类似的法律，准许在我国通过众筹平台发行股票等来进行股权融资，股权众筹在我国的形态即凭证式、会籍式、天使式三种，实际上都已经做了中国化处理，谨慎地规避着法律法规的禁止性规定。在讨论股权众筹时，本书以股权众筹模式的一般应然形态为讨论对象，以期重点突出，得出清晰的结论。

一、股权众筹交易中罪与非罪的界限

首先，对于股权众筹交易模式本身的合法性问题，实际上还有争议。股权众筹的一般交易常态为平台帮助借款人在众筹平台发布项目，促成投资人投资，平台收取中介费用。但如果通过网络平台向社会募集股份，则可能涉及擅自发行股票、公司、企业债券罪。根据我国《证券法》第十条、《非法金融机构和非法金融业务活动取缔办法》（以下简称《取缔办法》）第三条第一款、第四条第一款等法律法规的规定，在我国公开发行证券必须经过审核批准，而公开发行的标准主要就是向 200 人以上社会不特定对象发行 。[1] 从股权众筹的实际运作情况来看，通过网络平台向社会公众推介项目，并最终通过成为企业股东形式获取相应回报，这种方式满足了以上法律规定的禁止性内容。在法律具体条文明确了非法从事证券活动没有相应法律空间的立场下，在我国进行股权众筹交易只能采用迂回、包装的方法。总体来看，类似国外 Crowdcube 平台模式的一般意义上规范和传统的股权众筹在我国现有法律框架下是不被允许的，美微传媒案即是这方面的典型案例，只不过在该案中，证券监管部门只是依据现有法律法规定性为非法证券活动，而没有上升到刑事处罚的程度。新出台的《股权众筹管理办法（试行）（征求意见稿）》第十二条就私募股权众筹的发行方式及范围进行了规定，不得公开或采用变相公开方式向不特定对象发行证券，股东人数累计不得超过 200 人。[2] 同时明确融资者不得欺诈发行、向投资人承诺投资本金不受损失或者承诺最低收益，同时点多重融资以及为法律规定所禁止的其他行为。从上述规定来看，监管层准许了

---

[1]《证券法》第十条规定：公开发行证券，必须符合法律、行政法规规定的条件，并依法报经国务院证券监督管理机构或者国务院授权的部门控准，未经依法核准，任何单位和个人不得公开发行证券，有下列情形之一的，为公开发行：①向不特定对象发行证券的；②向特定对象发行证券累计超过二百人的；③法律、行政法规规定的其他发行行为。非公开发行证券，不得采用广告、公开劝诱和变相公开方式。

[2]《股权众筹管理办法（试行）（征求意见稿）》第十二条规定：融资者不得公开或采用变相公开方式发行证券，不得向不特定对象发行证券。融资完成后，融资者或融资者发起设立的融资企业的股东人数累计不得超过 200 人。法律法规另有规定的，从其规定。

企业通过公开网络平台进行融资的行为，当然，这其中还有争论，比如股权众筹融资都是通过网络平台实现的，而网络面对的群体肯定是不特定的，即使是众筹平台已经通过注册认证等一系列手段使社会不特定对象变为一定范围内的特定对象，但这种所谓的特定能否被认为合法还存有争议，毕竟只是一种主体的相对特定。[1] 另外，即使是向特定对象发行证券，人数也不能超过200人，这是另外一种严格条件。是私募还是公募，其实有很大争议。从法律效果上进行分析，公开发行和公开宣传是不同的两个概念，从股权众筹交易的实际操作分折，目前通过网络公开展示项目或企业并不能严格和公开发行证券等同，也正因为如此，线下通过有限合伙等形式进行投资才成为可能。而从上述经过官方认可的自律监管文件看，实际上已经准许了目前天使式股权众筹交易的可行性。下一步，如果监管部门出台了相应的规范性意见，并在某些地域开展试点工作，可能会对现行规定有所突破，为下一步扫清股权众筹模式的发展障碍提供帮助。所以，本书认为，要想处理股权众筹交易的合法合规性问题，还是首先需从立法层面修订《证券法》等法律法规，以此为切入点，将股权众筹交易纳入法律框架之内，以彻底解决现有问题。

其次，对于股权众筹可能涉及的刑事犯罪问题，还需进一步加以甄别区分。股权众筹交易所可能涉及的刑事犯罪行为，与P2P网络借贷交易其实非常类似。可能涉及非法吸收公众存款罪、集资诈骗罪和擅自发行股票、公司、企业债券罪这三类刑事犯罪。因上述三类犯罪的具体法律规定和适用情形等均在讨论P2P网络借贷交易时梳理完毕，故此处仅依据上述规定对股权众筹交易在何种情况下涉及上述罪名加以分析。有观点认为，众筹在我国可能面临的法律风险有：无明确投资项目时先行吸引投资人投资，从而形成资金池风险，并进而存在非法集资嫌疑；众筹平台没有取得支付业务许可但实际上往往充当支付中介角色；众筹中的项目发起者在募集成功后不兑现承诺甚至把资金挪作他用构成欺诈等犯罪；股权众筹存在非法发行、销售股票的严格法律制约等。[2] 也有观点认为，需要界分清楚合法集资与非法集资的界限，非法集资类犯罪范围应当压缩。[3] 实际上，在我国目前的众筹交易中，众筹融资平台首先精心设计了自身业务模式，进行了合规性审查，确保不触及法律底线。

[1] 参见杨东、苏伦嘎：《股权众筹平台的运营模式及风险防范》，载《国家检察官学院学报》第22卷第4期。

[2] 参见吴景丽：《互联网金融的基本模式及法律思考（上、下）》，分别载于2014年3月26日、4月2日《人民法院报》第7版。

[3] 参见杨东：《股权众筹的法律风险》，载《上海证券报》2014年7月31日。

就我国凭证式、会籍式、天使式三种股权众筹形态，均通过交易方式的变化，规避了通过网络平台公开发行股票或债券的行为表征，所以，不能按照刑事犯罪处理。

二、股权众筹交易的民商事法律责任界定

（一）股权众筹交易组织合法性边界的判断

股权众筹模式是以获得股权投资回报为目的，但在我国股权投资交易，尤其涉及对外发行证券、债券等，均受到严格的法律管制，以便维护金融安全和稳定。除去刑法方面的规制，在民商法领域，股权众筹模式中还涉及投资行为所对应的组织体所应遵守的法律，这也是目前不能突破的法律底线。根据我国《公司法》第二十四条的规定，有限公司由50个以下股东出资设立。被投资的初创期企业一般均为有限公司，其股东数量最多为50个。股权众筹交易中，为规避监管规定和约束投资人内部各方关系，一般由领投人、跟投人形成有限合伙关系，再对企业进行投资。我国《合伙企业法》对有限合伙这种组织形式，在第三章予以专门规定。其中第六十一条规定了有限合伙企业的合伙人数，即2个以上50个以下。上述规定中关于人数的强制性规定，约束着被投资企业的组织形态。如果未涉及犯罪，由包括原股东、投资人在内的股东共同组成股东会来具体管控公司，应属合法合规，并不应给予否定性评价。

（二）“领投＋跟投”模式下交易主体的权利义务分析

对于以领投＋跟投模式下各众筹参与主体的权利义务，需重点加以分析，下面以大家投为样本加以分析，主要依据为大家投通过官网提供的各种格式合同文本。[1]

对于领投人与跟投人在交易中的权利义务。在大家投这种典型的中国式股权众筹融资模式下，领投人的确定非常关键，并设定了相对较高的条件，需要平台对其身份进行审批，对此前文已有论及。在天使式众筹的交易中，一般情况下，领投人是普通合伙人，作为合伙企业的执行事务合伙人，其拥有管理、控制、运营、决策合伙企业及其业务活动的权力，并定期向其他合伙人报告事务执行情况，以及合伙企业的财务等情况，但利润归全体合伙人所有。对于企业亏损，普通合伙人对合伙企业的债务承担无限连带责任。有限合伙人则一般不参与及干预合伙企业的正常经

[1] 大家投的各类格式合同，均来源于大家投官网 http://www.dajiatou.com，2015年9月13日访问。

营管理，其以认缴出资额为限为合伙企业债务对外承担责任。普通合伙人与有限合伙人在经全体合伙人一致同意后，可以互相转换，但须保证合伙企业至少有一名普通合伙人。上述这些约定的内容，与我国《合伙企业法》的内容是一致的。[1]

对于投资收益的分配，如大家投确定的规则为：

先返还投资资金的本金，后按照合伙企业分配机制进行投资收益分配；总投资收益的 80% 由各投资人按投资比例分享；20% 为管理收益，领投人分享 10%，大家投分享 6%，投资经理分享 2%，风险补偿基金 2%；即在合伙利益分配部分做了特殊约定，将平台佣金以及风险补偿金等加以扣除。

对于上述利益分配，从法律角度考虑，应有约定的从约定，也可以看出对领投人的特定权益保障。在股权众筹中，通过设立有限合伙企业，股权众筹平台可以将自身与领投人、跟投人的相互关系理顺，并通过意思自治的方式，将股权众筹规则加以具体化，这种方式实际上也是因为我国没有《JOBS 法案》这类允许初创企业进行直接融资的渠道，而又有融资现实需求导致的，不能向社会不特定公众发行证券仍然是法律底线。

（三）借款人、投资人在初创企业内部的权利义务界定

一般情况下，借款人、投资人通过股权众筹平台达成交易，投资人会成立有限合伙企业作为投资企业股东，与借款人、被投资主体签订相关投资协议，确定该初创企业的股权结构与具体的权利义务，明确该企业的公司治理机制。仔细观察此种情况下的投资协议，其内容与私募股权投资有很大的相似性。

在天使式股权众筹交易中，一般会通过签订相关投资协议的方式，将投资人共同成立的有限合伙企业、融资人即初创企业和初创企业现有登记股东的具体法律权利义务加以确定，具体操作时，一般由有限合伙企业按照协议确定的条件和条款，认购初创企业的新增注册资本及资本公积金；有限合伙企业一次或分几次履行增资义务，增资完成前，初创企业暂时不办理工商变更登记手续。增资时，明确其中哪些部分作为新增注册资本，哪些部分计入企业资本公积金。

无论选择何种增资方式，如有限合伙企业缴纳完毕全部增资款项或所有合伙人

[1] 如我国《合伙企业法》第二条第三款规定：有限合伙企业由普通合伙人和有限合伙人组成，普通合伙人对合伙企业债务承担无限连带责任，有限合伙人以其认缴的出资额为限对合伙企业债务承担责任。有限合伙企业中，必须有普通合伙人，依据为《合伙企业法》第七十五条，即有限合伙企业仅剩有限合伙人的，应当解散；有限合伙企业仅剩普通合伙人的，转为普通合伙企业。

投票决定不再继续增资后，视为增资完成。投资协议中一般还会约定出资仅能用于企业正常经营需求、补充流动资金或经股东会、董事会以特殊决议批准的其他用途，不能用于偿还债务、与主营业务不相关的其他经营性支出以及委托理财等风险性投资业务。在增资完成后固定期限内，完成相应的公司验资、工商变更登记手续。有限合伙企业还可以通过约定结构性反稀释条款等条款确保自身权益，防止在企业实际运行开始后失去对自身权益的控制。对于初创企业对外负债问题，初创企业及原股东一般会加以承诺和保证，如果存在任何其他债务，全部由原股东承担。如果初创企业遭受其他债务，在增资完成前，有限合伙企业有权终止协议或在继续增资前要求原股东先行交付赔偿款。如增资已完成，只要企业遭受或有债务，原股东均应按本协议的约定履行赔偿责任。

从上述天使式股权众筹确定的运作规则和格式合同的约定内容可知，投资人以有限合伙企业身份作为初创企业的股东进入公司，通过不违反法律法规的自行约定确定了投资的整个过程和责任负担，对于此种投资行为的效力本身，因不与现行法相冲突，应为有效。但上述约定是理想效果，实际上最为重要的是企业债券的负担问题，这其中既涉及初创企业的原股东是否已进行了如实披露、股权众筹平台是否进行客观核查，也涉及领投人在具体参与项目时责任的履行情况。如果初创企业发生了对外负债，而此时有限合伙企业已成为其登记股东，则责任变得相对较为复杂。此时，初创企业作为债务主体应首先对外承担责任，在承担责任后，原股东按照约定应就此承担全部责任。那么，原股东承担的责任是何性质，其请求权基础是什么，值得进一步研究。

从法律适用层面研究，原股东要向有限合伙企业承担的均属于约定债务，应属违约责任，首先，初创企业是承担债务的主体。无论在有限合伙企业入资前还是入资后，初创企业对外负有债务，均应由初创企业承担，与具体股东是谁并无关系，初创企业需统一对外承担责任。至于债务要区分是入资前还是入资后，是否已经向有限合伙企业股东进行了披露，是股东之间内部分责的问题。其次，原股东如未向新增资的有限合伙股东进行披露，造成初创企业财产减损，会客观上影响有限合伙股东的股权收益和价值，造成对有限合伙股东权益的侵害。初创企业对外负债是正常的，但在公司内部分配责任时，则有很大的不同。有限合伙股东在入资时，确定是否入资以及相应对价，是基于借款人向股权众筹平台披露的信息、平台进行的具体审核以及领投人对初创企业或是筹资项目的具体判断，初创企业对外负债情况是决定企业价值、股权对价的核心依据之一，上述决定股权对价的要素在哪一环节出现问题，均可能对投资人投资产生影响，特别是借款人，一般情况下是初创企业的原股东，此时如果初创企业因上述负债而导致公司资产减损，则对有限合伙股东产生了客观上的侵害。再次，具体的责任承担问题。协议明确了如发生未披露的债务或者是或有债务，则首先承担责任的即是初创企业本身，从而造成初创企业财产减损，上述损失对于有限合伙股东而言，是因初创企业原股东违约导致，应向有限合伙股东承担违约责任。最后，对于债务承担的具体范围。应区分未披露债务还是或有债务，二者在性质上不同，原股东的责任大小亦有区别。未披露债务系初创企业原股东纯粹的违约行为，应全部予以赔偿。对于或有债务，因系在“初创企业资产负债表日期之前的原因”而发生，按照约定的即有股权比例承担，也相对较为公平。

（四）股权众筹平台的风险补偿金及资金托管问题

一些股权众筹平台还设置了风险补偿金机制，进行了资金托管，以保护投资人权益。

1. 对于风险补偿金[1]

天使汇等平台明确表示，不承担投资人的投资损失风险。像大家投的上述设置，有些类似 P2P 平台本金保障计划中的风险储备金，只不过在股权众筹这种风险更大的模式中，因属于投资行为，其风险更大，且一般由投资人自行负责；设置上述风险补偿金，对各投资人来说是一种利益平衡。应当注意的是，上述平台进行补偿的条件为“创业者融资成功后 2 年内存在利用大家投进行诈骗”，这实际上反映了即使存在平台审核，也不可能完全避免诈骗风险的基本认知，在此基础上，因投资人基于平台审核、推荐而进行投资行为，进行投资而产生损失，并不属于完全意义上的投资风险，不好界定平台对此没有任何责任。从风险补偿金的上述约定来分析，投资人要经过系统维权后才能取得有效文书，获得一般的本金赔偿，适用条件其实非常严苛。

2. 对于资金托管

一般来讲，股权众筹平台都会宣称其无法挪用或转移该账户的任何资金，有限

[1] 如大家投平台风险补偿金制度的内容为：“1、资金来源，以投资人询价认筹诚意金（每次 1 000 元）、投资人单个或集体退出项目时收益的 2% 为基本来源。2、补偿条件：创业者融资成功后 2 年内存在利用大家投进行诈骗的，投资人可获得风险补偿金言创业者无诈骗行为，而是企业正常经营不善、股东间民商事经济纠纷或其他不可抗拒因素所引发的投资人亏损不予以补偿。3、补偿标准，投资人当次投资本金的 50%；若后续通过各种途径追回投资本金超过眠超额部分应归还风险补偿金。”

合伙企业账户的资金流转及有限合伙企业存续期间所有资金往来，均由领投人与股权众筹平台共同管理。比如大家投的具体操作。[1]这种通过共管账户的形式，来使双方均明晰资金的具体走向，防止平台单方处置资金，是目前一般的可行做法。实际上，与P2P网络借贷交易相比较，股权众筹交易由于风险更大，在资金托管上更应做类似于证券监管的严苛规定，以确保投资人权益。

对于上述两项制度是否需要在监管部门设置监管制度时加以吸纳，需在确定总体监管原则后，与其他监管措施一并加以考量，对此下文监管部门将有详述。

（五）其他交易风险

网络融资交易涉及的法律主体较多、交易关系较为复杂，而且有一些全新的交易环节需要进行法律评判，在此一并进行论述和分析。一是在股权众筹领域需要防止在领投＋跟投的投资模式中存在投资欺诈的问题。有观点认为，在政策与监管缺失的情形下，有可能产生领投人与融资人之间恶意串通，对照投入进行合同欺诈的风险，而后由融资人获取大量融资款后逃匿或宣称投资失败，让跟投入利益受损。[2]虽然目前还未看到这方面的实际案例，但这是有可能出现的结果。从目前的交易模式分析，领投人一般都要经过平台筛选，并有相应资质要求，其承担了较之于跟投人更多的合同义务，也获取了额外的收益，这部分收益可以视为依赖其知识、技能进行投资活动的回报。如果一旦法院认定存在此种合同有欺诈行为，从民商事角度分析，合同就应归于无效；从刑事角度分析，有可能涉嫌合同诈骗罪。实际上，本书从现实角度观察，出现上述情况的几率并不是很高，一方面领投人均是一些有职业背景和投资经历的职业人士，可以说是某些方面的成功人士，而股权众筹平台也会对其资质身份予以筛查，而此种违法投资活动的违法成本实际上很高，所以，在此只讨论这种可能性，并可考虑在投资活动中设置一些特别制度对此加以预防。二是网络融资涉及的电子证据问题。由于网络融资交易与运行绝大部分均在网络环境下完成，这就涉及合同文本、交易认证等电子证据问题，由于诸如电子签名、电子合同等均掌握在强势交易主体一方，如在P2P网络借贷交易和股权众筹交易中，上述证据均掌握在平台手中，容易被篡改、伪造，投资人或融资人等权利主体如果

[1] 即投资人认投项目时把投资收转入托管账户，持有限合伙企业成立后，再按照投资人的意见分批次将有限合伙企业所有合伙人的投资款分批次转入有限合伙企业基本账户，有限合伙企业普通合伙人再将有限合伙企业基本账户的投资款转入目标项目公司基本账户。

[2] 杨东：《股权众筹的法律风险》，载《上海证券报》2014年7月31日。

面临诉讼或者维权，在提举上述证据时可能会处于十分不利的地位。当然，也有观点认为，孤立的电子证据删改的可能性较大；但电子证据以系统故据形式存在，则造假可能性微乎其微。[1]但综合来看，自从有了网络以来，就有了电子证据的分类以及对此进行的专门研究，在互联网金融环境下，只是交易内容和模式有了新变化，但从法律层面，网络融资涉及的电子证据问题并未超越传统电子证据的谈论范围，因而并不算新问题，但总是有新的情况发生。对于电子证据，司法机关应当在具体裁判时，在举证责任的分配上适当予以平衡，并有可能地向取证和信息获取相对困难的一方予以倾斜，以使诉讼两造的地位归于相对均衡。三是可能涉及的集团诉讼问题。由于网络融资碎片化的交易方式，交易对象广泛，交易成本低廉、快捷高效，不论是投资人还是投资人均有人数众多的明显特点，这也显示出网络融资的草根性和普惠性，但一旦出现系统性违约或恶意逃债风险，甚至是刑事犯罪，除去刑事犯罪的众多被害人外，也会在民商事领域内形成集团诉讼。《民事诉讼法》第五十三、五十四条的规定，是我国处理集团诉讼的基本制度框架，如广大投资人利益受损，可据此提起诉讼。对于有可能损害公共利益、涉及众多金融消费者问题的，还可以适用《民事诉讼法》第五十五条规定，提起公益诉讼。而根据最新出台的《最高人民法院关于适用〈中华人民共和国民事诉讼法〉的解释》第二百八十四条规定，对消费者权益保护法等法律规定的机关和有关组织对侵害众多消费者合法权益的行为，也可以按照规定提起公益诉讼，上述规定当然涵盖了金融消费者这一领域，尤其是在网络融资交易当中，极易发生人数众多的金融消费者权益受损情形，可在公益诉讼方面更多地加以尝试探索。当然，还有其他一系列问题在上述谈论中未予涵盖。如有观点认为，网络融资平台一旦出现系统安全、倒闭破产等问题，如何利用有限的司法资源处理金额小、总量大、人数多和涉及面广泛的诉讼也是必须面对的问题。[2]这些问题本书将在后续章节加以论述。

上述交易问题是网络融资问题的核心和基础，如何进行监管和消费者保护也是从交易中观察研究得出的。研究交易问题一方面是为解决现有法律对网络融资的制度供给和法律评价，另一方面也是为进一步梳理出在现有法律制度下无法解决、只有通过在监管和金融消费者保护等领域加以制度构建才能解决的问题，这也是本书后续两章要重点加以解决的问题。

---

[1] 何家弘、刘品新：《证据法学》，法律出版社2011年版，第188页。

[2] 姚军、苏战超：《互联网金融法律问题论纲——基于金融企业实务的视角》，载《科技与法律》2014年第3期。

第三节 我国网络融资交易中的金融消费者保护制度构建

目前，我国主要的金融监管机构“一行三会”已分别设立了金融消费者保护机构，并在各自监管职责范围内具体开展保护工作，但对于网络融资交易这种金融创新还未构建起行之有效的监管框架，各部门之间的工作在此方面也缺乏衔接。虽然监管层屡有表态，但仍未真正落实。结合前述对网络融资交易额域问题的探讨，本书认为，要在交易层面切实加强对金融消费者的保护，需在以下三项重要制度方面着手，重点突出地解决当前交易环节存在的问题。

一、网络融资交易中金融消费者知情权保护的制度构建

知情权是消费者的基本权利，是解决存在于消费领域信息不对称问题的核心。根据我国《消费者保护法》第八条的规定，消费者享有消费知情权，即有权知悉其购买、使用的商品或者接受的服务真实情况的权利。有权要求经营者提供必要的交易信息，以供消费者进行消费决策。有观点认为，金融消费者知情权是指“消费者在购买、使用金融商品或接受金融服务时，享有获知包括金融商品和服务的内容、相关金融法规、消费风险等在内相关信息的权利”[1]。在网络融资交易中，要确保金融消费者的知情权，需要从两个方面入手：一是从行政监管的角度，强化作为交易媒介的网络融资平台的信息披露义务；二是从民事交易的角度，强化网络融资平台以及融资人（借款人）在每笔交易中的说明义务，以确保金融消费者获取充分的交易信息。

（一）网络交易平台的信息披露义务

国外在金融消费者领域的信息披露方面多有成熟的规定。如英国FSA规定，金融服务业者应采取合理措施以确保消费者获得充足信息。而在网络融资的最新规定《英国众筹监管规则》中，明确规定了网络融资平台的信息披露义务，即平台必须

[1] 参见郑启福：《金融消费者知情权的法律保护研究》，载《内蒙古社会科学（汉文版）》2011年5月第32卷第3期。

明确告知消费者其商业模式以及延期或违约贷款评估方式的信息。与存款利率做对比进行金融销售推广时必须要公平、清晰、无误导。网站和贷款细节将被认为系金融推广而纳入到监管中，法国在分门针对众筹交易制定的《参与性融资条例》中规定，“借贷众筹中介”必须强制进行如下信息披露：每年发布业绩报告；向投资人提供一定的评估工具，使其可以根据其收入和费用对预计借款额进行估计；向借款人提供一份综合信息文件，使之了解和明确有关众筹借贷金额、协议利率、借款期限、清偿条件和总体成本等信息；应向审慎局主动提供相应情况的信息，缴纳管理费，配合其检查和管理活动，尤其是对出借人信息保护和合同格式有关的违法行为以及未履行义务之情况的调查权等。同时平台还需同时披露自身所持牌照、注册号；平台的报酬方式和费用；项目申请资格、筛选条件、项目发起人资格标准；每个项目及其发起人的信息；以及其他与项目有关的风险警示，如证券模式下的退出机制和证券转售的条件和限制、借贷模式下过度负债和无法还款的后果等；并要求向投资人履行风险提示义务。而美国通过《多德－弗兰克方案》而成立的金融消费者保护局，目的即在于确保金融产品和市场的公平、透明，使消费者免受各种侵害。

从国内情况来看，目前已有的信息披露主要是平台为吸引投资人而自发进行的信息披露，完整性和准确性并没有保障。因网络融资涉及主体广泛，且涉及网络融资平台的功能定位，在设定监管措施时，大部分观点认为，应在各融资平台自行披露信息的基础上，对融资平台和融资交易的具体信息进行真实披露，以落实责任、减少风险，其核心目的在于解决信息不对称。就建立强制性信息披露制度的现实意义而言，可以提高网络融资平台的经营透明度，使出借人、投资人等交易主体得到更为可靠的信息，从其自身出发对潜在的交易风险加以分析判断，实现从外到内对网络融资行业进行外部监督。就网络融资行业内部而言，已经有行业自律的实践，其中进行主动的信息披露是其中重要的内容，通过进行主动的信息披露，实现企业运营、财务数据、风险信息的公开透明、真实完整，让投资人（出借人）对风险承担买者自负的责任，才能有现实基础。有观点认为，直接融资一般要强化强制性信息披露制度，融资人必须真实、准确和完整地披露交易信息，让投资人在完全知情的情况下做出是否进行交易的判断。所以，对于 P2P 借贷交易，也应当以强化信息披露为行业规范的路径。[1]

对此，在股权众筹领域，《股权众筹管理办法（试行）（征求意见稿）》已用第五章“信息报送”加以明确规定，但上述条文中是以向证券业协会报送备案的方

[1] 参见赵渊：《直接融资视角下的 P2P 网络借贷法律问题研究》，载《交大法学》2014 年第 4 期。

式加以确定的，至于协会再向社会公众披露的内容和范围，则没有予以明确。这些规定以私募股权众筹为基本定位，对股权众筹的信息披露做出规定，但是否符合行业发展规律和现实需要，还需要实践的进一步检验。从目前的实际情况来看，信息披露的内容仍然越多越好，当然前提是在知识产权保护的范围之内。股权众筹的性质属于证券，私募体现得较为明显，所以在制度设计上，更类似私募股权基金。在信息披露方面，股权众筹交易还应参照《证券法》第六十三条规定[1]，即股权众筹平台依法披露的信息，必须准确、真实、完整，不得有误导性陈述、虚假记载等。

就P2P网络借贷交易的信息披露制度设置，应从P2P网络借贷平台和P2P网络借贷交易两个层面加以规定。首先，对于P2P网络借贷平台，主要是监管机构对P2P网络借贷平台企业基于从事P2P网络借贷交易而进行的必要监管措施。应披露的具体信息包括：

（1）平台资质信息。包括平台证照（营业执照、税务登记证、组织机构代码证、网站信息安全认证等）、团队人员、组织构架等。

（2）平台业务营运指标信息。如逾期率、坏账率等关键信息，以及成交额、还款额、待收款额、收益率、垫付的风险备付金、黑名单等一般信息，上述指标的具体计算方法应该统一由监管部门确定。

（3）合作机构信息。包括担保公司主体和基本营运信息、银行托存管资金情况、第三方审计报告等。

（4）其他重大事项。如资费变动说明、风险投资情况、重大合作项目、人员重大变动、重大违约事项等。上述需向监管部门和社会公众进行披露的信息内容，目前已有比较正规的P2P网络借贷平台进行了上述披露，但为了获取更多的交易机会，在无强制性监管规定的情况下，P2P网络借贷平台会倾向于披露优质信息，而对坏账率、重大违约事件等信息讳莫如深。

美、英等国实际上对P2P网络借贷平台的信息披露实行了更为严格的规定。我国可就此开展循序渐进的监管，由行业自律开始入手，要求P2P网络借贷平台以周报、月报、季报、半年报、年报等形式向监管机构报备监管数据，并按照监管部门要求向社会公众公布其中应当公布的内容，以便于实施监管和促进交易。其次，对于交易主体，P2P网络借贷平台应将每一笔具体的交易信息，真实、准确、完整地在平台上进行披露，不得有虚假记载、误导性陈述等。就此内容，实际应属于P2P网络

[1]《中华人民共和国证券法》第六十三条规定：发行人、上市公司依法披露的信息，必须真实、准确、完整，不得有虚假记载、误导性陈述或者重大遗漏。

借贷交易的应有之义。但目前在无监管的情况下，P2P 网络借贷平台具体负责审核交易主体和内容的相关信息，主要是借款人信息，此种情况下，其审核职能发挥的好坏程度、能力强弱差别巨大。虽然 P2P 网络借贷实质系出借人与借款人之间进行民间借贷，但 P2P 网络借贷平台的此种延伸功能对促成交易产生了重要作用。因而，必须要求 P2P 网络借贷平台和交易信息进行真实、完整的披露，如未按照规定进行信息披露，应当对出借人损失承担相应的法律责任。

（二）网络交易平台的说明义务

在传统金融交易领域，为确保交易双方的地位平等，消除信息不对称带来的影响，总是要求信息优势一方即金融服务或商品提供者向金融消费者进行充分说明，提示交易风险，并对交易强势一方提供的格式合同等文本进行特殊制度安排。

在此方面，国外已有较为成熟的法律规定，如日本《金融商品销售法》第一条的规定。[1] 日本法中，还针对金融消费者进行区别对待，比如对专业投资机构以及已经做出过明确表意无须说明的金融消费者做了除外规定，其规定的以适合性为基础的说明义务在国际上也产生了很大影响。韩国《金融消费者保护法》也对说明义务进行了规定，即如果金融商品或服务提供者在对一般金融消费者进行劝诱销售时，如违反了说明义务，需要承担损害赔偿责任。我国台湾地区《金融消费者保护法》第 10 条第 2 项也做了类似规定，金融商品或服务提供者必须向金融消费者说明金融商品或服务的具体内容和可能风险。

在国内，已有多个规范性文件对金融机构的说明义务做出过规定，如 2011 年 8 月 28 日银监会发布的《商业银行理财产品销售管理办法》中，用多个条文做出了相应规定。[2] 在网络融资交易中，网络融资平台也会进行相应的风险提示，要求投资人签收投资风险告知书，并在合同中写明风险提示条款。但此行为系自愿行为，并无相应强制力。

就此，本书认为，尽管在我国《消费者权益保护法》中有概括的规定，但在网

---

[1] 日本《金融商品销售法》第一条规定：本法对金融商品销售业者等在销售金融产品时应对顾客说明的赔偿责任，以及为确保金融商品销售业者等所实施的涉及金融商品销售等的劝诱的适当性的措施。予以规定，以保护顾客的利益，维护国民经济的健全发展为目的，转引自杨东：《金融消费者保护统合法论》，法律出版社 2013 年版，第 131 页。

[2] 如《商业银行理财产品销售管理办法》第十七条、第十八条、第十九条的规定。

络融资交易中，仍需通过将说明义务写入规范性文件的形式，强制加以推行，具体可参考日本法的相关规定。在交易时，网络融资平台需将交易的内容、特性、风险等关键信息进行充分说明，特别是需要对交易可能存在的风险以及格式条款中加重金融消费者义务的内容进行充分提示，以便金融消费者获取到充分的信息，做出准确的交易判断，除非其已经明确表示不再需要交易对手进行说明。在具体操作中，可由网络交易平台以书面文件的形式进行告知并进行留存。另外，对于未履行充分告知义务的平台，如发生金融消费者权益受损的情形，应当负相应损害赔偿责任。通过直接赋权性规定，将金融消费者的权益保护落到实处。对于违反此项义务的具体责任，究竟是缔约过失、违约还是侵权责任，有观点主张“考虑到大陆法系民事责任传统的民法理论体系与内容的兼容性，考虑在理论上将其界定为一种特殊侵权责任”[1]。本书认为，如果从合同角度考虑该问题，应属于缔约过失责任，而如果从金融消费者角度考虑，应属于侵犯知情权的行为，二者皆可作为金融消费者诉权的依据。同时，如果发生具体诉讼，应适用举证责任倒置规则，由网络融资平台举证证明其已经履行了说明义务，以减轻金融消费者诉讼负担，便于维权。

二、网络融资交易合格投资者准入的具体制度设定

（一）合格投资者的概念界定

合格投资者的概念源于证券市场。一般来讲，合格投资者是指“符合法律对特定证券品种或投资项目预设的条件要求，具有相应权利能力和行为能力、适合参与特定证券品种或投资项目交易的特定投资者”[2]。合格投资者制度肇始于1933年《证券法》，之后随着实践的发展而日趋完善，并在世界各地推广开来。我国第一次引入合格投资者的概念，是央行、证监会颁布的《合格境外机构投资者境内证券投资管理暂行办法》（2002年12月1日）文件中，并在之后陆续引入银行、信托等行业中；但从整体来讲，目前该制度在我国的发展还不充分和深入。

与合格投资者制度有关联的概念是金融消费特别是投资领域的适合性原则，其主要是要求各类金融机构在推介金融产品或服务时，了解和考量投资者的资产负债

[1] 参见杨东：《金融消费者保护统合法论》，法律出版社2013年版，第178页。

[2] 郭富青：《论资本市场介格投资者：资格塑造与行为规制》，载《证券法苑》2012年第7期。

情况、收入、投资经验和知识储备、风险识别和承受能力等，甚至还包括主动的说明义务和不能进行不当劝诱等责任，将买者自负的投资原则转变为买卖双方都有责任的交易，从而实现合适的投资人买到合适的产品，防止出现大规模交易风险，保护投资人权益。就金融消费者的适合性原则，国内外理论界已有诸多成果，并在实践中明确为法律法规内容，且取得了良好效果。有观点主张："国内证券市场的是适合性原则在目前基本是适合性制度，是市场准入制度，还需进一步完善。"[1] 但实际上，适合性原则和合格投资者制度仍存有很大差异，合格投资者制度主要是从投资者这一主体层面对交易加以规制，旨在通过对投资者素质、能力、认知等方面加以界定，从而将不合格投资者限定在不适当金融交易之外，以防止过高风险；而适合性原则强调金融机构的主观责任，重点在交易发生环节通过制度设计加重金融推介者的责任，对投资者进行保护和过滤。在本书中，一方面要具体探讨网络融资交易中是否需要以及如何定位网络融资交易的合格投资者，另一方面也需要对投资人进行适当分类，以保持投资主体和产品的较高匹配性。

在网络融资领域确立合格投资人制度具有重要的价值和现实意义，这也是很多网络融资领域业内人士的共识。在我国网络融资领域，从 P2P 网货交易来看，出借人作为投资主体的现状和典型特点是，知识储备有限、专业化程度较低、机构投资人极少、绝大多数为投资数额较小的个人投资者；从股权众筹融资来看，投资人规模小、数量多、专业化程度亦很低。这些交易主体面对网络融资这一目前最新的金融交易方式和领域，往往存在风险认知、承受能力等方面的不足，与交易本身的新颖复杂相比并不匹配，极容易引发风险。但网络融资平台企业绝大多数均在平台上通过网络宣传其高收益、低风险以及各种保障类措施，投资人在目前我国投资渠道非常有限的情况下，非常容易在没有充分认知的情况下被吸引参加交易。目前，我国在网络融资领域并无相应的投资者准入门槛设置，网络融资的魅力也在于投资数额的碎片化和长尾化，这些因素共同导致存在于网络融资领域内的风险容易被传导和放大，消费者利益受损、层出不穷的跑路事件就是此方面的最有利证据。此时，就有必要讨论究竟是何种条件和程序下，投资人（出借人）可以被准入进行网络融资交易，而将那些不适合进行此种交易的投资人排除出去，以免因投资盲目而利益受损。

[1] 参见杨东：《金融消费者保护统合法论》，法律出版社 2013 年版，第 235 页。

（二）合格投资者的国内外实践成果

国外对投资人在不同交易范畴内加以不同区分，但归于金融消费者这一统一概念，可以总结出相应有关的实际分类。在美国，一般均在投资者领域区分合格投资者与非合格投资者，其中合格投资人又包括合格的机构投资人和自然人投资人。而对于具体的投资人准入条件已有相应规定，如私募领域的自然人合格投资人需系拥有100万美元以上净资产或者最近两年所得平均超过20万美元或者与配偶近两年平均总收入超过30万美元且当年预期亦可达到此标准的人。

在欧盟，根据2007年开始实施的《金融工具市场指令》（MIFID），欧盟将客户界定为“接受投资公司提供投资和（或）辅助服务的自然人和法人”，将接受金融服务的客户总体上分为零售客户和专业客户两种，在专业客户中突出合格交易对手。所以一般认为欧盟的投资人包括零售客户、专业客户和合格交易对手这三类。其中专业客户被分为四种类型：

一是接受监管或经核准才能在金融市场上运营的实体，如信用机构、投资公司、保险公司、集合投资计划及其管理公司、其他有权或受监管的金融机构、养老金及其管理公司等或其他类似的机构投资者；

二是满足“净营业额达4 000万欧元”、“资产负债总额达2 000万欧元”、“自有资金达200万欧元”三项条件中任意两个的组织；

三是国家、地方政府、中央银行、国际或跨国性组织及其他类似国际组织，管理政府债务的公共部门；

四是以投资金融工具为主要活动的其他机构投资者。[1]

而零售客户即专业客户、合格交易对手方以外的客户，并未直接界定零售客户的范围，其中需重点说明的是，欧盟在区分客户类别后，将与之交易的金融机构义务加以对用匹配，从零售客户、专业客户到合格交易对手而逐次减弱，以示区别，对于零售客户的保护最为充分和全面。在日本，《金融商品交易法》将投资者也进行了相似区分，一般分为专业投资者和业余投资者两种。因分业投资者被认为已具备了收集信息、了解交易对象等能力，所以设置了如在交易劝诱领域不适用适合性和禁止非邀请劝诱原则等多项制度安排，以在二者之间进行更为灵活的制度设计。此外，韩国、新加坡以及我国香港、台湾地区均有类似制度设置。

对于网络融资领域的合格投资者制度。在美国，P2P网贷交易需适用证券法律

[1] 参见王莹丽：《欧盟金融投资者适当性制度简介及其借鉴》，载《上海金融》2012年第9期。

法规中确定的投资者准入制度。[1]而根据《JOBS法案》第302条（B）确定的内容：“发行人出售给任一投资者的总额，包括该交易发生前12个月内依照本豁免规定累计出售的所有金额，应不超过：（Ⅰ）2 000美元，或该投资者年收入或资产净值的5%，两项中取较大值，如果该投资者年收入或资产净值不超过10万美元；并且（Ⅱ）该投资者年收入或资产净值的10%，最多不超过10万美元，如果该投资者年收入或资产净值达到或超过10万美元。”《JOBS法案》即通过限定不同资产水平的投资者之投资限额的方式，对投资者加以限定。

在法国，根据新颁布的《参与性融资法令》，在股权众筹领域，网络融资平台需设定金融管理局规定的“分步访问程序”，向投资者告知投资的性质及其风险，投资交易前进行投资适当性测试，确认投资人自身能力与项目是否相符，但并未规定投资限额。就P2P网贷交易的投资者准入，是以借款限额的形式加以规定：一方面，每个融资人每个项目最高贷款额不得超过100　万欧元，借款人可以在不同的平台上同时发起项目，但需保证同一项目的借贷不超过100万欧元上限；另一方面，对于具体的投资人投资额度，有息借款，每个项目不超过1　000欧元，无息借款，每个项目不超过4　000欧元，以强制分散风险。[2]在英国，对于股权型众筹，在投资人和投资额度方面也均有限制。[3]

通过以上对国外金融消费者和网络融资实践的考察，可以总看出，国外一些发达国家已经广泛采用了合格投资者概念。而认定合格投资者有主观和客观两个衡量标准，主观标准包括对投资者经验、知识、风险承受能力等方面的判断；客观标准主要是财产数额、收入情况。

在国内，我国金融市场，特别是资本市场经过数十年发展的发展，已经取得了巨大成就，相关规则制度也越来越完善，其中就包括合格投资者制度、投资适合性制度的应用和实践，其中主要是通过限定投资者准入门槛、强化投资者适合性制度、加重金融机构的相关义务等来实现的。与网络融资领域相近的业务，如银行理财产品、私募股权基金和创业板市场等均有类似设置。在2012年

---

[1] 如按照美国《证券法》第2（a）（15）条款，主要基于知识水平、资产净值和金融业务经验等因素的综合考量，对合格投资者的概念进行了原则性阐述，而《D条例》501（a）规则对合格投资者的范围进一步做出了列举说明，包括银行、企业、发行人的高级管理人员和净资产超过100万美元的个人等。

[2] 参见顾晨：《法国众筹立法与监管介绍》，载《互联网金融与法律》2014年第10期。

[3] 在英国，进行交易的投资者必须是高资产投资人，即年收入超过10万英镑或净资产超过25万英镑或是经过FCA授权机构认证的成熟投资者。非成熟投资者即投资众筹项目2个以下的投资人，其投资额不对超过其净资产（常住房产、养老保险金除外）的10%，成熟投资者不受此限制。

1月1日开始实施的《商业银行理财产品销售管理办法》中，除了强化金融机构的说明义务外，还对投资适合性制度进行了规定，其中规定银行机构应根据客户风险承受能力来确定客户风险承受能力评级，由低到高至少包括五级，应在理财产品销售文件中明确提示产品适合销售的客户范围，在理财产品风险评级与客户风险承受能力评估之间建立对应关系，并在销售系统中设置销售限制措施。其通过设置单一客户销售起点金额的方式也为投资者做了门槛设定。[1] 在私募股权基金领域，在中国证监会于2014年8月21日起施行的《私募投资基金监督管理暂行办法》中，第三章规定了合格投资者制度。其中，第十一条明确规定了私募基金“应当向合格投资者募集”，并规定单只私募基金的投资者人数累计不得超过《合伙企业法》《公司法》《证券投资基金法》等法律规定的一定数量，以防止违反相关组织法的规定；第十二条对合格投资者做出了界定[2]；第十三条将四类投资者直接界定为合格投资者[3]。在创业板市场领域，在投资者适当性管理方面，具体的规定主要有三个层面：《创业板市场投资者适当性管理暂行规定》（以下简称《创业板投资者适当性规定》（证监会制定）、《创业板市场投资者适当性管理实施办法》（以下简称《创业板投资者适当性实施办法》，深交所制定）、《创业板市场投资风险揭示书（必备条款）》（证券业协会制定）。并通过上述三份文件确定了相应制度框架。[4]

---

[1] 即“风险评级为一、二级的理财产品，单一客户销售起点金额不得低于5万元；风险评级为三、四级的理财产品。单一客户销售起点金额不得低于10万元；风险评级为五级的理财产品，单一客户销售起点金额不得低于20万元”。

[2] 即“具备相应风险识别能力和风险承担能力。投资于单只私募基金的金额不依于100万元且符合下列相关标准的单位和个人：（一）净资产不低于1 000万元的单位：（二）金融资产（包括银行存款、股票、债券、基金份额、资产管理计划、银行理财产品、信托计划、保险产品、期货权益等）不低于300万元或者最近三年个人年均收入不低于50万元的个人”。

[3] 即“（一）社会保障基金、企业年金等养老基金，慈善基金等社会公益基金；（二）依法设立并在基金业协会备案的投资计划；（三）投资于所管理私募基金的私募基金管理人及其从业人员；（四）中国证监会规定的其他投资者”。该条第二款还特别设置了穿透原则，即“以合伙企业、契约等非法人形式。通过汇集多数投资者的资金直接或者间接投资千私募基金的。私募基金管理人或者私募基金销售机构应当穿透核查最终投资者是否为合格投资者，并合并计算投资者人数。除（一）、（二）、（四）项规定的投资者外”。

[4] 根据《创业板投资者适当性规定》第三条规定，由深交所制订创业板市场关于投资者适当性管理的具体实施办法。深交所《创业板投资者适当性实施办法》中规定，“具有两年以上（含两年）股票交易经验的自然人投资者”才可以申请进行创业板市场交易；如果尚未具备两年交易经验的自然人投资者要求进行创业板市场交易，则需签署《创业板市场投资风险揭示书》并自愿承担市场风险。

我国网络融资领域的合格投资者制度目前还处于空白阶段，唯一与此有关的文件即中国证券业协会公布的《股权众筹管理办法（试行）（征求意见稿）》，其在第十四条“投资者范围”部分规定了合格投资者的范围，其中包括：私募投资基金中的合格投资者、社会保障基金等机构投资者、投资单个项目最低金额不低于100万元的个人和单位、净资产不低于1 000万元的单位、最近三年个人年均收入不低于50万元或金融资产不低于300万元的个人等。

对于上述规定的标准是否过高，是否与股权众筹这种普惠金融模式的精神、现实需求不符，存有较大争议。

（三）我国网络融资合格投资者制度的具体设定

对于网络融资交易的合格投资者制度设定，在P2P网贷交易和股权众筹两个方面，因具体交易内容、性质和风险程度而存有差异，也需要从主观标准和客观标准两方面考量。但本书认为，从总体来讲，仍应将我国在网络融资领域内的投资人，做出一般投资人与专业投资人的区分，将专业投资人排除在金融消费者范畴之外。在此只针对一般投资人做具体的制度设定。

在P2P网贷交易领域，因为交易特性的不同，如果设定一定的客观收入和投资标准，既不符合国内P2P网贷交易投资额一般较小的特点，也不符合P2P网贷交易普惠金融的性质，且刚性地设定收入和投资额度标准，在客观上可能会造成交易市场的迅速缩水和枯萎。本书认为，在P2P网贷交易的投资者主体制度设定方面，应在更加强调投资者适合性的前提下，就主观标准方面加以概括设定，并着重在外部制度上加以保障。首先，就P2P网贷交易合格投资者的主观标准方面，应在交易时知晓交易风险，并签署了风险告知书等文件，明确基本知晓交易内容和性质，通过上述外部手段来确定投资者具备了主观上的基本标准。其次，需明确网络交易平台适合性原则的相关义务。对此可参照适用我国目前在具体法律法规中已明确适用的相关规定，在网络借贷交易领域加以具体化，在条件成熟时上升至立法层面。如规定网贷平台在投资者网络交易前，需先行了解投资者的资产状况、投资经验和金融知识水平，特别是投资目标和风险承受能力等，依据投资者个人情况判断是否适合进行网贷交易以及具体交易数额的大小。如果投资者并不适合，则需发出投资警告并说明理由，由投资人自行决定是否继续交易。对于适合性义务的落实，还必须与投资者的身份相互区别，必要时可以由网贷平台合力投资人根据标准进行打分分级，根据分数的不同来决定投资人具体适合的投资领域和投资数额限制。有观点主张，金融机构必须对交易客户有必要的了解，需要在合理的基础上销售较为适当的产品，并按照客户资产负债状况、投资目的、经验、知识等因素采用适当方法说明金融商品内容[1]，P2P网贷交易中亦是如此。再次，需在其他制度上予以补充，以确保投资人权益免受不当损害。其中主要是对单个投资人投资额度以及具体投资人数的限制。为防范风险，对单个投资人投资额度进行限定相对较为稳妥。在具体标准上，建议自然人投资者单一项目中的投资额在20万元以下；对投资人数的上线，应不超过可能触及非法集资犯罪的人数界限。当然，在此并未讨论借款人系企业或项目的网贷交易等非典型P2P网络借贷交易。对于借款人的要求，应在法律法规层面明确，每一名借款人同时进行一次网贷交易。在前笔借款未还清前，借款人不得再发布借款需求。就借款人的借款上限，如系自然人的情况下，建议仍应确定一个限额，其避免过于风险集中，具体标准建议在300万元以下。上述标准可在实践中随着现实需求灵活加以调整，以期不断完善。

在股权众筹交易领域。本书认为，目前《股权众筹管理办法(试行)(征求意见稿)》确定的投资者准入的具体数额标准有些过高。最主要的理由即是股权众筹的本质在于运用最广泛的社会闲散资金，为初创企业或项目筹资，其产生即是因为VC、PE以及现有主板、创业板等资本市场无法满足现实需要，故而将投资者准入门槛定得过高，会消弭众筹融资与其他融资渠道如私募的区别，从而相互替代而非互补。考虑到我国投资群体的现实情况与经济发展水平，建议将第（五）项中不低于300万元金融资产或最近三年个人年均收入不低50万元的标准适度降低，如分别降至100万元和20万元。当然，目前有些股权众筹平台本身也对投资人有资产或收入要求，只要高于上述标准即可。需要强调的是，在股权众筹融资交易中，也需要严格贯彻穿透原则，即不论是以何种形式出现的投资者，均应当核查最终投资者是否为合格投资者，以确保合格投资者制度能够落到实处。

综上，对于网络融资交易的合格投资者准入制度，需结合投资适合性规则以及必要的外部制度加以讨论，并做进一步细致的区分。同时需要考量的是，如果设定不合理，则有可能对网络融资这种新型方式产生致命性影响，故本书认为，在此方面，需要做好各方面的平衡，既要从保护金融消费者权益的角度出发由监管机构保持适度干预，又不能在具体操作层面设定的标准太高，所以应从框架性的低标准入手，再根据实际情况进行适度、科学的调整，以保证交易的健康开展，这其中适合性原

[1] 参见田静婷：《论我国金融消费者权益法律保护机制的完善——以我国台湾地区〈金融消费者保护法〉为视角》，载《西北大学学报（哲学社会科学版）》2012年9月第42卷第5期。

则的制度落实更彰显了其重要性。

三、网络融资交易中金融消费者冷静期规则的具体适用

冷静期（cooling-off period）规则是发端于消费者保护领域内、源于英国的一项制度，具体是指买方在购买商品或接受服务之后的特定期限内，有权无条件撤销合同的法律规则。[1] 该规则也称冷却期、后悔权、反悔权。根据一般合同规则，合同已经缔结即具有相应效力，一方无权单方解除合同，但在消费者保护领域，因信息不对称、地位不对等问题，法律赋予消费者一定特定期间，来冷静考虑是否进行交易，这是对民商事领域意思自治原则在特定领域的突破。因金融交易领域风险更大、信息不对称程度更高，所以很多国家将冷静期规则引入金融消费领域，作为保护金融消费者权益的一项很重要手段之一。有观点主张，冷静期规则确定的反悔权具有单方性、期限性、简易性和法定性等特点。[2]

在国外，冷静期规则最早出现于英国在 1964 年制定的《租赁买卖法》中，已有多年历史。冷静期规则给予消费者在一定期间内单方面解约的权利，以约束经营者在具体销售行为中的不当劝诱行为。在金融商品销售领域，英国主要通过在业务准则中导入可以中止合同期间的规定加以实现，主要针对零售客户。英国冷静期一般为 14—30 日，在欧洲范围内时间较长。在网络融资交易领域，英国给予了 P2P 网贷交易投资人 14 天的交易冷静期，在 14 天内内，投资人可以取消投资而不受到任何限制或承担任何违约责任。在日本，在 2006 年施行的日本《金融商品交易法》中对之前《证券投资顾问业法》规定的冷静期制度予以承继，这部法律在第 37 条之 6 第 1 项做了相应规定。[3] 但在实践中，民众仍然认为冷静期规则适用范围过窄。[4] 此外，在世界其他国家和地区亦有相关规定。但整体来讲，专门针对网络融资交易而设定的冷静期规则并不多见，而是将此种交易纳入到网络金融交易中，从保护金融消费者角度加以间接适用。

---

[1] 相关定义参见胡大雁：《金融交易冷静期规则：制度比较与借鉴》，载《南方金融》2014 年第 4 期；胡伟：《金融消费冷静期规则探究》，载《南阳师范学院学报（社会科学版）》2013 年第 7 期。

[2] 参见许馨予、董飞：《消费者反悔权探析》，载《法制与经济》2014 年第 14 期。

[3] 具体内容为“与金融商品交易业者缔结金融商品交易合同的客户，除另有规定之外，自书面文件受领之日起 10 日之内有权以书面方式解除该金融商品交易合同”。

[4] 参见何颖：《论金融交易中的冷静期规则——以日本法制实践为借鉴》，载《金融法学家（第二辑）》，中国政法大学出版社 2011 年版，第 82 页。

在国内，我国已经有了冷静期制度在金融领域的具体适用，《直销管理条例》首次出现了此种制度设计。此后在相关保险领域引入犹豫期制度。最为重要的是，此次《消费者权益保护法》修订时，通过了第二十五条，即在网络、电视、邮寄等购物领域确定了相应的无理由退货制度，此规定实际上明确了我国消费者领域内的冷静期制度，从而为此种规则的具体适用打开了大门。

就网络融资交易领域的冷静期制度设计，本书认为，因网络融资交易本身风险更大，且绝大多数交易活动均通过网络进行，有必要明确冷静期规则的适用。从法的适用角度分析，因我国《消费者权益保护法》并未明确将金融消费者排除在外，因而可以通过具体规定或类似判例等形式，明确将网络融资交易中的投资人亦作为消费者主体，从而适用该规定行使相应撤销权。就冷静期的期限而言，结合我国网络融资交易实际，《消费者权益保护法》确定的七日长短合适，可以直接导入。就冷静期规则在网络融资交易中的具体适用方式，建议在P2P网贷交易和股权众筹融资合同中加以约定，以便于投资人知晓并能够顺利适用。就冷静期规则中消费者行权的权利性质，多有解除权、撤销权的争论。本书认为，将该权利界定为撤销权更贴切一些。对于此规则还有一个问题非常重要，即权利与义务、侧重保护金融消费者与维护金融交易安全的平衡，虽然冷静期规则的适用结果即投资人无须承担违约责任即可单独解除合同，但必要的缔约成本应当由交易双方各自承担。

综上，就我国网络融资交易的冷静期规则，建议先就《消费者权益保护法》确定的规则做扩大解释，而后通过形成相应判例加以明确；如条件成熟，可在出台关于网络融资交易的法律法规时，将此制度写入文件当中，加以准确适用，以更好地保护金融消费者权益。

第四章　网络融资监管法律问题研究

虽然通过设置网络融资交易层面的部分制度，可以一定程度上解决一些现实问题，但从根本上，还需从市场准入、市场退出、负面清单等制度方面入手，在监管层面加以构建，才能彻底地解决问题。从目前的实际情况看，关于我国对网络融资如何进行监管的讨论已有很多，但争议很大，还需进一步分析和探讨。

第一节　网络融资的监管现状与主要问题

金融监管兼有金融监督和金融管理之义。狭义的金融监管是指金融主管当局依据国家法律法规的授权，对金融行业实施监督、约束、管制，使其依法稳健运行的行为总称。广义的金融监管除主管当局的监管之外，还包括金融机构的内部控制与稽核，行业自律性组织的监督以及社会中介组织的监督等。[1] 金融监管法是调整国家在监管金融市场主体及其活动过程中的经济关系的法律规范的总称；金融监管法规范、制约、指导、保护着金融机构，为金融活动提供基本的行为准则，同时也为金融监管机构的监管活动确立标准和方法。[2] 从我国金融发展现状来看，目前遵循着较为严格的分业经营、分业监管的金融监管政策，而对网络融资存在监管空白或不足，应不应该监管和如何开展监管成为当下摆在网络融资领域最为重要的一个问题。就此，需要更加全面的分析，比如目前存在于P2P网络借贷、股权众筹领域的典型、严重的问题是否是因为没有监管到位而导致，如果仅仅是正常交易就必然导致的市场风险，那么就没有必要对是否需要设置专门的监管措施和制度加以讨论。从实际情况来看，如果框架性的监管措施能够到位，那么诸如本章开头例举的东方

[1] 参见黄达：《金融学·货币银行学》，中国人民大学出版社2012年版，第687页。
[2] 参见徐孟洲等：《金融监管法研究》，中国法制出版社2008年版，第17页。

创投案以及数量众多的P2P平台跑路导致的投资人利益受损，应该会有所缓解，且网络融资有着互联网金融中固有的技术、交易、法律、信用等一系列风险，所以在此不再详细讨论监管的必要性，而是具体重点讨论构建一种什么烈度和层级的监管框架，以及如何在防范风险的同时，促进交易的蓬勃发展。因P2P、众筹更具有研究意义，所以下文重点以二者为网络债权融资和网络股权融资的样本，进行深入分析。

一、现行规范性文件的梳理与评价

从目前国内现有法律法规情况来看，与网络融资交易有关的法律法规以及其他规范性文件可以分为三类：一类是本书第二、三章所论及的合同、消费者保护、证券、私募、刑事以及一些具体的诉讼法等方面的传统法律规范，这些规范可以用来调整存于网络融资领域内的一般刑事和民商事法律关系。第二类是用以调整互联网金融领域内其他一些交易行为法规以及其他规范性文件，特别是涉及网络新交易模式的部分，如调整第三方支付的《非金融机构支付服务管理办法》（2010年6月4日中国人民银行发布）、《支付机构预付卡业务管理办法》《银行卡收单业务管理办法》《支付机构客户备付金存管办法》等文件；调整互联网银行的《电子银行业务管理办法》（银监会令2006年第5号）（2006年1月26日中国银监会颁布），调整互联网保险的《中国保险监督管理委员会关于印发〈保险代理、经纪公司互联网保险业务监管办法（试行）〉的通知》（保监发〔2011〕53号）（2011年9月20日中国保监会发布）、《关于提示互联网保险业务风险的公告》（保监公告〔2012〕7号）（2012年5月中国保监会发布）；调整虚拟货币的《关于加强网络游戏虚拟货币管理工作的通知》（2009年6月4日文化部和商务部联合发布）、《关于个人通过网络买卖虚拟货币取得收入征收个人所得税问题的批复》（国税函〔2008〕818号）（2008年9月28日国家税务总局发布）、一行三会《关于防范比特币风险的通知》（银监办发〔2013〕289号）等。上述指导性文件，法律位阶不一、强制力大小不同，但都反映了监管层对新型金融交易的基本态度和意见。当然，上述列举并未穷尽，在本书具体论述时仍会提到相关文件。第三类即我国监管层直接针对网络融资交易制定的规范性文件，这部分实际上数量很少，且法律位阶很低。主要是《关于人人贷有关风险提示的通知》（银监办发〔2011〕254号）（2011年8月23日中国银监会发布）、国务院办公厅于2013年年底发布的《影子银行监管通知》（国办发〔2013〕107号文）、银监会与央行于2008年5月4日颁布的《关于小额贷款公司试点的指导意见》（以下简称

《小额贷款公司指导意见》）（银监发〔2008〕23号）、中国证券业协会发布的《股权众筹管理办法（试行）（征求意见稿）》。其中《关于人人贷有关风险提示的通知》是中国银监会针对P2P网络借贷交易风险所做的提示性文件，在前文已有所论述，在此不再赘述。就其他三个文件，亦可表明监管机构对于网络融资的具体监管态度，看出其中端倪，现分析如下：

一是国务院办公厅于2013年年底发布的《影子银行监管通知》。前文已有提及，该文件在“一、正确把握影子银行的发展与监管”中，即明确新型网络金融公司属于影子银行范畴。网络融资公司应属于此规定所说的新型网络金融公司，但这种公司的大前提为信用中介机构，而目前P2P网络借贷平台和股权众筹平台的定性为信息中介，并非信用中介，所以此种提法值得研究。对于具体的监管部门设置，依据了“谁批设机构谁负责风险处置”的原则，明确了在现有框架下的监管机构职责。[1]对于小额贷款公司，其也进行了相应规定。[2]对于新兴的互联网金融业务，规定强调：针对尚未明确监督主体的，抓紧进行研究，其中，网络金融活动等由人民银行会同有关部门共同研究制定办法。这表明了政府对于监管互联网金融行业的态度，已经过了论证其必要性的阶段，而进入实质性的会商制定阶段，对于互联网金融的具体监管制度和方法，上述文件也做了一些明确[3]，实际上确定了网络融资交易在未有新法律法规的情况下，应遵守目前现有的法律框架。

二是中国证券业协会发布的《股权众筹管理办法（试行）（征求意见稿）》。对于股权众筹，在2014年11月，即有媒体披露证监会着手制定的股权众筹监管办法已形成初稿，正在走内部审批程序并进一步修改。[4]2014年12月18日，中国证券业协会在其官网上发布《股权众筹管理办法（试行）（征求意见稿）》以及《关于〈私募股权众筹融资管理办法（试行）（征求意见稿）〉的起草说明》，说明了监管部门对股权众筹融资的监管制度底线和基本态度。其中写明了众筹融资对于拓

[1] 即“金融机构理财业务由国务院金融监管部门依照法定职责和表内外业务并重的原则加强监督管理，银行业机构的理财业务由银监会负责监督，证券期货机构的理财业务及各类私募投资基金由证监会负责监督，保险理财业务由保监会负责监督；金融机构跨市场理财业务和第三方支付业务由人民银行负责监管协调”。

[2] 即“由银监会会同人民银行等制定统一的监督管理制度和经营管理规则，建立行业协会自律机制，省级人民政府负责具体监督管理”。

[3] 即“金融机构借助网络技术和互联网平台开展业务。要遵守业务范围规定，不得因技术手段的改进而超范围经营。网络支付平台、网络融资平台、网络信用平台等机构要遵守各项金融法律法规，不得利用互联网技术违规从事金融业务”。

[4]《股权众筹监管思路明晰》，载《上海证券报》2014年11月17日。

宽中小微企业融资渠道、支持实体经济发展、完善我国多层次资本市场体系建设等方面都具有重要作用，但也因监管缺失而积累了一些无法忽视的问题和风险，主要体现在业务边界模糊、法律地位不明确、平台良莠不齐等方面。监管部门通过将股权众筹融资界定为非公开发行性质，对股权众筹平台、投资人、融资者、投资人保护、自律管理、证券经营机构开展股权融资业务等进行了制度规定，为股权众筹融资划定了红线，同时清晰地规定由中国证券业协会依照有关法律法规及本办法对股权众筹融资行业进行自律管理，这为本书讨论对网络融资交易的监管举措提供了又一视角。

此外，《小额贷款公司指导意见》实际上也对网络融资交易如大数据金融产生了影响。对于大数据、云计算催生出的网络融资交易，因大数据金融的业务本质并未与小额贷款公司的业务实质有显著区别，所以直接将其归入为小额贷款公司加以监管，具体的监管政策、方式和规定均已在现行规定覆盖之下。而对于不能置于现有法律监督框架之下的P2P等交易，还处于研究论证阶段，具体的监管内容还不明确，就已出台的股权众筹等交易自律性文件，由于位阶太低，且对股权众筹性质、投资人准入、平台准入等内容争议较大，该法律文件还不成熟、不完善，需要进一步论证和检验。

而从一些监管部门官员的表述中，也可以发现一些监管部门对此的阶段性思考。据报道，目前，《互联网金融监管指导意见》正在由中国人民银行牵头制定，该文件将在上报国务院批准后实施，其中提及互联网金融将在监管上拟遵循行为监管、分类监管的思路。中国人民银行官员在 2014 年中国支付清算与互联网金融论坛上表示，对于互联网金融的监管，不仅包括了坚持开放和包容的理念、防止监管套利、自律与监管的关系、监管部门与从业机构保持良好沟通，还包括了坚守业务底线、合法经营、谨慎经营等内容。在商定意见的时候，应冷静观察新的金融业态，要在明确底线的基础上，为行业发展预留一定空间。互联网金融的每项业务都要遵守一定的业务边界，重申 P2P 平台不得自担保、搞资金池、非法融资等红线。[1] 还有观点认为，“各部委职能将划分为央行负责第三方支付清算和互联网金融协会的监管银监会负责 P2P 行业的监管证监会负责众筹模式的监管。在支付方面，央行可能会强调非银行支付机构处理小额业务为主，在传统金融机构难以覆盖的小微、个体领域发挥作用，同时建立一些行业自律补充和市场自发等规则。而银监会对 P2P 的监

[1] 潘功胜：《央行正在牵头制定互联网金融“指导意见”》，载《网易财经》http://money.163.com/14/1127/14/AC2KJ22200253BOH.html，2015 年 8 月 28 日访问。

管可能也会重申几条红线，包括平台不得提供担保、不得吸存、不得搞资金池等”[1]。对于P2P网络借贷平台的监管，2015年4月，银监会公开表示P2P企业“四条红线”不能碰，即明确平台的中介性、平台本身不得提供担保、不得搞资金池、不得非法吸收公众存款。2014年9月27日，在2014年中国互联网金融创新与发展论坛上，中国银监会有关官员发言提出P2P网络借贷行业监管要有十大原则，等等。[2]

综上，通过对现有专项文件内容的梳理，可以看出目前我国监管层已看到网络融资交易法律制度方面的缺失，并加快了出台规范性文件的步伐。但从已出台的文件来看，只是只鳞片爪，且过于宏观和粗糙，已经难以满足现实需要。尤其是《股权众筹管理办法（试行）（征求意见稿）》等文件，实际上争议很大，比如对其中的投资人准入门槛，平台资本金要求等，这在下文将进行有针对性的研究。

二、我国网络融资监管的现实问题

对于网络融资监管的现实问题，主要是：第一，监管主体和内容如何确定。目前对于网络融资的监管问题，我国监管部门（主要是一行三会等金融机构）的态度相对比较明朗，即目前已经到了适合出台框架性监管意见的阶段，并已就监管文件内容进行了相对广泛的论证，涉及的对象主要是存在监管缺位的P2P网络借贷和股权众筹交易。对于具体的监管内容，基本上涵盖了市场准入、投资人分级与保护、信息披露、征信管理、风险防范、纠纷解决等问题。但对于如何将上述问题具体化还存有较大争议，比如究竟是主要置于行业自律监管之下还是由监管部门直接加以监管等，这些需要进一步研究确定，这是在宏观网络融资领域面临的第一个主要问题。第二，如何处理好金融监管和金融创新的问题。对此国内多有讨论，如有观点认为，互联网金融的发展速度明显快于监管反应速度，如何平衡二者关系考验监管艺术，迫切需要解决的首先就是网络融资“三无问题”（无准入门槛、无行业标准、无监管机构）。[3]第三，网络融资监管制度的具体制度设定问题。如何从促进行业健康发展、切实保护金融消费者权益的角度，构建起能够规制网络融资交易的制度支点，是确定监管具体制度的主要内容，比如市场准入、市场退出、负面清单等制度如何构建

[1]《互联网金融监管框架搭就，众筹望试水负面清单》，载《经济参考报》2014年11月23日。

[2]《银监会：P2P网络借贷行业监管十大原则》，载《中国电子银行网》http://hy.cebnet.com.cn/2014/1121/320355.shtml,2015年8月22日访问。

[3]参见姚军、苏战超：《互联网金融法律问题论纲——基于金融企业实务的视角》，载《科技与法律》2014年第3期。

和落实，都需要清晰、有重点的具体构建思路。

本书认为，需要通过法律层面予以解决的问题主要是关于P2P网络借贷和股权众筹的具体监管框架、原则、主体和具体分工，以及基于上述分析而产生的进一步问题，即具体的监管制度内容构建。因目前我国还未曾建立起网络融资的监管制度，所以对于问题不再多做叙述，而将重点置于如何重点突出地构建相应监管框架。

第二节　国外网络融资监管法律制度评述

结合前述关于世界各国网络融资交易的具体发展情况，目前，美、英、法均对网络融资进行了单独立法，监管格局和框架也在经过了监管思路的调整后初步定型，对其进行考察和梳理，有助于我国更加科学、稳健地确立基本监管框架和制度。

一、美国网络融资监管制度评述

（一）美国P2P网络借贷监管评述

对于P2P网络借贷交易的评述与监管问题，美国呈现出明显的多头、证券化特点。虽然我国P2P网络借贷交易源自美英，但在经过实践发展后与美英等国已经有了实质性的不同，相较于美国主要是Prosper、Lending Club和Kiva三家P2P网络借贷平台，我国的P2P网络借贷交易总量已超过美国，且平台众多、鱼龙混杂，没有规范性文件予以监管，平台的功能和性质也有很大的不同，问题丛生；二者已经不在一个层面上。但美国政府部门对P2P网络借贷行业和交易的思考，尤其是其对统一监管和分开监管利弊的分析，对于我国目前实践来说，仍然最具有参考和借鉴意义。下面对上述报告中描述的内容和形成的思考予以梳理，以便为确定我国监管思路提供另一种视角。

美国金融监管的宏观目标是为消费者提供完善保护、确保金融系统的稳定、监控金融机构的安全性与可靠性、保证市场的诚信度与公平性。从目前P2P网络借贷的监管责任分工来看，还分别由联邦和州不同的监管机以及其他行业自律组织加以具体监管。如前述，对于Prosper、Lending Club等美国P2P网络借贷交易平台，融资人和投资人之间不存在直接借贷关系，投资人购买的是与融资人对应的收益权凭证，当投资人确定了投资哪一笔交易时，就由WebBank审核、筹备、拨款和分发贷款给对应的投资人，WebBank 由联邦存款保险公司（以下简称 FDIC）承保；之后 WebBank 将贷款卖给 P2P 网络借贷平台进行交易，通过这样的交易方式，融资人违约的风险就转移至投资人。在三家主要的 P2P 网络借贷交易平台中，只有 Kiva 是一家公益网贷平台，其通过世界上 130 个微金融机构将投资人资金以本息贷款形式进行发放。对于 Prosper、Lending Club 两家营利性的 P2P 网络借贷平台，各州监管机构和 FDIC 主要保护融资人，SEC 和州证券监管部门则主要通过证券信息披露等要求来保护投资人。在具体交易中，投资人风险源于对贷款没有直接追索权，只能依赖平台去收回贷款。融资人一般也没有为此设定的抵押。一旦融资人违约，投资人可能血本无归，这也是美国到现在还有少数州禁止 P2P 网络借贷交易的原因。[1]

就美国目前的监管职能分布，呈现明显多头监管特征。概括地说，SEC 与州证券监管部门目前是美国 P2P 行业监管主体，FDIC、消费者金融保护局等部门则围绕金融消费者权益保护提供多层次、全方位的支持。因认为 Prosper 和 Lending Club 等平台发行的相关凭证属于证券性质，所以 SEC 要求 P2P 网络借贷平台在 SEC 登记注册，并需要向 SEC 提交相应材料以进行登记申请。在具体注册登记是，P2P 网络借贷平台需向 SEC 提交包括发行说明书在内的全部材料，详细说明收益权凭证总额、平台运作以及关键财务信息、各类风险提示等内容。对于发行的收益权凭证，先注册一定额度的收益权凭证，之后在促成每一笔贷款时另外发行相应凭证，即采取一次核准、多次发行的方式。在信息披露方面，SEC 采用与一般发行证券的公司相类似的、以信息披露为主的监管方式，要求平台对投资人进行交易有重大影响的所有信息进行披露。另外，目前有加利福尼亚、华盛顿等州对投资人提出了财务要求，即投资人准入标准，要求投资人的净资产或年收入必须高于某一标准。[2] 因 SEC 门槛较高，所以客观上也阻止了一些想进入市场的跟从企业进来。

在美国国内，目前还有具体的两种监管思路在进行讨论：一种是坚持多头监管。即维持现有多头监管、州与联邦共管的基本监管框架，对借款人的保护主要通过消费者金融服务、金融产品保护相关条例，对投资人主要通过证券登记、强制信息披露等，SEC、FTC、CFPB 等各司其职，履行相应监管职能。另一种是统一监管模式。即将各种监管职能集中到一个单独部门来统一承担保护交易各方责任，该部门为根据《多德 - 弗兰克法案》而设立的 CFPB、Lending Club、Prosper 认可上述法律法规通过其与 Webbank 而适用于平台的借贷活动。FTC 对 P2P 网络借贷交易具有一些

[1] 参见殷华：《美英 P2P 网贷监管法制对我国的启示》，载《法制日报》2015 年 2 月 4 日。

[2] 参见罗俊、宋良荣：《美国 P2P 网络借贷的发展现状与监管研究》，载《电子商务》2015 年第 1 期。

执法职责，主要是要求Webbank适用金融隐私条例，一些州的信贷、支付利息、债务催收等方面的法律法规也适用于P2P网络借贷交易。CFPB成立后，其有权在已有的消费者保护法律之下制定法规，并可以制定法规来定义与消费者金融产品或服务相关的做法是否构成了不公平、欺骗性或者侮辱性做法，Kiva作为公益平台，与上述营利性平台的监管措施有很大的不同，并没有受到过多的联邦和州的监管和检查，但涉及跨国监管政策不统一的问题。比较两种监管方案优缺点的基点在于：监管的灵活性，持续的消费者和投资人保护，监管的效率和效用。两种方案的关键区别在于如何保护营利性平台上的投资人。实际上，P2P网络借贷交易的不断创新发展也给监管部门带来了一系列新挑战。上述监管方案在进行具体评判时，因为在美国P2P网络借贷的市场容量很小，业内的公司数量极其有限，所以未将系统性风险和降低纳税人负担等作为重要监管因素考量。但无论是现存监管措施，还是有可能的统一监管，都使现存监管举措面临新的风险和挑战。

（二）美国股权众筹融资监管评述

与美国股权众筹交易紧密对应的就是2012年4月5日美国总统奥巴马正式签署的《JOBS法案》（亦称《推动中小企业法案》）。[1]其中，在对《1933年证券法》和《1934年证券交易法》的多项条款进行增补的基础上，《JOBS法案》专门在第三部分对众筹融资交易进行了规定。《JOBS法案》是一系列促进初创企业和小企业融资的法案组合，其放松了对网络小额融资、小额公开发行的限制条件，降低了企业的融资成本，扩大了中介参与范围，促进了市场活力。[2]《JOBS法案》对于众筹融资的规定主要是：[3]

首先，对集资门户进行了规定。根据《JOBS法案》内容，集资门户（funding portal）指的是“依据1933年证券法Section 4（6）条款，任何涉及为他人账户

---

[1]《JOBS法案》的推出过程为：2012年3月8日，美国众议院通过了《JOBS法案》；2012年3月22日，美国参议院就《JOBS法案》关于公众小额集资提出修改意见；2012年3月27日，美国众议院通过了参议院的修改意见并将方案提交给美国总统；2012年4月5日，美国总统奥巴马签署《JOBS法案》，使其成为法律。据《华尔街日报》的报道，2011年美国的107个IPO中有98个适用《JOBS法案》中的减低标准和豁免条款。

[2]鲁公路、李丰也、邱薇：《美国新股发行制度改革：JOBS法案的主要内容》，载《中国证监会官网》，http://www.csrc.gov.cn/pub/newsite/ztzl/yjbg/201406/20140610_255815.html，2015年9月18日访问。

[3]对《JOBS法案》内容的介绍主要参考了《JOBS法案》具体条文，以及《美国新股发行制度改革：JOBS法案的主要内容》等报道，载《网易财经》http://money.163.com/13/0315/17/8Q1950N300254T7N.html，2015年8月5日访问。

发行或交易证券过程中扮演交易中介角色的人”。集资门户不能从事的禁止性行为包括不能持有、管理、拥有或以其他方式操纵投资人的资金或证券，不能向投资人提供建议或推荐相关证券，不能为其在平台上发行或展示的证券进行推广促销，不能给雇员、代理商等在平台上促销证券给予补偿等行为。当已经满足下列条件时，可以对集资门户适用注册豁免条款，不需要再在SEC注册为经纪商或自营商；即成为某个在SEC注册的全国性证券组织成员，受到SEC下属的检查部门、合规部门或其他执行部门的监管，或符合SEC认为需要符合的其他条件等。

其次，法律规定了一系列保护投资人利益的制度和举措。法案对融资人、中介机构提出了具体要求，以防范有可能出现的损害投资人利益问题。在对中介机构的要求方面主要规定如下：必须在被认可的自律性协会（SRO）进行登记；必须在SEC登记为经纪人或集资门户；要开展投资人教育，让投资人了解交易风险和内容；向SEC进行信息披露，提供披露材料；采取切实措施降低筹资欺诈风险；必须在证券卖出前三周内向SEC和潜在投资人提供信息；确保募集资金超过标发行量时提供给发行人；保证投资人在12个月内购买的证券总量没有超过《1933年证券法》第四部分（6）（B）规定的投资额度限制；禁止任何人通过出卖投资人个人信息给众筹经纪商或门户网站以获补偿；必须切实保护投资人隐私权；限制融资人与中介机构有利益关系等。在对融资人的要求方面主要规定如下；不允许通过广告等形式促进证券发行；融资人需详细披露自身财务、募集资金计划、发行计划、业务等信息，完成SEC备案要求，并以50万、10万美元为数额标准，区分三个类别设置不同的信息披露标准；在融资人给予促销者补偿方面进行限制[1]；融资人须向SEC和投资人提交年报等。[2]

有观点认为，美国关于证券方面的法律过去20年发生过多次变化，每一次变化都是基于美国经济和金融市场发展的现实需求，从而在放松和加强监管之间寻求一

[1] 法案规定，如果促销者通过经纪商或投资门户提供的沟通平台进行促销活动，且没有保证按照SEC的要求详细披露其过往和未来预期的每一次促销行为的收入情况，则中介机构不能为其提供直接或间接的补偿或补偿承诺。

[2] 参见殷华、周明勇：《美国JOBS法案内容解析及对中国众筹融资法制的影响探析》，载《现代管理科学》2014年第10期。

个平衡。[1] 实际上，《JOBS 法案》的颁布，促进了美国众筹融资交易的表展的繁荣，尤其是为美国中小型企业发展提供了更便捷和成本低廉的融资渠道，从而在整体上为美国经济的发展提供了助益。

二、英国网络融资监管制度评述

英国对 P2P 网络借贷交易、股权众筹等网络融资活动，主要是由统一的金融行为监管局（以下简称 FCA）进行监管。在 P2P 网络借贷交易方面，英国 P2P 网络借贷具体划入债务管理类消费信贷业务，界定为消费信贷。在 P2P 网络借贷交易的监管历史中，初期曾经一度由英国金融服务管理局和公平贸易管理局共同进行监管，并通过《金融服务补偿计划》等保障投资人权益。但目前随着英国金融监管格局的再次调整，P2P 网络借贷行业的统一监管职能已由金融行为监管局承担。[2] 另外，英国对 P2P 网络借贷交易的自律监管起步较早，英国的 P2P 金融协会在 2011 年 8 月 15 日成立后，切实起到了较好约束会员、促进 P2P 市场发展的作用。当然，由于英国 P2P 平台主体本身数量不多，协议的主要成员主要是 Zopa、Funding Circle、Ratesetter，监管的范围、规模和难度较小。另外，因英国 P2P 市场交易规模较小，还未达到需要进行全面审慎监管的程度，长期以来，FCA 没有对 P2P 的发展制定具体的法律法规。同时，作为 FCA 上级的英国财政部也会与欧盟沟通，建立必要的多边框架，以满足实际需求。[3] 对于股权众筹，英国过去主要是通过修订现行法律法规予以监管，如限定投资人范围为成熟的投资人、高净值投资人、从有专业资质认证的人获得投资建议的客户等，并明确平台针对投资提供的等级划分以及投资建议需要获得 FCA 授权等。[4]

2014 年 4 月 1 日，英国正式施行《英国众筹监管规则》，这部法规专门针对 P2P 网络借贷交易和众筹交易等新型网络融资交易，走在了世界前列，甚至被誉为

[1] 1999 年出台的《金融服务现代化法案》，废除了沿袭 60 年之久的《Glass-Steagall 法案》，允许金融业混业经营，2000 年出台了《商品期货现代化法案》。在场外市场交易的衍生证券因此免于监管。这两个法案总的来说是顺应当时市场发展的现实性要求，放松监管。安然公司破产后，美国又于 2002 年出台《公众公司会计改革与投资人保护法案》，即《萨班斯法案》，提高了上市公司的治理要求。很明显意在加强对于上市公司的监管：金融危机后，美国出台了《多德－弗兰克法案》，反映了金融业监管和投资人保护需要加强的两大诉求。

[2] 胡剑波、丁子格：《互联网金融监管的国际经验及启示》，载《经济纵横》2014 年第 8 期，第 94 页。

[3] 上述内容参考第一财经新金融研究中心：《中国 P2P 借贷服务行业白皮书 (2013)》，中国经济出版社 2013 年版，第 190 页。

[4] 刘姝姝：《众筹融资模式的发展、监管趋势及对我国的启示》，载《金融与经济》2014 年第 7 期。

全球首部专门针对此业务制定的法规。其中很多制度可为我国建立相应制度提供借鉴。在此部法规中，FCA 将纳入监管的众筹分为股权投资型和借贷型（即 P2P 网络借贷）两种，并设置了不同的监管标准，FCA 同时要求，从事两类众筹业务的主体必须要取得其授权才能开展业务，以此提高交易安全性。FCA 为确保实现金融消费者保护的监管目标，在众筹交易领域确立了七项基本监管规则。①最低资本要求及审慎标准，英国实施阶梯式资本金标准，超过 5 亿英镑贷款的部分 0.05%，超过 2.5 亿英镑但小于 5 亿英镑的部分 0.1%，超过 5 000 万英镑但小于 2.5 亿英镑部分 0.15%，5 000 万英镑以内资本金比例为 0.2%；同时还设置了过渡期制度。[1] ②信息披露要求。如规定交易平台和贷款内容属于金融推广而被纳入监管；在给客户对比存款利率等金融销售推广时，必须要确保清晰、公平，且不能进行误导；应向金融消费者明确告知网贷平台的具体商业模式和构架，说明如何对债务债务延期违约贷款进行评估等。③冷静期制度和争端解决。鉴于 P2P 行业没有二级市场，投资人无条件享有 14 天的交易冷静期，但投资人还未被纳入金融服务补偿计划范围，因而不受存款保险等制度的保障；在争端解决方面，投资人有权向网贷平台、金融监督服务机构甚至 FCA 进行投诉，相关处理投诉的主体需设置相应工作制度和平台，以确保投资人投诉的妥善处理。④客户资金规则、网贷平台应将自身资金与客户资金相互隔离，其处置资金需在客户资产规范条款中进行；在平台企业破产时，破产管理人应按短缺比例将缺口分摊到每个客户，以实现风险共担。⑤破产保护条款。目前 FCA 未专门针对网贷公司制定专门破产执行标准，但鼓励平台公司自己制定相应制度和方法，在遵循商业规则和保护消费者权益的基础上进行创新。⑥ FCA 报告规范。平台公司要定期向 FCA 报告客户资金、相关审慎和财务状况、上季度贷款信息、客户投诉情况等。[2]

三、法国网络融资监管制度评述

在法国，2014 年 10 月 1 日，其专门针对众筹交易制定的《参与性融资条例》正式生效。法国将众筹正式定义为“参与性融资”，将众筹活动分为有息或无息借贷型、证券认购型和捐助型三类。法令共有五篇：第一篇对金融证券模式进行规定，第二篇对借贷或捐助模式进行规定，第三篇对各种模式的共同之处进行了规定，第

---

[1] FCA 设立过渡期制度是为进一步增强监管合理性和科学性，内容具体为设立在过渡期，实行初期 2 万英镑、最终 5 万英镑的固定最低资本要求。在 2017 年 3 月 31 日前被 FCA 完全授权的公司可以实行过渡安排，在公平交易局 (OFT) 监管下的 P2P 网络借贷平台不必实行审慎标准，直至获得 FCA 完全授权。

[2] 参见殷华：《美英 P2P 网贷监管法制对我国的启示》，载《法制日报》2015 年 2 月 4 日。

四篇是对法国海外省的变通规定，第五篇是最终规定和过渡条款。根据规定，监管制度分为两大类：一类是证券模式的参与性融资，即股权众筹，要求从事股权众筹的平台企业注册为“参与性投资顾问”（CIP），并限制了其可从事的行为和能够提供的服务。另一类是借贷和捐赠模式的参与性融资，条例使P2P模式借贷合法化、便利化，取消了银行对有息贷款的垄断。条例要求此类平台注册为“参与性融资中介”（IFP）。在共同问题方面，上述规定对项目推销和广告的限制、平台的说明义务、资金收取与转账等进行了规定。[1]

在对P2P网络借贷交易、股权众筹等网络融资交易的具体监管方面，法国的主要监管主体是金融市场管理局和审慎监管与处置局。[2] 前者具体负责证券市场的监管，享有规章条例的创制权、监督管理权和处罚权；具体监管范围为公共投资产品、交易场所、市场行为与金融信息、专业人员能力与规范等。后者继承了原银行和保险业监管机构的核准、审批和监督权，负责银行业危机处理，并对金融产品消费者的保护和行业协会的监督进行特别监督。对于P2P网络传贷平台，法令规定其性质系从事信用贷款中介服务的平台，只允许自然人成为交易主体。平台需满足以下两个注册条件：必须是法国设立的法人、经营管理人必须满足一定的年龄、信誉、专业能力要求。对于借贷数额，法令规定每个融资人每个项目最高贷款额不得超过100万欧元；对投资人的投资额规定了具体上限，有息借款每个项目不超过1 000欧元，无息借款每个项目不超过4 000欧元。在破产制度设置方面，法令要求网贷平台在破产或终止服务时，必须和一个有资格从事交易的服务商签署协议，由后者负责完成正在进行中的项目，此后才能结束服务。对于类似股权众筹平台即证券模式平台，法令将其界定为提供非上市公司的金融证券认购服务的机构，提供以下三种服务：向投资人提供特定投资建议；为企业有关产业战略、资本结构和并购提供建议；提供参与性融资框架下的认购服务。需满足的条件为；法国设立法人；经营管理人必须满足一定的年龄、信誉、专业能力的要求；必须加入一个行业协会，遵守协会规

[1] 上述资料引自《法国众筹条例正式生效》，载《互联网金融与法律》2014年第8期，第48页。

[2] 法国这一监管体系的形成经历了数次改革：2003年《金融安全法》设立了AMF，合并了原先的证券交易委员会、金融市场委员会和金融管理纪律委员会的职能，统一了证券市场监管；2008年《经济现代化法》设立了“审慎监管局”ACP，隶属于中央银行，合并了原先银行业和保险业监管部门的职能，将两大领域整合管理；2013年的《银行业分离与监管法》增加了审慎监管局对危机处理的权限，并将之更名为“审慎监管与处置局”(ACPR)。因此，法国的金融监管从分业监管模式，转变为审慎局与金融管理局合作的二元监管模式，以更好地应对金融危机和金融创新与混业经营的挑战。参见姜影：《后危机时代法国金融监管改革新架构及其启示》，载《现代管理科学》2014年第4期。

范规则等。对于股权众筹平台上小额豁免标准，法令主要规定有三个：证券本身系不得在规范市场和多边交易设施上发行或交易的证券即普通股或固定利率债券；必须通过 PSL 或者“证券众筹顾问”发行，平台的网站必须设置金融管理局规定的“分步访问程序”，防止潜在投资人直接接触到具体项目信息；[1]12 个月内融资总额不超过 100 万欧元。在是否能够进行推介方面，P2P 网络借贷平台不能进行任何形式的推广宣传活动；股权众筹平台也不能推介特定项目，除非融资人已向金融管理局履行了招股说明书义务、在行业自律领域，法国的实践很有启发意义。注重行业自治、强调市场主体的参与，是法国众筹交易系统的一大特色，以法国最大的众筹行业协会之一“法国参与性融资协会”（FPF）为例，其目前已有数十个平台成员，从成员的负责人中产生了董事会，并根据相关法律规定制定了《职业行为守则》；董事会对成员的运营行为进行监督，包括严格管理、信息真实、监督项目资金用途等，还提供纠纷解决的仲裁机制。如果成员出现发起人和投资人之间或发起人、投资人与平台之间的纠纷或索赔时，成员应当在一个月的时间内进行简单处理，如果纠纷任何一方不满处理结果，可以向协会董事会申请仲裁。

有观点总结关于互联网金融监管的国际经验，主要存在以下特点：普遍重视将互联网金融纳入现有的法律框架下，强调行业自律；以金融消费者保护为重心，以注册登记和强制性信息披露为手段开展监管；采取了不同程度的外部监管措施；区分职责进行监管等。[2] 结合上述三个国家的具体监管制度设置情况，可以看出，美国对 P2P 网络借贷交易、股权众筹施行分开监管，遵循了其较为传统的监管方式，尤其是特点鲜明的证券化监管，有明显的美国特点，目前已成为了一种较为典型的美国监管模式。而英法两国将上述两种交易统一纳入到众筹这一大的范畴中来，既有区别又有共同点地进行统一监管，且均颁布了统一的法律法规，对此进行特别规定，这是对此种金融创新的直接回应，构成当下国际上对网络融资监管的另一思路，可称为英法模式。上述两种监管模式体现了不同的思路，也说明 P2P 网络借贷交易、股权众筹两种交易在网络融资交易概念下的一致性，都能够给我国确立相应的监管框架和举措提供一些有益的借鉴。

---

[1] 即第一步，向网民告知证券投资的性质及其风险，必须按照上表做出提示后，才可以进入具体信息页面；第二步，认购前，平台必须要让潜在投资人进行一项适当性测试，包括投资人的经验、知识以及家庭和继承情况，让出资人对项目与其自身能力是否相符进行确认。平台只有对网站按要求设置分步访问程序后，才可使用“参与性融资平台”的图标。

[2] 张晓朴：《探索互联网金融新监管范式》，载《财新网》http://opinion.caixin.com/2014-03-23/100655364.html，2015 年 8 月 20 日访问。

第三节 我国网络融资监管框架的基本设置

一、网络融资交易的具体监管原则

一些观点认为，目前的诸多网络融资业务游离于监管之外，属于影子银行业务。也有观点认为，判断是否属于影子银行业务的主要标准为期限错配、流动性风险、不完善的信用风险转移和高杠杆。[1] 此时，对于网络融资的监管，可以借鉴一些各国对于影子银行的具体监管理念和措施。对于我国影子银行的监管，可以遵循如下原则：①依法监管原则；②适度与有效性原则；③前瞻性原则；④微观审慎监管与宏观审慎管理相结合原则；⑤外部强制监管与内部自律相结合原则。[2]2014 年 11 月 20 日，中国证监会官员在浙江省乌镇举行世界互联网大会上阐释了监管层目前对互联网金融初步的监管原则、思路和重点。[3] 在《股权众筹管理办法（试行）（征求意见稿）》中，第三条基本原则部分规定：私募股权众筹融资应当遵循诚实、守信、自愿、公平的原则，保护投资人合法权益，尊重融资者知识产权，不得损害国家利益和社会公共利益。上述规定与《私募投资基金监督管理暂行办法》第三条确定的原则内容基本一致，唯独增加了“尊重融资者知识产权”的内容。[4] 结合我国网络融资交易和监管部门设置的实际情况，本书认为，对我国网络融资交易进行监管应坚持的基本原则应有如下方面。

（一）依法原则

依法监管原则是金融监管的一般和基本原则，也同样是网络融资监管领域的基

[1] 阎庆民、李建华：《中国影子银行监管研究》，中国人民大学出版社 2014 年版，第 14 页。

[2] 阎庆民、李建华：《中国影子银行监管研究》，中国人民大学出版社 2014 年版，第 282 页。

[3] 对互联网金融的监管要以分类监管、适度监管、创新监管、协同监管为原则，监管思路则包括逐步向“法无禁止即可为”转变、“遵从市场、但不盲从”、探索负面清单管理模式等，监管重点则放在投资人适当性、平台定位、信息安全、资金安全和反洗钱等方面。《乌镇论剑互联网金融：管理部门阐释监管思路》，载《搜狐网》2014 年 11 月 21 日。

[4] 《私募投资基金监督管理暂行办法》第三条规定：从事私募基金业务，应当遵循自愿、公平、诚实信用原则，维护投资人合法权益，不得损害国家利益和社会公共利益。

本原则。对网络融资活动进行依法监管，主要是以下方面内容：一是对网络融资机构进行监管，必须有法律法规作为明确依据，必须有法可依。此处的法律法规一般是指包括已有的法律和国务院颁布的行政法规，但也应该包括一行三会等监管部门专门为网络融资活动制定的部门规章，上述规范性法律文件共同确定网络融资监管的监管方式、主责部门、监管范围以及其他具体责任。在目前的网络融资领域，还没有专门针对 P2P 网络借贷、股权众筹交易的规定，部门规章正在制定，自律规定刚刚推出，法律位阶较低。下一步，如果要明确具体的行政监管而非自律监管，则需要在法律法规层面加以明确权属，以便于实践操作。二是网络融资机构必须严格遵守法律法规确定的监管要求，一视同仁、没有例外。差别化的监管规定可以体现在制定的规定当中。三是网络融资监管部门在从事监管行为时必须依法行事。在明确了主责部门后，监管部门必须严格在法律法规框架内从事监管工作，保证监管工作的连贯性、完整性和权威性，确保监管的效果和可预知性。

（二）鼓励发展与防范风险原则

通过对美英国家金融监管改革法案立法精神的梳理和回顾，可以看出近些年来，其主导思想在于一方面要坚持对金融创新、市场竞争与效率的肯定，另一方面注重“更优化的监管”，以最大限度地发挥市场在配置资源中的基础性作用。网络融资是一个新事物，其积极作用和风险都有目共睹，但并不是一味地任其自由发展即属于最好的对策，如美国对 P2P 网络借贷的监管，纯粹纳入到严格监管的范畴后反而促进了行业发展，当然对此也有争议。从政策角度分析，仍是以鼓励发展为主导，但是需用监管制度和其他现行刑事、民商法律制度作为托底，以确保行业健康稳定发展和投资人利益的保护。对于网络融资的风险内容，需结合社会实践加以分析，并能够对此有准确认知，以此作为政策基点。

（三）行业自律与外部管制相结合原则

对金融机构的监管一般均为一个较为完整的系统，其中既有政府的公权力介入，又有金融机构的内部风控，还有行业内部的自律约束。这些方式力度不同、作用各异。但不能忽视的趋势是，自律监管在进一步深化其作用，能通过自律监管达到目的的，就无须过多由政府介入。对于网络融资交易而言，由于处于起步阶段，自律监管显得更为直接和重要。当然，美国对于金融危机的总结报告给世界更多启迪，即单纯依靠金融机构本身的自律无法促进金融稳定，其逐利本性与稳定之间具有天然的冲突和矛盾。只有将具体的行政监管措施和行业自律措施结合起来分析，才能更加有效地构建一个高效、务实的监管体系，促进行业发展。

（四）投资人保护原则

保护投资人利益是当前摆在网络融资领域的一项最为重要的内容。[1] 在一般性的金融交易中，正是因为金融消费主体天然处于弱势地位，才在近年提出金融消费者的概念，且各国在注重金融监管的同时，都加重了对金融消费者的保护力度，有很大一部分都设置厂分门的机构予以解决。具体到网络融资领域，因该领域具有更强的大众性、草根性，市场准入缺失，风险提示不够，所以造成目前在实践领域恶性犯罪层出不穷，投资人（出借人）权益保护成为越发重要的一个问题。在设定具体监管制度时，需要重点考虑如何对金融消费者予以倾斜保护，这其中就涉及网络融资主体的定位等问题，还需要一系列配套的制度设计。

二、网络融资交易的监管主体及具体分工

金融监管体制，是指“金融监管的制度安排，包括金融监管当局对金融机构和金融市场施加影响的机制以及监管体系的组织结构”[2]。一国金融监管体制与其历史文化传统、法律、政治体制、经济发展水平息息相关。一般认为，金融监管的目标在于提升金融效率、维护金融稳定、保护金融消费者等。就我国网络融资交易的监管主体设置及具体分工问题，应在坚持监管原则的基础上，以最低成本实现上述监管目标为目的。当前，我国的金融监管机构主要是“一行三会”进行分业监管；在互联网金融大范畴内，第三方支付已明确由央行监管，并已构建起了相应的监管框架；网络理财等业务实行业务归口管理，股权众筹下一步可能由中国证券业协会依照有关法律法规及《股权众筹融资管理办法（试行）》实行自律管理，大数据金融涉及的交易主要系资金借贷而由中国银监会监管，只有 P2P 网络借贷的监管主体暂时还未尘埃落定，但根据央行之前的一系列表态，由中国银监会牵头进行监管可能性较大，但是否比照股权众筹由相关行业协会进行具体监管还未具体确定。对于

[1] 部分学者也持上述观点，即将投资人保护确定为基本原则，如杨宏芹、王兆磊：《互联网金融监管的难点和突破》，载《上海商学院学报》2014 年 4 月第 15 卷第 2 期。

[2] 黄达：《金融学•货币银行学》，中国人民大学出版社 2012 年版，第 692 页。

具体监管部门的分工，主要问题有如下方面。

（一）P2P 网络借贷的监管主体如何确定

目前学界和实务界绝大部分观点认为：P2P 网络借贷属于金融业务，应当纳入金融监管体系当中。如有学者主张，应将 P2P 网络借贷纳入到金融监管体系，原因在于可减少系统风险、规范网络借贷行业行为，避免陷入非法集资等犯罪误区。[1] 具体到P2P 网络借贷的主责监管部门，国内大部分观点以及监管层透露出来的消息，主要是由国内负责监管银行等金融机构的中国银监会来负责，这其中需要思考两个问题：首先，P2P 网络借贷到底是什么产品，与美国将其定性为证券产品有何不同。在美国，对于 P2P 网络借贷产品和行为的界定，在经过一段监管探索的时期后，即定性为证券产品，由证券监管和金融消费者保护部门进行监管。有学者分析，美国的上述做法很大程度上受美国法实践的影响，次贷危机之前，美国主要由 SEC 依照证券法对 P2P 网络借贷进行监管，其标准系美国联邦最高法院在 Howey 案中确定的"Howey 标准"，即"该方案是否涉及对某共同事业的金钱投资，而收益完全是来自他人努力"[2]。之后，Lending Club、Prosper 即在监管部门进行了注册，《多德-弗兰克法案》公布后，美国国会又对 P2P 网络借贷的监管方式，从保护投资人的角度做了调整，将部分监管纳入到 CFPB 监管范围。其原因有三：一是 P2P 网络借贷为金融消费者快速借贷提供了益处，所以应当从便利消费者角度对 P2P 网络借贷进行规制；二是 SEC 对 P2P 网络借贷的监管削弱了该产业本损害了消费者；三是 CFPB 更适合对 P2P 网络借贷进行监管。[3] 但美国的 P2P 网络借贷与我国的交易模式仍有很大区别，更为重要的是两国在具体的金融监管体系上存有较大差异，美国将 P2P 网络借贷交易作为证券进行监管过于严苛，也造成监管成本很高，每日进行交易汇报的做法虽有变通，但仍很烦琐，且各州做法各异，造成不经济、不便捷的后果。而随着《多德-弗兰克法案》的颁布，这种做法得以扭转，再看其他国家和地区，并没有像美国这样严格的监管。

从我国国内情况来看，由中国银监会进行监管支持者众多，具体理由包括银行

[1] 姚海放：《网络平台借贷的法律规制研究》，载《法学家》，2013 年第 5 期。

[2] SEC v.W.J.Howey.Co,328 U,S.293(1946)，载《美闻网》http://www. usnook.com/finance/law/securities/2014/0529/105735.html，2015 年 8 月 21 日访问。

[3] See Paul Slattery ,"square Pegs in a Round Hole ; SEC Regulation of Online Peer-to-Peer Leading and the CFPB Alternative", 30 Yale Journal on Regulation(2013),p.236.

会对通过借贷进行间接融资的监管最有经验，且银监会长期对信托、企业集团财务公司、金融租赁公司等进行监管，将P2P网络借贷纳入监管已有先例。但从刚刚颁布的《股权众筹融资管理办法（试行）》来看，实际上还是由官方性质的中国证券业协会进行具体监管，而不是中国证监会，监管性质也是自律监管，虽然在上述文件中对股权众筹的市场准入、禁止性事项都做了明确规定。实际上，根据国内诸多对此的报道，可以归纳出监管层对P2P行业进行监管的基本态度，是原则监管还是规则监管，是行政监管还是自律组织监管等问题几乎已经达成共识，可能会由互联网金融协会发挥自律管理作用，并在监管细则的落实过程中发挥重要作用。结合前述对股权众筹监管方式的分析，在此情况下，我国很有可能对于P2P网络借贷的监管也采用上述形式，由中国银监会领导互联网金融协会等行业自律主体，具体负责自律监管。对此本书认为，强化自律监管是我国加强对P2P网络借贷交易必须要经历的步骤，但如果自律监管无法满足现实需求，还需进一步将其纳入到银监会正式行政监管范围之内，以便于提供更大的监管力度。

（二）行业自律监管与行政主管的相互关系与定位

自律是指同一行业的从业者组织，基于共同利益，制定规则、自我约束，实现本行业内部的自我监管，以保护自身利益并促进本行业的发展。[1]一般来说，金融行业自律监管的主要形式是金融行业协会，主要功能在于沟通、协调、服务和监督。从目前的实际情况来看。P2P网络借贷交易和股权众筹交易都有相应的自律监管内容，且在实践中已生根发芽。对于整个互联网金融领域，目前正在推动建立互联网金融协会，比如深圳市。[2]对于具体互联网金融内容，则进度有所区别。

在整个互联网金融领域，由央行牵头建立的互联网金融协会在2014年1月获得国务院批准成立。为引入行业自律监管，央行下属的中国支付清算协会于2013年12月初牵头成立互联网金融专业委员会，其中就包括10家P2P网络借贷平台，当然还包括央行清算中心和征信中心以及28家支付机构、18家商业银行。如前所述，该协会将实际承担P2P网络借贷交易自律监管的呼声很高。对于P2P网络借贷交易行业内部，如2014年11月5日中国小额信贷联发布的《行业自律公约》，对于自

[1] 黄达：《金融学·货币银行学》，中国人民大学出版社2012年版，第695页。

[2] 《互联网金融更需要软约束》，载《南方日报》2014年11月13日。在第八届中国（深圳）国际金融博览会上披露深圳市即将成立首家市级互联网金融协会，协会行在通过行业监督和自律，打造一个更公开、透明、诚信的互联网金融环境。

律公约的内容，实际上已经涵盖了目前正规P2P网络借贷交易所应保证的交易底线，内容较为客观和实用，可以代表目前P2P行业的一些主流观点，并为确定P2P网络借贷交易的行政监管提供一些思路。[1]

对于股权众筹交易，由中国证监会主管的中国证券业协会于2014年12月18日发布的《股权众筹管理办法（试行）（征求意见稿）》中，第四条就股权众筹的管理机制安排做出了规定，即由中国证券业协会对股权众筹融资行业进行自律管理，由中证资本市场监测中心有限责任公司负责业务备案和后续监测。在上述规定中，明确了证券业协会自律监管的职能和角色定位。而在2014年10月31日，由大家投、人人投、天使街等九家众筹平台联合发起成立了中国股权众筹联盟，目的在于衔接监管机构与众筹平台，自觉抵制恶意竞争、违法违规行为，促进行业健康发展。[2]

有观点认为，在金融消费者保护方面，可以进行自律监管。但此种自律监管存有风险，因为很可能发生互联网金融机构与金融消费者的交易地位失衡，而自律监管又缺乏有效手段，则需要政府行政监管的介入，并通过强化信息披露、畅通消费者维权渠道等措施，保护金融消费者权益。[3]对于存在于互联网金融领域内的监管设置，绝大部分观点均为忽视自律监管的重要性，从上述自律公约的内容来看。也体现了作为行业共识的交易底线，凸显了行业自律的价值所在。本书认为，在下一步的监管思路的整体设计中，应坚持能够通过自律监管实现的工作，应交由行业自律组织来完成，需要通过行政强制力或者自律监管显然无法完成的事项，则再由更具有公权力色彩的行政监管机构来完成。二者可设定层次，区分职责，互为补充。

（三）以投资人保护为视角分析统、分监管的利弊

金融监管体系是国家和政府为达到金融市场的公共利益政策目标所实施的监管体系。[4]监管模式、政策目标、监管方法和监管法规是金融监管体系的基本框架。[5]

---

[1] 该公约分为总则、行业自律与管理、行业从业人员自律与管理、公约的实施、附则等内容。其中写明，经中国小额信贷联盟中P2P信息中介机构倡议并经中国小额信贷联盟理事会同意，在中国小额信贷联盟下设立“中国小额信贷信息中介机构(P2P)行业委员会”。公约适用于P2P行业委员会全体成员机构，由所有P2P行业委员会成员机构共同遵守。

[2] 参见《中国股权众筹行业联盟问世》，载《上海证券报》2014年11月1日。

[3] 参见谢平、邹传伟、刘海二：《互联网金融监管的必要性与核心原则》，载《国际金融研究》2014年第8期。

[4] Basle Committee on Banking Supervision, Core Principle, Cross-Sectoral Comparison,pp. 1-10(Novermber 2001).

[5] See Michael Tayor,"Towards a New Regulatory Paradigm", Mercer Law Review, Vol. 49, 1998, p. 794.

从监管体制的具体类型来分析，一般按照主体的多少可以分为单一监管体制和多头监管体制两类。

单一监管体制一般由一家金融监管机关对金融业实施高度集中监管，典型国家如英国、澳大利亚、意大利等。以英国为例，自1997年10月28日成立金融服务局（FSA）以来，之前由英格兰银行履行的金融监管职权，由FSA统一行使，对银行、证券和投资基金等进行金融监管。在FSA内部，其主要业务部门依照被赋予的职能，对不同业别的金融机构进行监管，这样可以获得跨业监管的知识、能力和方法，对于监管金融创新产品或金融集团较为有效，[1]如果实行单一监管，则相对不存在监管权限划分问题，而以业务规范、风险防范、鼓励金融创新以及金融消费者保护等作为监管核心。总体来看，单一监管模式的优势在于：有利于打破分业监管瓶颈，有效监管金融创新与混业经营；有利于统一监管标准；有利于减少监管摩擦、降低监管成本。劣势在于：不容易形成能够适用于银行、保险、证券等行业监管的统一法律规范，各业的监管目标和方式存有差异；要真正形成规模效益需要克服重重困难。在2000年，英国通过《金融服务与市场法》，将英国金融监管法律制度加以整合，强化了单一监管制度。但金融危机中仍暴露出较多问题，故英国在2010年对金融服务监管体系再次进行了改革，改革之后，英国央行将承担更多的金融监管职能，并新设金融政策委员会、消费者保护和市场监管局等机构，以应对复杂的金融监管局面。[2]

多头监管体制是根据从事金融业务的不同机构主体及其业务范围的不同，由不同的监管机构分别实施监管的体制，其又可以分为如美国的分权多头式和日本、法国的集权多头式。以美国为例，其金融监管职能由多个部门承担，其实行联邦和州双轨制，对金融机构注册进行审批和监管。美国的多元功能性监管于1999年美国《金融服务现代化法》所采用，其可以解决金融混业经营和新型金融创新的监管问题。[3]其优势在于监管目标明确、监管措施针对性强，劣势在于对金融创新、金融集团等难以有效发挥监管职能。这也是单一监管和多头监管模式一直存在的问题。在2008年金融危机后，美国开始反思自身监管模式，于2009年发布了《金融监管改革法案》，并于2010年7月正式颁布了《多德－弗兰克法案》。该法案主要内容涵盖了建立有

[1] 参见杨伟文：《金融监理功能性组织调整之研究》，载《台北大学法学论丛》2009年第70期。

[2] 参见刘媛：《金融消费者法律保护机制的比较研究》，法律出版社2013年版，第62—64页。

[3] 参见杨伟文：《金融监理功能性组织调整之研究》，载《台北大学法学论丛》2009年第70期。

序清算机制、防范系统性风险、扩大美联储权力、保护金融消费者利益等。但总体来看，美国此次大规模重塑金融监管政策与体系，实际上还是保留了过去三十年金融自由化的发展成果，是适应金融发展需要而进行的改革，重在构建监管框架而非进行实质性管制。虽然设置了一系列新的监管机构，整合了监管职能，但很少发现直接对金融市场的自由运转施以限制的趋势，而是进一步通过强化程序性监管要求，取得更好的监管效果，力图实现“更好的监管”而非“更强的监管”。[1]

从我国国内情况来看，“一行三会”作为主要金融监管机构，依据授权对不同业别的金融主体和业务进行监管。就本书所涉及的网络融资监管问题，有观点认为，应构建以“一行三会”为主，以商务部、科技部、工商行政管理总局等多部门为辅的联合监管体系，对互联网金融业务实行全面监控。[2]也有观点认为，为应对互联网金融给金融监管带来的挑战，应完善现有的金融监管体系，并在此基础上对互联网金融实行统一的功能性监管。具体方式为先在“一行三会”的分业监管体制下建立金融监管协调联席会议制度，之后逐步建立统一的金融监管机构（如金融监管委员会），将证监会、银监会、保监会作为金融监管委员会下属部门，对我国金融机构和金融市场进行统一监管。[3]本书认为，在现有制度可以经过调整对新型交易做出监管的前提下，目前我国还没有必要统一设立一体化监管机构进行单一监管，否则会耗费过高的成本，且改革结果未知。各主要国家的实践表明，实施单一监管还是多头监管，各有优劣，并无明显的先进、落后之别。我国现有监管实际系多头监管，就新出现的网络融资问题，可先行在现有监管框架下，由银监会负责对P2P网络借贷进行监管，其中，对P2P网络借贷的具体监管方式可比照类金融机构进行。由证券监管部门（目前是中国证券业协会）对股权众筹融资进行监管，涉及的交易和投资人保护问题分门别类、对应负责。如果在实践中发现，现有的监管体系存有漏洞或是根本性缺陷，则再研究是否进行改革，或重塑监管机构和职能。未来是否采用统一监管模式来监管整个金融体系，需要再等待进一步的实践观察。

---

[1] 参见董裕平、全先银等译：《多德-弗兰克华尔街改革与消费者保护法案》，中国金融出版社2010年版，第2—6页。

[2] 参见胡剑波、丁子格：《互联网金融监管的国际经验及启示》，载《经济纵横》2014年第8期。

[3] 参见安邦坤、阮金阳：《互联网金融：监管与法律准则》，载《金融监管研究》2014年第3期。

第四节　金融消费者保护视域下的网络融资监管制度构建

从保护金融消费者角度考量网络融资交易的具体监管制度设置，主要是从三个角度来确定监管的具体内容：一方面是我国网络融资交易中最迫切需要何种金融消费者保护制度，以解决现有问题，并能够在下一阶段的发展过程中保护金融消费者权益；另一方面是各国金融消费者领域的最新研究和实践成果如何能够与网络融资这种新型交易衔接起来；再一方面即是上述两种因素如何能在我国现实国情和监管制度下通过最小成本加以融合和实现。本书认为，应从市场准入、负面清单与市场退出三个方面加以规范和设置，并与在交易部分设置的相应规则，共同组成网络融资交易中保护金融消费者的利器。

一、市场准入门槛设置

市场准入是对企业或其他主体进入某领域或地方的市场从事活动施加限制或禁止的规制或制度。[1]一般包括审批或许可、标准、行业管理、立法特许等方式方法。也有观点主张，市场准入是指“政府为国家安全、国际贸易及克服市场失灵的需要，根据本国市场经济和国际条约承诺，允许市场主体、货物、服务、资本等进入某个国家、地区或领域市场，在宏观上的掌握和微观上的直接控制或干预”[2]。设置市场准入制度，主要适用于需要公权力进行适度干预的交易领域，范围限定于市场失灵的范围之内，一般是为了解决交易本身的外部性。但在网络融资交易中，除了平台准入外，投资人和融资人准入也属于主体准入的范围，在此一并论述。从目前网络融资的具体实践来看，P2P网络借贷平台没有建立相应的市场准入制度，“无门槛”现状久为行业和社会诟病。本书认为，对于有较大交易风险且市场规模越来越大的网络融资业务，需要逐步建立与其行业发展、风险大小等相适应的监管制度，而市场准入的设置应是其中必然涉及的内容。从网络融资交易的实质来分析，实际上不论是股权融资还是债权融资，均属于金融业务，也需要一定的准入门槛，以保障交易的相对安全。

[1] 史际春主编：《经济法》（第二版），中国人民大学出版社2010年版，第173页。

[2] 戴霞：《市场准入的法学分析》，载《广东社会科学》2006年第3期。

对于P2P网络借贷的市场准入标准。考量P2P网络借贷的市场准入标准的主要因素，应结合P2P网络借贷的交易实质、发展定位与现实情况而定，结合前文分析，本书认为，应以以下因素为具体考量标准：一是P2P网络借贷系金融交易，是通过互联网进行的网络民间借贷行为，具有传统的金融交易风险。二是P2P网络借贷平台一般为信息中介平台，本书倾向于主张将P2P网络借贷交易通过监管措施限定在传统意义上的P2P网络借贷模式中，平台担保、资金池、期限和资金错配等偏离一般交易模式的交易内容应当加以限定，如果监管层认为无须对P2P网络借贷进行如此严格的监管，也应通过具体的备案审查等制度加以监管。如果允许P2P网络借贷平台从事融资性担保等其他金融交易，应取得相应资质。三是需要对P2P网络借贷交易发展进行预判，制定符合行业健康发展需要的监管措施，既不能没有，又不能太刚性，应当为P2P网络借贷交易发展留足空间。对于P2P网络借贷平台市场准入门槛的条件设定，还可以参考一些非银行金融机构的监管标准。如根据《小额贷款公司指导意见》规定，小额贷款公司的组织形式为公司；股东需要符合公司法定人数规定，其中须有半数以上的发起人在中国境内有住所；注册资本为实收货币资本，股份公司注册资本不得低于1 000万元，有限公司注册资本不得低于500万元等。又如根据《私募投资基金监督管理暂行办法》规定，中国证监会及其派出机构依照《证券投资基金法》、中国证监会的其他有关规定，对私募基金业务活动实施监督管理；设立私募基金管理机构和发行私募基金不设行政审批，允许各类发行主体在依法合规的基础上，向累计不超过法律规定数量的投资人发行私募基金等。

以上述因素为主要考量，本书认为，对于P2P网络借贷的市场准入，需要从实体和程序两个方面加以明确。首先，P2P网络借贷平台企业市场准入的实体要求。虽然股权众筹的组织形式为公司或合伙企业，但因公司作为组织形式，权责利更为明确，所以在P2P网络借贷平台企业的具体形态上，建议仍然以公司为准，相应的，平台企业在公司治理机制、风险控制机制、高管资质以及从业限制等方面，均应加以明确。对于P2P网络借贷平台企业的资本要求，因P2P网络借贷业务实质仍系借贷业务，可参照小额贷款公司具体标准设置，是否可调减应视实践运行情况再行确定。根据以上分析，P2P网络借贷平台企业的市场准入条件可初步建议如下：①在中华人民共和国境内依法设立的公司；②注册资本为实收货币资本，股份有限公司的注册资本不得低于1 000万元，有限责任公司的注册资本不得低于500万元；③有与开展P2P网络借贷交易相适应的专业人员，具有3年以上金融或者信息技术行业从业经历的高级管理人员不少于3人；④有合法的互联网平台及其他技术设施；⑤有完善的业务管理制度；⑥中国银监会规定的其他条件。其次，对于P2P网络借贷平台企业的程序要求。除了借鉴银监会监管小额贷款公司的相关经验，如明确由P2P网络借贷平台企业向街级政府主管部门提出正式申请，经批准后到当地工商行政管理部门申请办理注册登记手续、领取营业执照；并在五个工作日内向当地公安机关、银监会派出机构和人行分支机构报送相关资料以备案，如此设计，可以对P2P网络借贷平台企业的资质加以明确限定，以确保排除出一些诈骗平台，起到行业过滤功能，促进整个P2P网络借贷平台行业健康发展。

对于股权众筹平台的市场准入标准。《股权众筹融资管理办法（试行）（征求意见稿）》第七条进行了具体规定，对主体、净资产、人员、制度规范等提出了明确要求。[1]上述标准中，前两项标准较为具体，也更具有争议性。对于股权众筹的企业类型，公司作为成熟的现代经济组织体没有过多争议；而将合伙企业纳入进来，体现了监管层为股权众筹设置较为宽松的准入条件，且合伙人需对合伙债务承担无限连带责任，这也有利于交易市场的规范发展，降低交易风险。对于平台准入的净资产标准，以500万元为下限，本书认为，此标准设置较为合理，也适当将一些资质较差的平台隔离出现有交易市场，形成市场壁垒，更好地保护金融消费者权益和交易安全。

二、负面清单制度构建

由于P2P网络借贷、股权众筹等新型金融交易的发展前景还存有很大想象空间，因此一方面要避免由于过度监管而导致扼杀市场创新，另一方面又必须对广大互联网金融消费者加以适当保护的情况下，需要最低烈度的监管制度进行托底，而通过负面清单模式，清晰界定上述网络融资交易的底线，则是本书认为较为可行和科学的方式。

负面清单一般指在法律法规等规范性文件仅列举禁止的事项的情况下，按照“法无禁止即自由”的理念，对于没有明确禁止的事项都予以允许的制度。有观点认为，负面清单管理模式是充分体现了私法自治精神的一种市场准入管理模式，其有利于

[1] 内容为股权众筹平台应当具备下列条件：①在中华人民共和国境内依法设立的公司或合伙企业；②净资产不低于500万元人民币；③有与开展私募股权众筹融资相适应的专业人员，具有3年以上金融或者信息技术行业从业经历的高级管理人员不少于2人；④有合法的互联网平台及其他技术设施；⑤有完善的业务管理制度；⑥证券业协会规定的其他条件。

降低市场主体创新风险、减少市场主体的新业态准入风险、减少法律行为效力的不确定性、化解市场主体在法律空白领域的风险。[1] 在我国，自上海自由贸易试验区实行负面清单的管理模式以来，该制度即成为理论和实务界讨论的热点，其在调整和规范有关市场行为、调控和规范市场主体的资格等问题上发挥了重要作用。在具体的操作方式上，负面清单制度存在两种机制：一种为法律上的决定机制，即某种行为是否能在市场体系中存在，某个主体是否能成为市场主体，要通过法律典则和法律规范来规定；另一种为行政上的决定机制，即相关的行为能否成为市场所接受的行为，相关主体是否具有市场主体资格，需要通过行政权的作用进行确定。[2] 当然，在经济发达地区，一般均采用第一种方式，以便推动市场交易主体形成合理市场预期。有观点也认为，“负面清单”实际上是原则的例外，遵循了“除非法律禁止的，否则就是法律允许的”解释逻辑。[3] 引入负面清单制度来分析和论述网络融资领域内的监管底线，能够使结论更加清晰明确。

对于 P2P 网络借贷交易的交易底线，监管部门在不同场合都发出过声音，前文也已有论述，从总体来看，监管层已形成相对确定的监管思路，一些共识开始在实际操作层面产生影响。对各种宣传报道中的监管部门主流言论加以梳理，可以形成以下几条主线：平台系民间借贷信息中介，平台自身不得提供担保，不得进行平台自融、搞资金池，不得非法吸收公众资金，平台应当设有相应门槛，包含资本金约束、一定的技术平台安全性、公司高管人员基本资格能力和风险控制能力以及信息把关能力等。

就我国目前 P2P 网络借贷平台的负面清单问题，从法律层面考虑具体的监管制度设置，首先需要界定 P2P 网络借贷平台下一步的基本定位，即是坚持 P2P 网络借贷平台的信息中介功能，还是认可并鼓励其作为中国化的一部分，允许 P2P 网络借贷平台困扰平台增信开展业务，有信用平台的性质和功能。对此，本书认为，监管层表态将 P2P 网络借贷平台界定为信息中介的原因可能如下：一是符合 P2P 网络借贷交易的一般模式，业务模式较为清晰；二是 P2P 网络借贷作为信息中介实现了网络融资功能，且并不涉及过多的金融监管问题，只是将民间借贷通过网络加以延伸；三是 P2P 网络借贷平台如果作为信用中介，一方面会难以对交易加以甄别，另一方

[1] 王利明：《负面清单管理模式与私法自治》，载《中国法学》2014 年第 5 期。

[2] 张淑芳：《负面清单管理模式的法治精神解读》，载《政治与法律》2014 年第 2 期。

[3] 龚柏华：《“法无禁止即可为”的法理与上海自贸区“负面清单”模式》，载《东方法学》2013 年第 6 期。

面提高了金融系统性风险发生的概率，也不利于投资人保护；四是如果允许P2P网络借贷平台作为信用中介，可能会导致平台企业作为不受监管机构监管但实际上从事的业务系传统小额借贷业务等非P2P网络借贷交易的情况，造成监管空缺。从反面进行分析，实际上正是我国目前金融体制的严格管制、利率市场化不充分、征信制度不健全等因素，才导致P2P网络借贷交易在我国发生了变异，而且正是以平台增信为主要特征的变异，才是真正推动我国P2P网络借贷交易最为主要的推动力，限制P2P网络借贷平台的增信功能，会使整个P2P网络借贷行业萎缩。从现有实际情况来看，本书认为，目前仍应坚持P2P网络借贷交易的信息化中介定位，而非信用中介。理由如下：一是回归P2P网络借贷的一般模式，可以规范、引导P2P网络借贷行业健康发展，减少不必要的风险。二是P2P网络借贷交易本身即强调点对点、个人对个人，实质仍是民间借贷的网络化，坚持这种交易本质，可以实现P2P网络借贷发展的基本功能；三是如不限定P2P网络借贷平台的基本功能，则有可能导致P2P网络借贷平台业务过于繁杂混乱，并有可能从事其他金融主体从事的交易，造成监管套利。如果从P2P网络借贷平台系纯信息中介平台的定位出发，则自然排除了P2P网络借贷平台可以自融资金、建立资金池、自己提供担保等交易模式。另外，对于网络融资的混业经营问题，《股权众筹管理办法（试行）（征求意见稿）》提出不得兼营股权众筹和P2P网络借贷交易，从P2P网络借贷监管出发，因业务类型、监管方式等存有较大差异，结合行业发展的现状，从目前的情况来设置，区别监管更有实际意义。对于平台担保问题，也有观点认为，因不能禁止第三方担保，则对集中了信用风险的担保机构应进行重点监管，信用担保机构而对的是社会公众出借人，在爆发风险的情况下可能导致公共性事件，引发局部系统性风险，因此应在风险管理的监管方式上区别于现有融资性担保机构。[1]

综上，在建立P2P网络借贷平台国内负而清单时，建议做如下规定：一是坚持P2P网络借贷平台的信息中介定位；二是不能通过资金、期限错配等方式形成资金池，不能为平台自身融资；三是P2P网络借贷平台不能为在平台上发生的交易提供担保，风险由平台撮合的当事人自行承担；四是不得利用平台自身优势获取投资机会或误导投资人；五是不得向非实名注册用户宣传或推介融资项目；六是不能兼营股权众筹融资或网络小额贷款业务；七是不得采用恶意诋毁、贬损同行等不正当竞争手段；八是法律法规和行业协会规定禁止的其他行为就股权众筹平台的负面清单问题。从

[1] 参见彭冰：《P2P网络借贷监管模式研究》，载《互联网金融与法律》2014年第7期。

《股权众筹管理办法（试行）（征求意见稿）》内容来看，实际也以条文形式确定了股权众筹交易的监管负面清单，即第九条规定。[1]对于上述意见，本书认为，限定股权众筹平台功能的基础在于监管层对股权众筹平台的定位，如果仅是作为“通过网络平台为股权众筹投融资双方提供信息发布、需求对接、协助资金划转等相关服务的中介机构”，并不承担其他证券类中介机构的职能，则上述规定内容还是较为原则的，尤其是对不能进行平台自行融资、担保等业务，否则有悖于纯中介机构的定位，也不利于股权众筹融资在我国的健康发展。对于平台是否可以兼营P2P网络借贷和股权众筹问题，结合前述论述，为避免风险跨行业外溢，目前做出了此种规定，但在法国等国是允许兼营两种业务的，这需要在我国网络融资业务进一步发展成熟后，再行确定。

三、市场退出机制构建

市场退出程序一般指企业在解散或被取消营业资格时，通过一定程序清理债权债务、注销主体资格的程序。最常见的市场退出程序包括企业清算程序和破产程序，其中清算程序又包括自行清算和强制清算两种，破产包括破产清算、破产和解和破产重整三种。对于金融机构而言，因涉及金融资产处置和金融消费者权益等问题，利益重大、影响广泛，所以各国都对金融机构的市场退出程序做出一些特殊的安排。比如《中华人民共和国商业银行法》第六十四条规定的接管程序、《证券法》第一百五十三条规定的托管程序等，但对于网络融资交易中的P2P网络借贷平台和股权众筹平台而言，其市场退出程序的设置，目前比照商业银行、证券公司等金融机构进行设置并不现实，例是小额贷款公司、私募投资基金等的规定具有更强的借鉴意义。《私募投资基全监督管理暂行办法》第十条对私募基金管理人的市场退出做了规定。[2]《小额贷款公司指导意见》在第六部分也规定了“小额贷款公司的终止”，

[1] 股权众筹平台不得有下列行为：①通过本机构互联网平台为自身或关联方融资；②对众筹项目提供对外担保或进行股权代持；③提供股权或其他形式的有价证券的转让服务；④利用平台自身优势获取投资机会或误导投资人；⑤向非实名注册用户宣传或推介融资项目；⑥从事证券承销、投资顾问、资产管理等证券经营机构业务，具有相关业务资格的证券经营机构除外；⑦兼营个体网络借贷（即P2P网络借贷）或网络小额贷款业务；⑧采用恶意诋毁、贬损同行等不正当竞争手段；⑨法律法规和证券业协会规定禁止的其他行为。

[2] 即私募基金管理人依法解散、被依法撤销，或者被依法宣告破产的，其法定代表人或者普通合伙人应当在20个工作日内向基金业协会报告，基金业协会应当及时注销基金管理人登记并通过网站公告。

具体内容包括破产和解散两种情形。[1] 对于股权众筹，《股权众筹管理办法（试行）（征求意见稿）》第二十一条也进行了相应规定，但只提及解散、撤销、破产等传统程序以及备案程序。[2]

在国外，已经有专门针对网络融资平台破产的规定和制度设置。如《英国众筹监管规则》中规定，当P2P网络借贷平台企业破产时，由破产管理人将该部分短缺按照比例分摊到每个客户身上，由公司持有的客户资金承担。对于其他破产制度安排，可由P2P网络借贷平台公司自行制定适合其商业模式及消费者的制度和方法。在此，需重点介绍的是，英国P2P网络借贷平台可以适用FCA为保护金融消费者权益而为金融机构设置的破产后借贷管理安排制度，有些学者称之为“生前遗嘱”制度。[3] 此制度要求P2P网络借贷平台企业在设立运营时，即针对可能出现的破产情形，设定特殊的计划安排，使其即使发生破产倒闭时仍然能够进行业务移转、债务有序清偿；其具体内容包括未到期借贷业务由其他事先安排的P2P网络借贷平台或管理人接管，费用从未到期借贷业务收入中支付；现有资金按照事先约定向投资人支付，但破产费用由投资人自行承担；未到期借贷业务按照合同约定继续有效，但不能开展新的业务。在法国，根据《参与性融资条例》等法律法规规定，P2P网络借贷平台必须办理职业保险，以覆盖由于其民事责任可能导致的经济损失；平台破产或终止服务时，必须和另外有资质进行网贷交易的平台企业签署协议，由后者负责完成未到期借贷业务。[4]

对于P2P网络借贷和股权众筹平台，因目前还未正式完全将其按照金融机构来予以监管，也未有规定就其市场退出做出规定，结合二者的交易形式和平台定位，本书认为，对于两种交易的平台企业，在现有制度框架下，可以按照一般性经营企业的市场退出程序进行，具体包括清算和破产两种程序。但由于网络融资交易涉及主体众多，现有制度供给在处理后续问题上明显表现乏力，另外，在我国目前的网

[1] 小额贷款公司法人资格的终止包括解散和破产两种情况。小额贷款公司可因下列原因解散：①公司章程规定的解散事由出现；②股东大会决议解散；③因公司合并或者分立需要解散；④依法被吊销营业执照、责令关闭或者被撤销；⑤人民法院依法宣布公司解散，小额贷款公司解散，依照《公司法》进行清算和注销。小额贷款公司被依法宣告破产的，依照有关企业破产的法律实施破产清算。

[2] 即经备案后的股权众筹平台依法解散、被依法撤销或者被依法宣告破产的，证券业协会注销股权众筹平台备案。

[3] 参见李涛：《如果P2P平台破产了》，载《金融315网》http://www.jinrong315.com/?action-viewnews-itemid-4584,2015年9月10日访问。

[4] 参见顾晨：《法国众筹立法与监管介绍》，载《互联网金融与法律》2014年第10期。

络融资交易尤其是P2P网络借贷交易方面，频发“提现困难”、“关闭”和“跑路”事件，对此需分析上述现象所代表的具体法学含义。在正常的交易情形下，网络融资平台应属于主要承担居间服务的中介机构，不承担债务违约的风险，除非平台企业自身运营产生资不抵债或明显缺乏清偿能力的情形。但实务中大部分并不是此种情形，出现上述问题的平台企业是由于自身承担担保、平台自融或是在债权转让模式下进行了资金和期限错配才可能产生，所以仍需区分情况加以讨论。对于纯信息中介平台和服务平台，如出现正常的破产或清算情形，可以通过设置相应制度予以规范。但如果业务本身即有非法集资之嫌，甚至出现“跑路”，则不属于正常的市场退出案件，而涉及刑事犯罪问题，应该通过刑事案件中的涉案资产处置程序来处理。在此，本书重点讨论前一种情况。

本书认为，为网络融资交易设定特殊的市场退出制度有其必要性和可行性，一方面因为此种交易涉及人数众多、利益广泛，且如平台功能出现缺失，可投资人与融资人之间在具体沟通联系上也会出现巨大障碍；另一方面，国外对此的成果也可以给我国实践提供一些思路。其中，有两项制度建议尽快明确推出：一是P2P网络借贷交易中强制推出生前遗嘱制度。监管层在网贷交易平台的市场准入阶段，即明确要求平台企业提供具体的合同文件，以便在平台发生关闭或破产时，能够由有资质的其他网贷平台接手并进一步处理未到期借贷业务。之所以强调在市场准入阶段即提供此种文件，就是因为我国目前的P2P网络借贷行业过于混乱，亟需予以调整，并防止有些平台企业经营期限过短而导致投资人的利益受损。上述接手破产平台的受让平台，资质的审核把关由监管机构负责，并应实施动态管理，且其实力和规范程度要远高于一般市场交易平台，以强化生前遗嘱制度的可操作性。同时还应明确规定，一旦平台发生破产原因，应及时停止业务经营活动，及时通知担保人和广大投融资人，以便及时维权。二是为网络融资交易设定强制保险制度，将网贷交易和股权众筹平台纳入到强制保险范畴中来。设立此种保险制度在于防范平台本身可能出现的经营风险，但并不包括借贷双方本身应承担的交易风险。当出现保险事由时，能够保证有足够资金处理问题，保护交易各方的权益。有观点提出，在整个互联网金融领域，可以“参照银行业的存款保险制度、保险业的保险保障基金制度以及证券业的投资者保护基金制度，探索设立互联网金融投资者保障基金”[1]，是否可行

[1]《全国政协委员吴焰：探索设立互联网金融投资者保障基金》，载《金融时报》2014年3月8日。

还有待于实践的进一步检验。上述两项制度的设立，也会为进一步净化行业发展环境提供一些帮助，上述保险有类似银行业存款保险制度的功能。另外，对于平台进行市场退出时的个人信息处理问题，也应一并随着业务转移而移送；不能处理的其他信息，应参照现行征信法律法规，移交给国务院征信业监督管理部门指定的征信机构或直接进行销毁，以防止客户信息泄露，侵害金融消费者权益。

四、其他辅助制度构建

（一）网络融资交易的征信制度构建

征信是指第三方机构为企业或个人建立信用档案，依法采集、记录其信用信息并对外提供信用信息服务的活动。根据《征信业管理条例》第二条第二款的规定："征信业务是指对企业、事业单位等组织的信用信息和个人的信用信息，进行采集、整理、保存、加工，并向信息使用者提供的活动。"市场经济是信用经济，而征信体系是现代金融的基石。长期以来，我国征信体系的发展程度不高，对金融行业影响甚巨。对于网络融资行业，不论是P2P网络借贷还是股权众筹交易，都需要详细了解交易主体的资信情况，尤其是P2P网络借贷行业。P2P网络借贷平台接入中国人民银行征信系统数据库也是整个行业一直呼吁解决的问题，有观点即认为，P2P网络借贷交易存在严重信用问题，部分融资人可能还没有网上消费记录，有些融资人故意提供虚假信息，而平台往往无从查实。这些因素也导致坏账增多，造成平台跑路的情况。[1] 从法律层面分析，应将网络融资交易中的征信系统支持纳入到考量范围，以促进交易的稳健开展。网络融资交易征信体系的建设可以进一步完善社会信用体系，而统一的信用平台又可以促进互联网金融和传统金融业的信用信息共享，建立符合互联网金融特点的信用体系。

实际上，与网络金融有关的征信体系建设，我国近年来已获得了长足发展，尤其在个人征信方面。民间对于网贷交易中的征信支持问题已有尝试。如北京安融惠众征信有限公司于2013年创建的以会员制同业征信模式为基础的"小额信贷行业信用信息共享服务平台"（以下简称MSP），按照小额信贷的特点，为P2P公司、小额贷款公司等各类从事个人小额信贷业务有关的机构提供借款人信用信息共享查询

[1] 吴景丽：《互联网金融的基本模式及法律思考（上、下）》，分别载于《人民法院报》2014年3月26日、4月2日。

服务，以防范风险，建立行业失信惩戒机制。

此外，中国人民银行也开始推动相应措施。2013 年 8 月，央行以控股方式，通过上海资信有限公司建立全国首个基于互联网服务的征信系统，即网络金融征信系统（简称 FCS），其整理收集 P2P 网贷客户的个人基本信息、借贷交易信息，并通过有效信息共享，帮助平台全面了解授信对象，防范各类信用风险。[1] 为更好地向社会公众提供征信服务，中国人民银行征信中心还建立了互联网个人信用信息服务平台，以便查询自然人本人信用报告。[2]2015 年 1 月 5 日，中国人民银行印发《关于做好个人征信业务准备了二作的通知》，要求腾讯征信有限公司等八家机构做好个人征信业务准备工作。[3] 有报道称，通过 NFCS 系统，P2P 网络借贷平台接入央行征信预计会分两步走，即首先由上海资信公司先对网贷平台数据进行集合，以为纳入央行征信做准备，后再将电商小贷、P2P 网络借贷等放贷机构逐步纳入到央行征信系统当中。

对于如何构建相对应于网络融资交易（主要是 P2P 网络借贷交易）的征信配套制度，并使之上升到法律层面的问题。本书认为，应在构建网络融资整体法律制度时，加以明确规定。首先，应在网络融资领域确立以政府为主导、以市场为补充的征信配套体系。在目前行业自律先行的情况下，应循序渐进考虑将 P2P 网络借贷交易平台有序接入央行征信系统，在目前可重点利用好央行建立的个人信用信息服务平台、NFCS 系统，并辅之以如北京安融惠众公司的小额信贷行业信用信息共享服务平台等，结合芝麻信用管理有限公司、腾讯征信有限公司等实现牌照管理的征信公司数据，实现征信信息的有效覆盖，降低交易风险。其次。要继续深化个人征信服务的改革。进一步探索符合互联网金融特点和规律的征信方式方法，整合现有网络融资领域收集收据的方法，如各种网络交易数据、订单、网评、网络社交数据等，将政府主导与民营征信加以结合，在市场自律上继续深挖潜力，充分利用大数据、云计算，通

[1] 以上资料源于上海资信有限公司官网，网址为：http://www.shanghai-cis.com.cn/ciszxqfw.aspx, 2015 年 10 月 5 日访问。

[2] 互联网个人信用信息服务平台提供个人信用信息提示、个人信用信息概要以及个人信用报告三种产品服务。个人信用信息提示以一句话的方式提示注册用户在个人征信系统中是否存在最近 5 年的逾期记录；个人信用信息概要为注册用户展示其个人信用状况概要，包括信贷记录、公共记录和查询记录的汇总信息；个人信用报告为注册用户展示其个人信用信息的基本情况，包括信贷记录、部分公共记录和查询记录的明细信息。

[3] 《央行要求腾讯等做好个人征信准备》，载《速途网》http://www.sootoo.com /content/543488_shtml，2015 年 10 月 5 日访问。

过互联网技术抓取一系列散落于网络的交易主体信息，为网络交易提供支撑。再次，可推广目前一些网贷平台联盟所采用的“黑名单”制度。建立信息共享机制，将恶意违约的违约人在共享平台上进行曝光、进入黑名单，使此类交易主体彻底丧失交易机会，防范恶意违约风险。第四，需梳理和解决征信立法问题，在现有《征信业管理条例》《征信机构管理办法》《个人信用信息基础数据库管理暂行办法》等法规规定的基础上，借鉴国外经验，加大征信数据涵盖范围，提高现有法律法规位阶，制定具有更强约束力的法律法规，以及其他配套法律法规。最后，需解决在征信问题上的部门协调问题，我国目前在征信体系建设上已明显加快了进度，就工商、税务、法院、公安、劳动人事等部门个人信息的收集、使用和共享机制还应加快，共同搭建社会征信公共资源共享平台。在此方面，有观点主张，可由央行统筹、逐步实现。[1]但从实际情况来看，征信问题涉及面非常广泛，需要在国务院统一协调下更具有实操性。

（二）网络融资资金托管制度设置

第三方资金托管制度是P2P网络借贷具体监管制度的重要构成部分。通过前文论述，在有效解决P2P网络借贷平台资金池，进而解决可能涉嫌的非法吸收公众存款犯罪问题上，可以借鉴证券交易中的第三方存管制度。在过去的证券交易活动中，投资人的交易结算资金是由证券公司统一存管，但证券公司挪用保证金和客户资金的问题屡禁不止，为了从根本上杜绝券商挪用客户资金的行为，我国证监会规定，客户交易结算资金统一交由有相应存管资格的商业银行存管，将投资人的证券账户与证券保证金账户严格进行分离，实现了“券商管证券，银行管资金”的目标。在此种业务模式下，证券经纪公司只负责客户股份管理、证券交易和清算交收等工作，不再向客户提供交易结算资金存取服务，使交易资金更加安全。有观点认为，资金转移是否限于投资行为的发生，可以成为进行法律性质和资金沉淀风险判定的依据。如果投资人资金到网贷平台中的专业放贷人账户的转移先于专业放贷人与借款人之间债权的形成（此时不是债权转让，实质是非法集资行为），沉淀资金在中间账户里才存在流动性道德风险。如果投资人和借款人并没有实际接触，平台跨越中介身份，先以平台名义从投资人处获得资金，再决定借款行为和进行资金支配，最后把上述行为产生的债权移交给借款人，则会产生资金沉淀问题，但此种情况下也涉嫌非法

[1] 参见姚军、苏战超：《互联网金融法律问题论纲——基于金融企业实务的视角》，载《科技与法律》2014年第3期。

集资，而非P2P网络借贷行为。[1] 实际上，就P2P网络借贷与非法集资犯罪的界限，前文已有论及。对于P2P网络借贷中的债权转让方式而言，很多情况下即存在着期限错配和资产打包，资金池存在是一种常态，这在法律层面存有很大问题。如果严格要求P2P网络借贷平台均不能设置资金池，则采用债权转让方式的P2P网络借贷还有无生存空间，都存有疑问。本书认为，针对网络融资中第三方资金托管制度的具体内容，建议参考证券存管方式，将包括风险备付金在内的交易资金全部纳入到资金托管范围之内，由资金托管方将平台内账户交易信息均记录在案，由平台管交易、托管机构管资金清算和账户管理，这样可以在最大范围内确保资金和交易安全。

[1] 第一财经新金融研究中心：《中国P2P借贷服务行业白皮书(2013)》，中国经济出版社2013年版，第125页。

第五章　网络融资中金融消费者权利救济问题研究

在“互联网＋”时代，必须用法律制度推动和保护互联网金融交易的创新与健康发展。结合前述内容，目前我国在网络融资领域内的金融消费者保护机制还未曾建立起来，传统诉讼手段已无法满足现实需要。但因网络融资交易还未纳入金融监管范畴，审视网络融资交易中金融消费者权益屡屡受损而维权无门的现状，在此领域内构建相应的权利救济制度显得任重而道远。无救济即无权利，相较于金融消费者教育、交易层面的规制以及具体监管制度的设置，寻求权利受损时的救济是金融消费者最直接的诉求和反映，也是网络融资交易能否顺利进行、市场能否健康发展的关键。可以说，在网络融资交易领域内建立一个公正、高效、便捷的金融消费者多元化纠纷解决机制，即是保护金融消费者权益的重要保障，又是下一步网络融资交易能否持续健康发展的基石。在具体论述这一问题时，本书基本思路为首先梳理在现有金融环境和制度框架下，能够为金融消费者提供全力救济的制度安排有哪些，还有哪些有益的制度需要填补进来，重点是对金融ADR制度的反思；而后在此基础上，结合国外最新研究成果，对从空白起步的网络融资交易多元化纠纷解决机制加以探讨，将FOS制度、ODR制度等融入到网络融资领域，并讨论原有制度如何进行升级改造、需要构建的制度又如何与现有制度实现对接、具体的路径又是什么等问题。在我国加快推进金融消费者权益保护，尤其是权利救济制度构建的过程中，逐步将网络融资交易涵盖进去，以实现制度的精准构建。另外，因网络债权融资与股权融资只是在现有制度梳理时可能有所不同，但在权利救济制度方面并无进一步区分设置的必要，故一并加以论述。

第一节　我国金融纠纷解决机制的现状与问题

一、我国金融 ADR 制度现状评述

（一）金融 ADR 的概念界定

过去几十年来，一种称为“替代性纠纷解决运动”的浪潮席卷全球，谈判、调解和裁判这三种最基本的纠纷解决方法以各种形式发挥作用或相互结合，逐渐演变为 ADR 制度。在人类解决纠纷的过程中，各种谈判是最基本的纠纷解决方式，如果要引入第三方调解或裁判，则需要让渡一部分对程序和结果的控制权，由法院或其他有权组织具体实施。[1] 由于我国的具体国情和司法状况，当这股浪潮蔓延至我国时，与我国传统法治文化中注重调解、定纷止争的基因相互融合，产生了我国本土意义上的现代 ADR 制度，这种制度仍在进一步发展和实践当中。多元化纠纷解决机制，是包括各种纠纷解决方式以及诉讼与非诉程序在内，以其特定功能共同存在、相互协调，以满足社会主体多种需求的程序体系和调整系统。[2] 这种机制以人类价值和手段的多元化为理念，通过调动社会和民间的各种力量，为人们解决纠纷提供多种可能性，既包括诉讼机制，又包括非诉机制。对于其中的非诉讼纠纷解决机制，又称为替代性纠纷解决机制（alternative dispute resolution, ADR），即是将除诉讼外的其他纠纷解决方式统归于其中。ADR 制度的兴起，在很多程度上改变了诉讼单边主义的局面，让更多的纠纷通过更合适的手段、更恰当的成本加以解决，客观上也减少了法院的诉讼负担，给了人们更多选择。因本书在前述章节已对消费者通过诉讼手段进行过梳理，故此处对现状和问题的分析，以 ADR 制度为重点。

金融 ADR 是一般 ADR 机制在金融领域加以运用而形成的具有一定专业特色的纠

[1] 参见［美］斯蒂芬·B·戈尔德堡、弗兰克 E·A·桑德等：《纠纷解决——谈判、调解和其他机制》，蔡彦敏等译，中国政法大学出版社 2004 年版，第 3 页。

[2] 参见范愉：《权利救济与多元化纠纷解决机制简议》，载《广东行政学院学报》2008 年 2 月第 20 卷第 1 期。

纷解决方式，一般主要方式为投诉、调解和仲裁。当前，不论是国内还是国外，随着金融市场的不断发展，金融创新层出不穷，金融商品的复杂化和金融服务的专业化急剧提升，金融消费者相较于金融机构，信息不对称、地位不对等问题更加严重，仍处于交易弱势地位，这在客观上导致了金融消费纠纷越发频繁和普遍，各种争议需要处理，消费者权益需要得到保障和维护。但是由于传统意义上的诉讼、仲裁门槛高、时间长、成本大等因素，对于金融消费纠纷大部分数额小、争议简单的现状，实际上难以满足金融消费者公平、便捷、经济地处理纠纷的现实需要。所以在金融领域，金融 ADR 制度的出现和发展，为金融纠纷的解决提供了良好的途径和渠道，也在促进金融市场健康发展方面起到了重要作用。

（二）我国金融纠纷的现状及现有解决机制

在我国，金融消费者纠纷数量多、维权难的问题尤其突出。主要表现在：一是由于我国金融发展的迅猛和部分金融行业、领域缺乏竞争等因素，在金融市场日益繁荣、金融产品琳琅满目的同时，相应的金融消费者权益保护和救济制度未跟上，导致金融纠纷在众多金融领域、金融主体上多发、常发，甚至经常出现群体性事件。过去一些年，由于我国金融机构与生俱来的交易强势地位，乱收费和不合理收费、虚假宣传、滥用格式合同、未尽风险提示义务、不做或虚化合格投资者准入、将自身由于技术等原因造成的交易风险隐蔽地转嫁给客户等问题经常发生。而由于诸多金融产品或服务本身即面向大众，极易造成为数众多的金融消费者基于同样情况而利益受损，集体维权成为最有利和最直接的选择，产生了一定的社会矛盾。二是仲裁、司法等传统纠纷解决手段存有局限和现实困难。仲裁虽中立性较强、较为私密，但成本高、时间长，广大金融消费者之中有些甚至不知道仲裁程序到底是何物，如何来运用行权。而最为主要的诉讼途径，虽随着国家对当事人诉权保障的进一步加强而进入程序容易，但诉讼本身仍然成本高、时间长，还要进行举证、庭审甚至强制执行，如果系新颖的交易方式还需要法院做出司法判断等，这些因素使得众多小额金融消费者面对维权望而却步。三是由于我国实行分业监管，一些影子银行业务包括网络融资等经常处于投诉无门，无法利用现有纠纷解决机制的尴尬。

从我国金融 ADR 制度建立完善的历史演变来看，受 2008 年国际金融危机和欧美国家金融监管改革的影响，我国在危机后的金融消费者保护工作方面驶入了快车道。

从监管机构来看，目前主要监管机构“一行三会”均设有金融消费者保护机构。自2011年下半年至2012年7月，保监会、证监会、央行和银监会先后设立了保险消费者权益保护局、投资者保护局、金融消费者权益保护局和银行业消费者权益保护局，全面加强金融消费者保护工作。其中，保险消费者权益保护局职能包含“接受保险消费者投诉和咨询，调查处理损害保险消费者权益事项”的内容，其出台了《关于加强保险消费者权益保护工作的意见》等文件，接受消费者投诉：其一方面要求保险公司要制定内部责任追究制度并对有关人员问责；另一方面着力推定健全投诉处理机制、完善纠纷调处机制以便消费者维权。证监会投资者保护局职能包含了“推动投资者受侵害权益的依法救济”等内容，[1]其依照《国务院办公厅关于进一步加强资本市场中小投资者合法权益保护工作的意见》等文件，以修订《证券法》等为契机，强化证券市场的投资者保护。2013年初，证监会在上海成立了中证投资者发展中心有限责任公司，其是专门从事投资者权益保护的公益性机构，职能就包括通过调解、和解、仲裁、补偿、诉讼等方式对上市公司违法违规等损害投资者利益行为进行约束，以保护中小投资者利益，但主要针对上市公司，这也是我国在证券领域构建金融ADR的一种尝试。银监会银行业消费者权益保护局职能包括“建立并完善投诉受理及相关处理的运行机制；组织开展银行业金融机构消费者权益保护实施情况的监督检查”等内容，[2]其于2013年9月4日公布《中国银监会关于印发银行业消费者权益保护工作指引的通知》，对金融消费者保护做出部署。央行金融消费者权益保护局职能包括“拟订金融消费权益保护的监督管理制度并负责实施，组织受理、调查和调解金融消费投诉”等内容，[3]其还出台了《中国人民银行金融消费权益保护工作管理办法（试行）》，对金融消费者保护工作进行总体部署，其中第

[1] 上述资料来源于中国证监会官网，http://www.csrc.gov.cn/，2015年10月4日访问。

[2] 《银监会银行业消费行权益保护局成立》，载《和讯网》，http://bank.hexun.com/2012-11-21/148177559.html，2015年10月4日访问。

[3] 以上资料源于百度百科。http://baike.baidu.com，2015年10月4日访问。

十一、十二条规定了金融消费者进行投诉的相关程序。[1] 另外，上述机构成立后，有报道称，目前专门针对金融消费者保护的法律起草工作也已经启动。[2]

上述机构设置和职能设定可以说明我国监管层目前在金融消费者保护方面的基本思路，即在“三会”下设金融消费者保护部门，再由央行金融消费者权益保护局承担补充和协调保护职能，形成互为补充、协调一致的整体，是在既有分业经营、分业监管原则下的现实路径选择，也不会对各监管主体的职权划分产生实质性影响。但有学者即提出，这种分别设立金融消费者保护机构的做法无法适应金融创新给金融消费者权益保护带来的挑战，尤其是在防范和监管金融创新产品风险方面，这种监管结构具有先天性缺陷，金融监管成本也较高。[3]

从目前金融纠纷的解决方式上看，我国初步构建起一套形似“漏斗”式的金融ADR机制。首先，金融消费者在产生纠纷时，可以先行向金融机构内部设置的投诉部门进行投诉，可以通过电话、电邮、传真、信件等多种方式，“一行三会”的相关文件当中，也明确金融机构内部必须由相应处理消费者进行投诉的专门部门，以解决问题、化解矛盾。其次，如果金融纠纷没有通过投诉与金融机构协商解决，则消费者可以向行业协会提请调解，目前银行业、证券业、保险业等专门性的行业协会均设置有相应的纠纷调解组织，处理会员、客户之间的纠纷。再次，金融消费者如还未解决问题，可向“一行三会”的消费者保护组织进行投诉，要求解决问题。实践当中，一般金融消费者选取此途径的较多，监管部门也可以组织各方进行调解。但上述三种纠纷解决方式的共同缺点是：没有法律约束力，不具有强制执行效力。但鉴于系监管机构主持下达成的调解，一般会得到实际履行。最后，金融消费者还可以依法申请仲裁或提起诉讼。当前我国已在部分地区成立了金融仲裁院和金融法庭，专门处理金融纠纷。也通过一些行业协会与法院等建立起了诉调对接机制，法院也可以根据《中华人民共和国人民调解法》《最高人民法院关于建立健全诉讼与

[1] 其中第十一条规定：中国人民银行各级分支机构应当受理、处理涉及下列金融消费争议的投诉：（一）中国人民银行法定职责范围内的金融消费者投诉；（二）涉及跨市场、跨行业类交叉性金融产品和服务的金融消费者投诉。前款规定以外的金融消费者投诉，中国人民银行各级分支机构可以建立工作协调机制，通过转送相关金融监管部门、金融机构等方式处理，并告知金融消费者转送理由。第十二条：金融消费者与金融机构产生金融消费争议时，原则上先向金融机构进行投诉。金融机构对投诉不予受理或在一定期限内不予处理，或金融消费者对金融机构处理结果不满意的，金融消费者可以向当地中国人民银行分支机构进行投诉。

[2] 《央行银监会成立消费者保护局正起草保护法》，载《东方早报》2012年9月28日。

[3] 参见阳建勋：《金融创新、权义平衡与风险防范——金融消费者保护的法理分析与制度完善》，载《财经科学》2013年第2期。

非诉讼相衔接的矛盾纠纷解决机制的若干意见》《最高人民法院关于人民调解协议司法确认程序的若干规定》等法律法规，将“经行政机关、人民调解组织、商事调解组织、行业调解组织或者其他具有调解职能的组织对民事纠纷调解后达成的具有给付内容的协议”进行确认，以赋予其强制执行效力。

（三）我国现有金融纠纷解决机制存在的问题

从目前实际情况来看，形似“漏斗”式的金融纠纷解决机制还存有问题：一是目前分设于各监管机构内部的投诉处理机制还未形成合力，不能适应金融创新带给金融消费者保护的挑战。面对层出不穷的金融创新产品，以分业经营、分业监管为原则的“一行三会”监管体制以及相应的金融消费者保护机制还不能满足实践需要，美国次贷危机在这方面也有深刻教训，我国目前在互联网金融领域内的乱象也是这方面的明证，毕竟政出多门会带来必要的职权交叉与间隙。另外，当前监管机构建立的保护机制才刚刚起步，一些工作机制和规范还未完善，还需要进一步实践发展的推动。二是即使建立了相应的投诉处理机制，也有相应的调解职能，但监管机构仍侧重于对金融机构开展业务时的规范性进行监管，投诉也带着较为浓重的行政色彩。而行政调解本身不同于司法调解，是否能够从根本上解决问题还存有疑虑。三是纠纷解决机制之间还未形成科学的系统和体系。是否要设置一定的先置程序还有争论，在行政机关、行业协会、法院和仲裁之间的相互衔接机制还未在顶层设计的高度加以确定。特别是，当前我国诉调对接机制仍运行不畅、效果不佳，诉讼与非诉讼纠纷解决机制进行联动还存有障碍，受法院执行和保全限制的仲裁也使其作用难以充分发挥。[1] 四是诉讼单边主义仍很严重，金融消费者通过已有手段维权还有一些困难，诸多金融消费者仍愿意进入诉讼程序解决纠纷，金融 ADR 的作用发挥得不是特别明显，尤其是一些群体性问题，在解决思路上还存有局限。

二、金融 ADR 在网络融资纠纷解决中存在的问题

具体到网络融资领域，主要是本书所讨论的 P2P 网络借贷和股权众筹方面，金融 ADR 实际上仍然基本是空白，其原因在于：

首先，二者仍未被纳入正式监管范围。目前，关于确定 P2P 网络借贷和股权众

[1] 类似观点参见李慧俊：《论非诉讼纠纷解决机制的消费类金融纠纷的多元化解》，载《上海金融》2012 年第 10 期。

筹具体监管主体、措施等的高位阶法律文件仍未出台。在P2P网络借贷领域，目前根据报道由银监会普惠金融部来牵头和落实具体的监管责任，但仍在摸索阶段，并未以文件形式确定责任主体和监管方式、股权众筹方面，即使是没有效力的《股权众筹管理办法（试行）（征求意见稿）》中，也未涉及金融消费者产生纠纷时如何解决的问题，只是在第二十七条规定了自律管理措施与纪律处分，这种规定属于行业自律监管范畴，并不直接针对金融消费者。二者在没有正式纳入到监管范畴之内时，并无法适用现行规则向相关部门进行投诉，也无法与现有金融ADR机制相衔接，不能向监管机构投诉以及由其主持行政调解，只能依靠传统诉讼手段。

其次，金融机构内部投诉机制未有效建立。网络融资平台企业不同于传统金融机构，其由于职能定位、交易内容、业务特质等方面的不同，资金实力、业务规模和企业人员均无法与传统金融机构相提并论，有些P2P平台企业人数更是极少，此时绝大部分平台企业并没有建立完备的客户投诉处理机制，个别规模较大的平台企业除外，即使设置了相应岗位，也远未成体系。另外，投诉的处理方式在平台直接跑路的情况下，甚至没有适用的前提和可能性，所以金融ADR的第一道关口实际上也没有。这个问题也只能通过行业发展和法律法规进行明确规定才能加以解决。

再次，行业协会还未曾发挥作用。在P2P网络借贷和股权众筹领域，有一些自律组织，但并没有全国意义上的专门协会，来对平台企业进行自律监管。实践中，通过网贷之家、金融315网站，一些消费者联合起来进行维权，但这些并非发挥行业的作用，而是以特定主体为依托进行维权。

综上，我国网络融资领域内的纠纷解决机制还远未建立，也未融入我国现有的金融ADR当中，仍处于放任自流状态，亟需加以解决。预计这一问题，会在下一步随着监管部门的实际到位和监管法律法规的出台而加以解决。

第二节　国外和港台地区金融纠纷解决机制典型制度考察

虽然我国网络融资领域多元化解决机制尚未建立，但理论是实践的先导，并不影响我们通过开展对当下各国和地区在解决金融消费者纠纷的做法进行考察，以获取先进的做法和经验为我所用，以便在促进我国金融ADR发展的同时，在下一步建立网络融资监管、交易和消费者权益保护制度时同步导入，自新世纪，特别是2008年全球金融危机以来，各国和地区在通过金融ADR等手段来保护金融消费者权益方面，已经迈出了坚实的步伐，其中诸如FOS制度等具有强大生命力和推广性的制度，已经在全世界范围内建立起声誉、获得了肯定。我国国内关于金融ADR，特别是FOS制度等的学术研究和讨论也已经遍地开花，所以结合本书的中心论题，并不开展全面性的梳理和总结，而是针对本书内容做有针对性的考察和评析。尤其是一些网络融资较为发达的地区，其在将网络融资纳入到金融体系后，能够适用已有的纠纷解决机制为金融消费者保护提供制度供给，这些对本书得出纠纷解决机制方面的结论尤为重要，故将重点加以分析，以便为我国网络融资在下一步构建本土化的多元化纠纷解决机制时，提供更为扎实、可靠的基础。

一、国外金融ADR制度的考察与评析

（一）美国金融ADR制度的考察与评析

由于本书讨论涉及的两种网络融资交易类型在美国均视为证券，所以本书重点对美国证券市场的纠纷解决机制加以评析。在美国，金融消费者与金融机构之间的纠纷，通过法院的诉讼或鼓励的仲裁、调解手段加以解决。诸如美国商会下设的消费者保护办公室、SEC等机构能够受理金融消费者投诉，但并无纠纷解决的功能。所以美国金融消费者通过独立机构提供的调解和仲裁手来解决纠纷，其中最为主要的即证券行业的证券仲裁机制。

自19世纪初纽约证交所成立以来，其章程就规定交易所与会员间的纠纷应通过仲裁方式解决，并签署有《事前强制仲裁条款》，此后扩大至一般投资者。此后虽然美国联邦最高法院通过判例形式否定过该条款，《多德－弗兰克法案》也对上述条款有过争论，但不可否认的是，美国独具特色的证券仲裁机制蓬勃发展起来，并逐步走向完善，与美国的金融体系融为一体。2007年，在SEC许可下，美国金融业监管局（FINRA）由美国证券交易商协会和纽约证券交易所监管局正式合并发起成立。其是美国根据《1934年证券交易法》成立的唯一自律性证券业协会，涵盖了包括调解、仲裁证券纠纷在内的广泛职能。[1] 根据《1934年证券交易法》确定的规则，如果消费者选择以仲裁方式解决纠纷，则证券机构必须接受。FINRA并非政府机构，系实行会员制的非盈利性组织，理事由证券业理事和不具有证券从业经历的公众理事以

[1] 据FINRA官网资料显示，FINRA operates the largest dispute resolution forum in the securities industry to assist in the resolution of monetary and business disputes between and among investors, brokerage firms and individual brokers.See http://www.finra.org/,2015年10月15日访问。

及FINTA执行总裁、纽交所监管公司执行总裁组成，其下设金融行业监管局纠纷解决中心即FINRA DR，来具体负责美国全国的证券纠纷仲裁和调解，处理几乎所有需要以仲裁或调解处理的证券纠纷。SEC对其进行监督。

在FINRA DR的具体运行中，证券仲裁程序与一般仲裁程序有相同之处，也有其独具特色的地方。在启动仲裁程序后，投诉人需要缴付一定的费用，并从具有证券从业经历的非公众仲裁员和没有证券从业经历的公众仲裁员中选择仲裁员；仲裁程序按照标的额大小区分为简易程序和普通程序，前者只有一名仲裁员，案件标的额在2.5万美元以下；如果10万美元以上，即适用后者，有三名仲裁员；标的额如果介于在2.5 万美元以上、10万美元以下，独任程序需要另外召开听证会，也可适用普通程序；如超过标的额，双方一致同意也可独任仲裁。听证程序相当于庭审程序，一般在听证结束后30日内，仲裁庭做出仲裁，一般也不写明理由或做出结果的论述，只列明结果以及要负担的补偿性赔偿、惩罚性赔偿、利息以及各项程序费用等。仲裁裁决出具后，如果作为会员的证券机构拒绝履行，则可以被FINRA停牌或吊销会籍。如果争议双方意图达成调解，则当事人也可以申请进行证券调解，证券仲裁并不冲突，只要仲裁结案前提出均可。如果双方能达成和解方案，该协议也即最终协议，具有强制约束力。近年来，美国国内也对FINRA DR运行情况和机制构建进行了检讨和反思，如仲裁庭是否必须有一名非公众仲裁员、如双方当事人要求则仲裁庭要在裁决书中陈述理由等，并对《事前强制仲裁条款》进行了学术探讨。[1]

总体来看，FINRA DR制度仍属于证券行业自律性纠纷解决手段，其仲裁和调解方式为纠纷各方提供了救济渠道，而且便捷、经济、专业、迅速，在实践中取得了很好的效果，但毕竟因FINRA DR脱胎于行业内部，所以人们对其客观公正性终有疑虑，这也是其不断改革的原因。

金融危机给原有美国金融消费者保护机制造成重创，因此引发了深刻反思。如被称为“掠夺性”或“歧视性”贷款的美国次级按揭贷款，其借款人往往并没有其他信贷选择，而不得不购买此种成本很高的“非强制产品”，这些由来已久的问题对金融危机的最终发生有着推波助澜的作用。[2]之后就美国金融消费者权益保护，根据美国《多德-弗兰克法案》专门成立的金融消费者保护局承担其全新的一些职能，主要仍是处理投诉方面。CFPB创建了独立的投诉通道，其通过免费电话、网站等形式，

[1] 参见刘媛：《金融消费者法律保护机制的比较研究》，法律出版社2013年版，第288—294页。

[2] See Tania Davenport," An American Nightmare : Predatory Lending in the Subprime Home Mortgage Indltstry", Suffolk U. L Rev, 2003, p. 531.

收集和监控金融消费者的投诉，成为金融消费者和 CFPB 互动的沟通平台，以尽可能解决纠纷、化解矛盾，其内容涉及抵押贷款投诉、信用卡投诉、银行产品和服务投诉以及私人机构学生贷款投诉等。同时，CFPB 还对投诉的处理时间做出要求，在接到投诉后，CFPB 与其他联邦机构协调并将投诉及时转交。15 日内被投诉机构必须对消费者做出投诉回应，并在 60 天内结束投诉处理。这在一定程度上给了金融消费者另一个维权渠道和选择。

（二）德国金融 ADR 制度的考察与评析

德国 ADR 制度并不发达，相较于英美更显落后。[1] 但德国银行联盟（BDB）申诉专员制度却较为有特色。BDB 是德国银行业自律组织，其实施的 ADR 是行业型纠纷解决措施，在 1992 年正式建立申诉专员制度。该制度的申诉专员的选拔较为严格，需要担任过法官或拥有类似经验，且任职前三年内不能在银行内任职，并需要经过 BDB 管理层推荐，只要任职并会长期执业，确保了申诉专员的权威性和专业性。对于认为受到银行不公正待遇的金融消费者均可以向 BDB 投诉，之后 BDB 会将其管辖范围内的投诉告知银行相关部门，如果一个月内不能就纠纷达成一致，则由申诉专员进行裁决。裁决效力是该制度的特别之处。如果纠纷金额低于 5 000 欧元，则会员银行必须服务裁决，且不得向法院寻求救济。但消费者对裁判不满，则可以向法院起诉，此时说明 BDB 调解未成功，如果金额大于 5 000 欧元，则对双方均不产生效力，不服的一方需要在 6 周内向法院提起诉讼，否则裁判生效。由于 BDB 纠纷解决机制不对投诉人进行收费，所以这种便捷、经济的方式受到德国银行业消费者的欢迎。

（三）日本金融 ADR 制度的考察与评析

日本 ADR 制度在其第三次司法改革浪潮推动下蓬勃发展以来，已经取得了明显效果。2004 年，日本制定《诉讼外纠纷解决程序的利用与促进法》，明确了日本 ADR 的具体框架和运行思路。之后日本又相继通过《关于金融领域裁判外纷争解决制度的理想方案》《金融商品交易法的修正案》，使日本金融 ADR 制度步入发展正轨。整体来讲，日本金融 ADR 属于行业型金融 ADR。日本金融 ADR 的具体内容涵盖了指定纠纷解决机构制度、消费生活中心斡旋、国民生活中心 ADR 以及行业内部的投诉

[1] 参见骆永兴：《德国 ADR 的发展及其与英美的比较》，载《中南大学学报（社会科学版）》2013 年第 19 卷第 3 期。

与纠纷解决机制，内容较为丰富。[1] 其中最具典型意义的是指定纠纷解决机构制度。日本金融 ADR 的具体流程为，首先由相关纠纷解决机构向日本金融厅提出申请，通过审查后即被政府指定为行业纠纷解决机构。而后由金融机构与政府指定的若干家纠纷解决机构中的一家缔结“同意实施程序基本合同”；对于纠纷解决委员，一般是有一定资历的律师、消费生活专业咨询员等专业人员。之后由纠纷解决委员对金融消费者与金融机构之间的纠纷进行处理，提出和解方案；最后，争议双方接受结合方案，纠纷得以解决，需注意的是，一般和解方案当事人均可自由决定是否接受，但纠纷解决委员可以提出有一定约束力的“特别调解案”，除了消费者已提起诉讼等特别原因，金融必须接受调解。纠纷解决的费用大部分由金融机构承担，一小部分由消费者承担。

总体看来，日本行业型金融 ADR 独具特色，其纠纷解决机构较多，为金融机构提供了选择。而金融机构通过“同意实施程序基本合同”的形式，将纠纷解决机构加以确定，并以协议形式将程序中不便于通过法律硬性规定的内容加以约定，体现了一种改良和制度的灵活性。另外，其通过一般和解和特别调解方案的区分，实现了对金融消费者的倾斜保护，也颇具借鉴意义。

二、港台地区金融纠纷解决机制的考察与评析

（一）香港地区金融纠纷解决机制

我国香港地区在金融 ADR 方面的最典型制度设计即金融纠纷调解中心的设立和运行，其参考美国证券纠纷解决机制，采用先调解后仲裁的模式，为金融消费者提供一个经济、便捷和独立的纠纷解决渠道。随着 2008 年金融危机的爆发，雷曼兄弟倒闭，引发了香港“迷你债”事件，部分出于快捷、高效解决此类纠纷的初衷，香港政府于 2011 年 11 月 18 日注册成立香港金融纠纷调解中心担保有限公司（以下简称金融调解中心），为市民提供解决小额金融纠纷的渠道，近 2 000 家机构系其成员。金融调解中心受理的案件为金额本息合计不得超过港币 50 万元或等值外币的金钱纠纷，这个金额是参照“迷你债”大部分个案的金额水平确定的，可以涵盖 80% 左右

[1] 参见杨东：《金融消费者保护统合法论》，法律出版社 2013 年版，第 368 页。

金管局和证监会处理的金融消费者纠纷，[1]上述案件的一方当事人必须是成员单位。另一方是个人客户，且纠纷本身没有通过金融机构内部投诉机制解决。

金融调解中心的基本运作程序即先调解后仲裁。具体步骤是，首先由申索人向金融调解中心提出申索，而后由金融调解中心人员收集资料并邀请金融机构就争议做出回应；之后由调解员主持双方进行调解，调解过程保密，调解成功后双方前述和解协议；如果调解不成功，则由金融调解中心协助将案件转至仲裁，由双方选定的仲裁员做出裁决，此裁决对双方即具有最终效力，金融消费者也必须遵从这一裁决，而不能再到法院进行诉讼。具体费用由“用者自负”，在立案阶段，申索人需缴纳 100 港元且不予退还。案件进入调解阶段，争议双方均须缴付调解费用；诉讼标的额小于 10 万元港币的，申索人交纳 1 000 元港币，金融机构交纳 5 000 元港币；超过 10 万至 50 万元港币的，申索人交纳 2 000 元港币，金融机构交纳 1 万元港币。到了仲裁阶段，双方还需缴付仲裁费用，只审文件的案件，申索人交 5 000 元港币，金融机构交 2 万元港币；出庭聆讯的，申索人与金融机构均收取 12 500 元港币；金融调解中心即通过此种方式，合理调节争议各方的权益，以及实现对弱势地位金融消费者的倾斜保护。

香港金融调解中心的先调解后仲裁与美国 FINRA DR 相似，但后者属于行业自律组织。香港金融调解中心成立之后，受理纠纷的数量并未呈现出预计的效果，而是远远小于估计数量，究其原因，一方面因为人们对金融调解中心的认知还比较有限，还未推广开来；另一方面也因为其受案范围毕竟有局限，将 20% 左右的大额金钱纠纷排除在外；再一方面是因为“迷你债”案件也已经基本处理完毕。现在金融调解中心还在香港社会中进一步推广，其树立的此种纠纷解决机制对于国内实践也很有借鉴意义。

（二）台湾地区金融纠纷解决机制

我国台湾地区在过去实现金融纠纷的分业处理，涉及的金融纠纷分别由证券投资人与期货投资人保护中心调处委员会、金融消费争议委员会、银行公会的消费者服务中心申诉窗口等负责处理。为了更好地促进金融市场发展，维护金融消费者权益，

[1] 参见胡春冬：《香港金融纠纷调解机制运作情况与启示》，载《西部金融》2013 年第 9 期。

台湾地区参考英国、澳大利亚等国关于金融纠纷解决机制方面的经验，于 2011 年 6 月 3 日正式通过具有里程碑意义的《金融消费者保护法》，根据此法成立的金融消费评议中心（Financial Ombudsman institution，FOI），并于 2012 年 1 月 2 日正式开始受理业务，对各类金融纠纷进行统合处理。只要是金融消费者与金融机构发生争议，即可向 FOI 提出评议申请。当然，FOI 只接受纯粹意义上的金融消费者，而将专业投资机构以及具有一定财力或专业能力的法人或自然人排除在适用范围之外。

FOI 的评议主体为评议委员会，会员由其有一定业务水平的分家学者等组成。对于金融消费者，FOI 不收取费用。对于评议的具体流程，首先由金融消费者向金融机构提起投诉，金融机构需要在 39 日内处理，不处理或金融消费者不满意则可以提起评议申请；投诉是金融消费者申请评议的前置程序。经过评议后，评议出的决议经双方当事人接受而生效。在 100 万元下，FOI 做出的评议不对金融消费者产生约束力，而对金融机构具有强制约束力。金融消费者如果不接受评议结果，可以向法院提起诉讼。在评议成立 90 日内，金融消费者有权申请 FOI 将评议书送至法院以进行核准确认，使其具有与民事判决书同等之效力。为了更加便捷和灵活地运用，FOI 并不与金融机构签订相关管辖协议，而是让金融机构以书面声明的形式来自愿接受评议程序，接受评议结果。[1]

从整体上看，我国台湾地区在金融领域的改革力度非常大，并已建立起较为科学的金融纠纷多元化解决机制，其诸多对金融消费者倾斜的特殊制度设计，融入了台湾地区对金融消费者保护的想法和思路，并取得了一定成功。

三、金融申诉专员制度（FOS）的特别考察与评析

英国的 FOS 制度（Financial Ombudsman Service,FOS）即金融申诉专员制度在全世界范围内有着广泛的影响力，是采取完全统合型 FOS 制度的典范。[2] 申诉专员

[1] 参见田静婷：《论我国金融消费者权益法律保护机制的完善——以我国台湾地区〈金融消费者保护法〉为视角》，载《西北大学学报（哲学社会科学版）》2012 年 9 月第 42 卷第 5 期。

[2] 杨东教授通过考察分析，将境外各国家和地区的 FOS 制度划分为以下类型：完全统合型 FOS 制度模式，以英国、澳大利亚、马来西亚、新加坡为代表；准统合型 FOS 模式，以加拿大和我国香港地区为代表，虽然有统合的趋势，但没有形成真正意义上的统合 FOS 组织；行业型 FOS 模式，即分行业分散地存在着 FOS 机构处理纠纷。条件成熟时将分散的 FOS 机构合并为统合 FOS，以日本、德国为代表。其认为，行业型 FOS 是统合型 FOS 的第一阶段，准统合型可以认为是第二个阶段，即过渡阶段。第三阶段即为全面统合型 FOS。参见杨东：《金融消费者保护统合法论》，法律出版社 2013 年版，第 292 页。

原是公共领域的用于处理一般民众对政府部门申诉的制度[1]，后来逐渐扩展到其他领域，并逐步演化为一种独具特色的金融纠纷解决机制。

在消费者保护方面，英国金融服务管理局（FSA）、投诉专员办公室（OCC）和英国金融申诉专员中心（FOS）均承担了相应职能；而根据《2012年金融服务法》成立的金融行为监管局（FCA）使英国监管格局发生了调整。其中，FOS是FSA根据英国2000年《金融服务和市场法案》成立的专门解决金融纠纷的金融服务申诉机构，而《金融服务和市场法案》本身即把“确保消费者得到适当水平的保护”作为FSA四大监管目标之一。作为英国金融ADR的主要载体FOS机制，其本身属于公司型机构，但不发行股票，公司董事由FSA任免。其经费来源为FCA监管公司交纳的年费以及FOS收取的案件处理费，不向金融消费者收取费用。

对于FOS的具体纠纷管辖范围，基本上涵盖了全部金融业，其有权处理金融消费者与FCA所监管的金融机构、自愿接受FOS提供服务的金融机构以及公平交易局（OFT）颁发许可的消费信用服务机构之间发生的争议。FOS的纠纷处理流程一般要经过如下步骤：金融纠纷一开始需要经过FOS管辖的金融机构内部投诉处理机制处理，该投诉机制被要求强制设立并需要在交易伊始即向金融消费者说明，如未成功则进入FOS正式处理程序，首先由FOS在正式调查前组织调解或协商，如果仍未成功则由裁决人进行调查询问，出具裁决报告；之后会告知各方具体的裁决意见，如双方接受则纠纷解决。如仍未能协调一致，则进入最终申诉裁决阶段。此时由申诉专员经过调查和听证后出具最终裁决意见。裁决做出后，金融消费者会有短暂时间考虑。如消费者不接受该裁决，则有权向法院起诉；如消费者接受该裁决，则对双方均发生强制效力；如金融机构不接受该裁决，则消费者可以直接向法院申请执行裁决。裁决的结果既包括金钱履行义务，又包括精神损害赔偿、履行特定行为等非金钱履行义务。此系FOS制度与其他金融ADR制度区别显著之处。

从实际效果来看，由于其设置设计的灵活、赔偿范围的全面尤其是裁判结果的可执行性，英国FOS制度基本上实现了预期目标，也较好地嵌入到了英国整体金融监管格局和纠纷解决体系当中。此种大一统的纠纷解决体系，为金融消费者提供了一站式服务，尤其使金融消费者的权益得到保障，获得了一致好评，但也存在机构庞大所带来的附属问题。综合来看，英国之所以能够成功构建并实施FOS制度，也与其统一型金融监管体系不无关系，在具体适用时，澳大利亚等其他国家均针对自

[1] See Alexandros Tsadiras, "The European Ombudsman's a remedial powers : an empirical analysis in context",E.L .Rev. 2013. 38(1).

身情况做了调整，这也给了我国一些启示。

结合上述对世界发达国际以及我国港台地区实践实践情况的考察梳理，可以看出建立相对独立的第三方机构作为金融纠纷解决机制构建的突破点，是在保护消费者权益浪潮下的普遍趋势，需要结合一国金融监管格局、经济发展状况、金融行业情况以及金融消费者保护的现实需求，统一加以考量设计，完成一体化的系统构建，才能在新形势下实现制度改革带来的实际效果，这在我国网络融资交易领域尤其如此。

四、在线纠纷解决机制制度（ODR）的特别考察与评析

网络融资交易是随着现代信息技术的发展而产生的，网络在其中起到了关键的作用，其不仅创造了新的交易模式和结构，也在根本上重塑着当今社会的基本机构。在网络融资交易产生发展之前，电子商务已经在国外内发展了几十年，形成了一系列适用、适合于网络的规则和制度，其中就包括与网络购物息息相关的纠纷解决机制。这其中，在线纠纷解决机制（Online Dispute Resolution, ODR）便是其中的典型，其区别于传统纠纷解决机制面对面、耗时长、不便捷的缺陷，能够充分利用网络自身提供的技术便利快速化解纠纷，从而成为日益受到关注且正在不断发展前进、具有很强生命力的制度。这种纠纷解决机制与网络融资交易本身同出一源，在网络融资纠纷解决机制上很有借鉴意义。

对于ODR的具体概念和范畴，有观点认为系传统ADR在网上的演化形式[1]，有观点认为是争议预防、争议解决等多种网上争议解决方式的总和，还有观点认为是所有传统争议解决模式在网上的对应物，包括网上诉讼。[2]但在国内，一般即指争议解决的全部或主要程序通过网络进行的争议解决方式。[3]从广义上分析，利用互联网进行纠纷解决的各种方式工程序均应属于ODR；而从狭义上理解，包括在法庭外由专业第三方主持的纠纷解决。[4]本书采用广义上的ODR概念。有学者还将网络

---

[1] see Julia Homle, "Online Dispute Resolution-the European's New Clothes? Benefits and Pitfalls of Online dispute Resolution and its Application to Commercial Arbitration", 17 International Review of Law. Computers and Technology(2003),pp. 27-37.

[2] 转引自高薇：《互联网争议解决的制度分析——两种路径及其社会嵌入问题》，载《中外法学》2014年第1期。

[3] 参见丁颖：《在线解决争议方式的发展及其对策》，载《云南师范大学学报（哲学社会科学版）》2011年第6期。

[4] 参见范筱静：《在线纠纷解决机制研究——以电子商务消费者纠纷解决为视角》，载《西部法学评论》2012年第1期。

时代的争议解决机制可以分为三类：传统争议解决机制、外生 ODR 和内生 ODR、争议类型分为在线争议和线下争议；三种争议解决方式均可以用于解决在线争议和线下争议。[1]

从其历史发展来看，在 20 世纪 90 年代初，美国在电子商务领域即出现了网上争议解决的具体实践，之后在全世界范围内发展起来。在我国，2004 年正式成立了在线争议解决中心，这是我国首家 ODR 机构，当事人可以使用在线调解系统进行协商调解。之后由于我国电子商务发展迅猛，一些如阿里巴巴等电子商务企业在自身内部建立了 ODR 制度，为大量的 B2C、C2C 等交易提供纠纷解决途径。此外，2009 年 8 月，中国国际经济贸易委员会颁布了《网上仲裁规则》，开始了网络仲裁实践，但国内与国外相比，ODR 制度还较为落后，但所谓内生型 ODR 在我国近些年来发展非常迅速。

ODR 的具体内容实际上包括两个部分，即企业内部的在线纠纷解决机制和外部纠纷解决机制。前者主要依靠投诉等内部争议处理程序、客户反馈系统、诚信认证等方式以及利用第三方支付或第三方托管的优势，来对纠纷双方进行约束，以实现纠纷解决的目的。此方面，淘宝网做到非常具有典型性，其通过特有的信用评价体系、第三方托管资金等途径，实现了对交易人的制约，而信用评价的好坏又对交易本身产生决定性作用，这种源于企业内部的纠纷解决机制很好地发挥了作用。据统计，每年淘宝网都会处理数以百万计的各类纠纷。[2] 在外部纠纷解决机制方面，一般包括在线协商、在线调解、在线仲裁三个方面，其中在线协商一般没有中立第三方参加。对于 ODR 的具体模式，也有学者将其分为两类：一种即自动性 ODR 不需要第三方参与，争议各方直接通过网络平台处理争议；另一种即交互性 ODR，由一些机构在网络上构建调解或仲裁平台，纠纷各方能够通过电子邮件、视频等手段与调解员和对方当事人交流沟通，如还未成功，可申请在线仲裁。

网络从根本上改变了人们的生活，也冲击着社会的方方面面。脱胎于电子商务的 ODR 制度从途径和手段上给了纠纷双方又一便捷的选择，对于根植于网络的网络融资交易更具有天然的意义和价值。

---

[1] 外生 ODR 主要是由第三方机构等通过网上冲我、网上调解等机制以解决新涌现出的网络争议；内生 ODR 主要是从网络空间内部自发演化而成并反复出现的有效制度。如双向信用评价系统、提供第三方支付工具等。

[2] 参见郑军：《浅析在线纠纷解决制度（ODR）在中国的发展——以淘宝网争议处理模式为例》，载《法制与社会》2014 年第 7 期。

第三节　我国网络融资多元化纠纷解决机制的具体构建

一、现有金融纠纷解决机制在网络融资交易中的衔接与完善

在网络融资交易领域建立多元化纠纷解决机制，形似平地起高楼，需从根本上系统地理顺目前存在的障碍，并分阶段循序渐进地加以构建和解决。本书认为，在分析了我国现有金融 ADR 的纠纷解决渠道后，第一阶段需将网络融资交易先行导入监管范围之内，在现有制度框架下解决纠纷；第二阶段在已有制度供给上持续改善和强化，由行政监管、自律监管与企业自行约束多管齐下，构建起具有中国特点的漏斗式网络融资纠纷解决机制；第三阶段将国外已有的成熟制度加以引进，与已有制度融为一体，彻底实现现代化的网络融资纠纷解决机制。这个过程任重道远，但目标需明确地加以推进。

首先，需将网络融资交易正式纳入监管范畴，并初步建立纠纷解决机制，从目前实际情况来看，一些网络融资平台出于吸引客户、促进交易、增强竞争能力的考虑，已经自发地构建起内部投诉处理机制，并在平台上通过网络加以宣传。但这种纠纷解决方式由于系其自身行为，没有基本的约束力和保障，在平台运营出现大面积问题时，即会瘫痪以至丧失其基本功能，这在 P2P 网络借贷领域尤为常见和突出。股权众筹由于交易过程的不同，如在以有限合伙的身份完成投资后，出现纠纷即成为公司或合伙组织体内部的问题，可以通过《公司法》《合伙企业法》《合同法》等组织法和行为法体系进行解决，且由于股权众筹仍具有一定私密性，范围狭窄，数额有限，因而在投资后期运用保护金融消费者纠纷解决手段的机会不多。在网络融资平台与金融消费者在具体的交易过程当中出现金融纠纷，才最有可能运用这种机制。故而，当我们讨论这一问题时，即限定在交易的上述环节当中。如果网络融资平台发生根本性的经营风险，上述投诉渠道并形同虚设，此时金融消费者只能通过诉讼和仲裁方式解决，而仲裁方式因费用高以及其制度设计并不完全适合解决大量小额的网络融资纠纷的特定原因，最终形成诉讼而需求司法途径解决。上述现象的发生其重要原因之一即在于监管没有到位。网络融资交易如果能够正式纳入监管，则依据具体明确的监管规定，既要在网络融资平台企业内部刚性地规定设置符合金

融消费者维权的投诉处理机制，又可以将此种投诉与行业内部建立的纠纷解决机制、监管机构先以运行的投诉处理机制、调解机制等进行联动适用，让金融消费者有更多选择权。

从监管层的官方报道和表态来看，目前P2P网络借贷由我国银监会牵头监管、股权众筹由证监会牵头监管已相对确定，具体是否由行业协会要承担则是下一步的细节问题。此时，本书认为，落实监管责任需要出台一系列正式的法律法规，如不成熟也应由监管机构出具部门规章，以较高位阶的规范性文件对此加以明确。出台《影子银行监管通知》等非行政法规性质的文件，以及如果能获得通过的《股权众筹管理办法（试行）（征求意见稿）》等行业自律文件，显然位阶太低，不能满足现实需要。退而求其次的做法，是由监管机构出具兜底性宏观监管规定，继而通过授权性规范将具体监管职责委托于行业协会等进行实际操作。只有这样，才能在我国现有的法制环境和国情下，完成网络融资纠纷解决机制构建的第一步。需要强调的是，在上述可能或将要出具的文件中，应写明本书前几部分讨论的基本内容，确定监管框架，以及能够使网络融资消费者得以利用现有金融ADR渠道的正式法律法规渊源。并进而明确指出网络融资消费者可资利用的纠纷解决手段和主责部门，以使这一问题的解决更具有实操性。

其次，在纳入正式监管后，需根据网络融资交易的特点、方式对现有纠纷解决手段进行改良、完善，以便更有针对性，更好地维护金融消费者权益。此间，即会初步形成漏斗式网络融资纠纷解决机制，通过多层次渠道解决纠纷。

层级一：平台内部投诉处理机制

交易各方离事实最近，最容易、也最有动力在第一时间解决问题。这也是我国众多金融法律法规明确规定金融机构内部需建立完善的投诉解决机制的初衷。而由于网络融资交易数额小、客户多、事实清楚的特点，这一环节的设置尤为关键。本书建议，在出台网络融资交易的监管文件当中，明确写明网络融资平台企业必须建立客户投诉受理渠道和处理流程，并进行登记备案，监管机关要定期进行检查和数据采集，作为对网络融资平台进行监管的重要手段之一。平台自身也应强化投诉处理机制建设，成立专门部门具体负责，建立相应的投诉信息数据库，收集问题加以改善。此环节需要重点讨论两个问题：一是如果双方就金融消费者投诉达成和解，效力如何保障。平台企业与金融消费者就纠纷达成的和解协议，其效力等同于合同，对双方具有约束力，但不具有强制执行效力。在此情况下，如果能够以公证债权文书或追加担保的方式，可以大幅提高和解协议的自动履行率，也可以更进一步保障金融消费者权益的实现。即使未履行走入诉讼或仲裁环节，公证债权文书可以直接申请强制执行，而追加担保的方式也可以加重违约方负担，不失为一种选择。二是平台企业的内部投诉处理机制是否应成为金融消费者进行诉讼的先置程序。一些国家和地区或是一些特殊类型的纠纷会将金融机构内部纠纷处理作为先置程序，以促进纠纷更加便捷地得到处理。但本书认为，此时投诉解决纯属于私力救济的范畴，如果将此程序作为先置程序，必然给金融消费者带来一定负担，尤其是矛盾较为激烈的纠纷。故此层面的解决方式系鼓励适用而非强制。

层级二：行业内部投诉和调解处理机制

如果金融消费者不能通过上述投诉或谈判的私力救济途径解决问题，则需要需求第三方力量来加以解决，此时行业协会应当发挥自身作用。在商业领域，自始便有商事纠纷商人解决的传统，各种商会、协会本身也具有居中调停、斡旋的能力。目前我国网络融资行业的自律性团体已经出现，监管层也正在全力引导专业性行业协会的建立。在整个行业层面，也可区分投诉和调解两种渠道。一方面，金融消费者可以向P2P网络借贷行业的向律性组织或可能成立的互联网金融协会以及证券业协会等此种具有官方背景的行业协会进行投诉，由行业协会出面，转交金融消费者投诉材料，要求平台企业予以解决并回复结果，此项也作为行业自律管理的重要内容之一。在行业协会内部，由专门成立的投诉与纠纷解决组织具体承担此项职能。同时，金融消费者也可以向消费者协会这样的组织进行投诉，寻求纠纷解决。另一方面，如果平台企业并未处理消费者投诉或者金融消费者对平台企业的处理结果并不满意，也可以申请行业协会或消费者保护组织进行调解。行业协会内部的调解组织可以通过约谈、当面调解、在线调解等方式，促成双方达成调解协议。因行业调解一般不收取费用，所以此方式不失为一种便捷、快速的纠纷解决途径，但从目前实际操作情况来看，诸多行业协会的此项作用并未充分发挥出来，潜力值得进一步挖掘。对于行业协议出具的调解书，在现阶段仍不具有强制执行效力，但金融消费者可以依据《最高人民法院关于建立健全诉讼与非诉讼相衔接的矛盾纠纷解决机制的若干意见》《最高人民法院关于人民调解协议司法确认程序的若干规定》等规定，请求法院进行司法确认，赋予上述调解协议以强制执行效力。

层级三：监管部门投诉和调解处理机制

目前我国一行三会分别建立了自身的金融消费者保护组织，也出台了一系列规定明确相应职能，其中即有接受金融消费者投诉的内容。网络融资交易中的金融消费者如果通过行业协会等仍未解决争议，也可以选择向上述监管机构的相应部门或下设单位进行投诉，由其启动纠纷处理程序，通过约谈、调查等形式，推动平台企业处理存在的问题；当然也可以在监管部门的主持下，由双方达成调解；此时如果平台企业未自动履行该协议，则监管机构可以依据相应法律法规行使自身监管权力，对平台企业进行相应处理。需注意的问题是，监管机构的职责重点，在于审查网络融资企业的合法合规性，与解决争议的独立第三方身份有所冲突，这也是我国需要构建更加科学的纠纷处理机制如FOS制度的动因。

本书认为，在现有制度框架下，在进入仲裁或诉讼等终局性裁决之前，应将行业调解作为前置性程序，一方面源于监管机构的投诉和调解具有行政性和一定强制力，而金融消费者可以同时选择行业内部和监管机构的解决解决机制；另一方面如果不设前置程序，可能会随着网络融资交易的日益繁荣而导致涌入诉讼的案件大量增加，这种案件呈现出数额小、人数多的典型特点，需要设置一道防洪闸，以实现分流目的，减少不必要的诉讼成本和国家司法资源的浪费。结合各种层级的纠纷解决方式、主体和效力，行业调解作为先置程序可行性更为突出。

层级四：仲裁、诉讼处理机制

在仲裁方面，我国近年来虽设立了诸如上海金融仲裁院等机构，但门槛仍然很高，且我国国内并没有如美国FINRA DR这样能够覆盖全行业的分业仲裁机构，因而在现阶段要在仲裁领域拓展和衔接能够大量处理小额网络融资交易纠纷的路径并不现实，有学者建议，从推广金融仲裁理念、完善仲裁配套举措、优化仲裁规则以及在金融消费者领域适度降低仲裁费用等方面入手，提升仲裁的适用度。[1] 本书认为，此方面需要在制度构建方面加以突破，并在下一步构建我国FOS制度或展业金融调解仲裁机构方面统一进行考量。

在诉讼方面，除了要坚持根据十八届四中全会精神来全力保障当事人诉权外，还需在以下方面就网络融资交易这样的小额碎片化纠纷进行必要回应：一是积极构

[1] 参见袁达松、丁孝文：《论金融消费者保护视角下金融ADR机制的完善》，载《北京师范大学学报（社会科学版）》2013年第1期。

建具有特色、能够广泛利用社会力量的商事调解制度。典型的如北京市海淀区人民法院构建的商事特邀调解制度，在“商事纠纷商人解诉调对接促和谐”的理念指导下，通过聘任企业家、行业专家或与社会中介组织构建联动模式等途径，积极促成当事人就纠纷达成调解。这种模式可以在金融纠纷领域加以推广，既可以减少对抗、化解矛盾、快速处理纠纷，又能减轻法院负担，实现多赢。二是突出金融纠纷的小额化处理，充分利用小额民事诉讼程序、督促程序等，尽可能缩短案件审理时间，保障金融消费者快速便捷地实现权益。对于群体性纠纷，可尝试集团诉讼方式，通过更加灵活便捷的程序，提高诉讼效能。三是在有条件的地方法院设立专门的金融审判合议庭和金融法庭，通过审判组织的革新，充分发挥专业化审判的优势和规模效应。当然，审判组织的设立和运行尤其自身规律，需要一定的案件数量作为基础，不能为吸引眼球、博取政绩、解决编制等目的而盲目设立专业化法庭，而应在科学测算的基础上加以推进。四是加大金融消费代表人诉讼或公益诉讼的适用力度。具体可依据我国《民事诉讼法》第五十三条、第五十四条、第五十五条，《最高人民法院关于适用〈中华人民共和国民事诉讼法》的解释》第二百八十四条等规定，由金融消费者本身或消费者权益保护法等法律规定的机关和有关组织，提起代表人诉讼或公益诉讼，更加便捷、经济地加以维权。

综上，从网络融资交易纠纷解决与现有金融 ADR 和诉讼等纠纷解决方式的衔接与完善分析来看，要在现有制度上达到理想预期，实际上困难重重，这就需要进行必要的制度改革和构建，也是本书进一步讨论构建我国本土化 FOS 等制度的背景和依据。

二、我国网络融资交易金融申诉专员制度的具体构建

对于我国金融申诉专员制度的具体构建，国内学术界观点一般持赞成意见，但对于具体的构建路径、方式以及如何嵌入现行或下一步改革的金融监管框架中，还有不同意见，大部分语焉不详。如有观点主张，应“先由国务院颁布构建行业型金融 ADR 的相关办法，敦促一行三会完善内设的金融纠纷解决机构，提出统合型金融 ADR 的试点构想，推动尽快出台《金融消费者权益保护法》，在法律层面构建金融 ADR 制度”[1]。还有学者建议，我国应从金融分业监管的现状出发，建立区分行业的调解申诉制度，在经过试点积攒经验后建立统合金融专员申诉制度，而当前应建立“半

[1] 参见刘盛：《金融消费者 ADR 本土化路径研究》，载《浙江金融》2014 年第 6 期。

官方＋准官方”的模式，即由监管部门内设机构进行组织、领导、决策，由行业协会或投资者保护基金公司具体组织实施。最终在中央层面进行统合，构建起中国式的 FOS 制度。[1]

对此，本书认为，具体到网络融资领域，应首先在其纳入正式监管后，实现了与我国现有金融 ADR 的有效衔接，并同步构建我国网络融资领域的 FOS 制度。对此首先需通过立法机关或者监管机关制定具有较高位阶的法律、行政法规或部门规章，如《金融消费者保护法》《金融纠纷申诉专员管理办法》等，明确规定申诉专员资格、机构受案范围、具体程序性规定、费用、裁决效力以及法律责任等内容，明确将网络融资交易纠纷纳入其中，从上至下构建此项制度。因网络融资交易也属于金融纠纷范畴，故此处对网络融资交易的 FOS 制度做如下构建，也一并适用于其他金融纠纷。

首先，应确定 FOS 制度的承载主体或者 FOS 机制的具体类型。就此可以选择出民间形式的调解组织，由行业协会、平台公司等共同出资成立的投资人保护基金公司、行政监管部门领导下的行业行业协会、监管部门下设部门等主体。本书认为，我国目前监管机制较为确定，一行三会的分业监管格局改革起来成本很高，而网络融资行业的自律性监管组织如行业协会正在有序发展，此时，可考虑采用行政监管部门领导下的行业协会或专门成立 P2P 网络借贷或众筹交易行业内成立的投资者保护基金公司来具体承担此项职能，最好是能够采用公司制主体，在监管部门领导下，以行业自律形式开展工作。其具体经费来源为受行业协会监管的 P2P 网络借贷或众筹交易平台缴纳的会费或者从交易中具体提取的风险备付金中抽取的一定资金，原则上不对金融消费者收取费用；但为了保证将一些故意滥用此种程序的消费者挡在程序外，可适度在立案时收取数额很小的受理费用。就 FOS 机构的申诉专员人选问题，可参考德国 BDB 经验，由资深专业人士、退休法官等担任，并明确其任职条件，如担任申诉专员前五年不曾在网络融资行业内从业等，以确保其中立性。

其次，对于网络融资 FOS 机制的适用范围。在具体管辖问题上，应通过明确的法律法规将行业内存在的网络融资平台企业强制性纳入到 FOS 管辖范围之内；平台企业也应在与金融消费者交易之初即将此种权利救济途径，连同平台企业内部强制建立的投诉处理机制进行明确告知，以便于金融消费者维权。上述平台企业内部建立的投诉处理机制，应设定为行业 FOS 机构处理纠纷的前置程序。对于受案范围，明确凡是与网络融资平台发生的纠纷均可以适用。对于受案的具体标准，根据我国

[1] 参见杨东：《金融消费者保护统合法论》，法律出版社 2013 年版，第 471—475 页。

网络融资交易标的数额差异很大，但绝大部分属于小额纠纷的现状，建议为金融消费者在需求FOS机制救济时设定一定的数额标准。如50万元以下，超过此数额的如双方仍自愿接受FOS机构管辖在所不问，但没有就此协商一致的，应需求诉讼或仲裁手段加以解决，以确保纠纷解决的彻底和公正。

再次，对行业FOS机构解决纠纷的具体流程。建议参考英国、美国和香港的相关模式，在金融消费者通过平台企业内部投诉处理机制需求救济未果后，才能向FOS机构提出申请。FOS机构在接到申请后，可以通过约谈、调查等方式独立开展工作，并积极主持双方就纠纷达成调解，此种调解对双方均有相应约束力。在现有条件下还可以申请在法院进行司法确认，当然行业FOS在监管机构的领导下开展工作，仍具有一定职权，如果平台企业单方面不履行达成的调解协议，FOS机构有权在法律法规授权的范围内对其进行行业处罚，从而保证此种调解的实际履行。如果仍未达成一致，则由FOS机构的申诉专员对纠纷做出最终裁决，该裁决对平台企业单方具有强制约束力，而同时赋予消费者程序选择权。消费者同意则即时发生效力，如不同意可在一定期限如2个月内向法院提起诉讼。如果消费者接受裁决而平台企业不接受，而自律处罚又没有结果的情形下，还存在FOS机构最终裁决书是否具有强制执行力的问题。这个问题的解决目前在我国还有较大的法律障碍；对此可参考日本的经验，通过事前约定的形式，由平台企业以申明形式自愿放弃相应的权利主张，扫清由消费者单方进行司法确认的现有障碍，畅通司法确认程序以获取强制执行效力；或强制性地开展债权公证，确保FOS裁决书终局性的强制执行效力。

本书虽然论述了下一步我国网络融资领域的FOS制度构建，但这一制度设计尤其显得超前，毕竟之前几个关键步骤目前还未有推进，因而必须要探讨的问题是网络融资领域FOS制度的实现路径。从可行性角度分析，网络融资FOS制度构建必然随着我国金融纠纷整体ADR制度的构建而推进，也会伴随着可能出台的《金融消费者保护法》以及监管机构的职能变化和整合而发生改变，第一步设置于行业内的FOS机构也可以在更大范围内如互联网金融协会、证券业协会之下设置。但随着我国金融行业的整体发展和金融监管格局的深刻调整，本书倾向于建议在金融领域能够实现大一统型的纠纷解决机制，并将网络融资FOS机制融入其中，这就更需要在中央层面进行顶层设计，需要在法律层面加以明确，并随着实践发展而不断进化完善。

三、我国网络融资交易在线纠纷解决机制的具体构建

相较于金融ADR特别是FOS制度等层面的制度构建，从网络层面构建ODR更强调和凸显了其工具性，二者均从保护金融消费者权益这一角度出发，在网络融资领域形成交集。“ADR和ODR都是诉讼外纠纷解决方式，二者价值理念相似，功能作用相同，都具有成本低廉、灵活便捷等优点，是两种相互包容，互相补充的纠纷解决方法。”[1]

从网络融资行业领域的实际情况来看，通过网络手段进行维权已有相应实践，从网络融资平台来看，其本身除了作为信息中介来撮合交易外，还起到宣传展示作用，金融消费者也可以便捷地通过平台网络渠道向企业反映问题，也可以通过微博、微信、QQ群等形成消费者团队，集中起来与平台企业进行协商、谈判；在网贷平台“优易贷”跑路事件中，众多投资人即通过网络等组成维权联盟进行集体维权。[2]更难能可贵的是诸如网贷之家、金融315之类的公益类网站平台，帮助金融消费者进行维权，起到组织、协调、公示作用。客观上，消费者可以通过网络便捷地进行联络和了解信息，为互联网金融消费者维权提供保障和交持。[3]但均处于萌芽状态，还未形成体系，更未形成有强大实操性和生命力的鲜活制度。要从制度层面实现ODR制度的价值，还需在以下融资平台内外两方面加以构建。

一方面，需要在网络融资平台企业内部强制性构建起标准较高、便捷性突出的ODR机制。网络融资平台企业内部的ODR机制，应作为落实监管政策特别是行业自律监管政策的一个重要组成部分，在平台运行伊始的市场准入阶段，即强制性地加以构建，相关监管文件应明确这一制度的基本内容工程序，并且在监管机构或行业性自律组织备案，以便于此种纠纷解决机制与整体网络金融ADR相互衔接和配合。对于其具体机制内容，应从投诉渠道、信息反馈、在线协高等措施入手。监管部门还应将金融消费者对网络融资平台的信用评价纳入到监管范畴，以便于实时掌握信息和平台运营情况。从客观上分析，需要在网络融资平台企业内部形成相对完整的

[1] 参见任建谋、张锋：《金融消费多元纠纷解决机制构建——基于ODR视角的研究》，载《金融发展评论》2014年第9期。

[2] 关于“优易赁”跑路事件，网贷之家专门开辟专门栏目供消费者维权，众多消费者均通过此渠道掌握信息和案件进展。

[3] 参见胡光志、周强：《论我国互联网金融创新中的消费者权益保护》，载《法学评论》2014年第6期。

纠纷解决体系。

另一方面，需要在网络融资平台企业外部，即监管机构和行业自律组织层面将ADR和ODR相互融合，使其成为一体化纠纷解决机制。在此方面，国内网络融资ODR需借鉴国外先进经验，首先在监管部门和行业组织已有金融ADR的基础上，融入ODR因子，强化网络作用的发挥，设置相应的线调查、在线投诉、在线调解、在线仲裁等平台，让现有制度更加方便快捷。其次要根据网络融资交易的特性，在ODR方面形成自身特色，构建具有时代性的网络融资ODR制度，如可以推动在行业内部形成的一体化纠纷解决平台上设置网络投诉平台和信息征集系统，也可以先行在一些网络融资中介服务平台如网贷之家等进行试点操作，提供网络磋商服务。当然，网络融资平台企业外部ODR机制作用的发挥，有很多时候是在平台已瘫痪、跑路等情形发生时，内部ODR已无从发挥作用。此时需要将此种ODR机制与其他维权渠道并行不悖的使用，以确保金融消费者维权渠道通畅、信息传递快速便捷。

此外，网络融资ODR制度的建立，还能在很大程度上解决跨境交易的问题。随着网络融资交易的发展，金融消费者群体可能来自不同地域，使用ODR机制会显著降低其维权成本。网络融资交易在下一步如果持续扩大，必然会遇到如何与国际接轨的问题，诸如法律法规、监管方式、维权渠道等方面的区际冲突在所难免，通过ODR制度，可以在此问题上提供更多的助益和选择，也更有利于网络融资行业整体的健康发展。

综上，面对P2P网贷和股权众筹等互联网金融交易中金融消费者权益保障机制的缺失，本书认为，应首先将二者纳入到正式监管范畴当中，实现与我国目前金融ADR机制以及其他金融纠纷解决机制的顺利对接；而后充分发挥后发优势，积极汲取国外FOS制度、ODR制度等的经验，构建出符合我国实际、适度超前的互联网金融交易多元化纠纷解决机制，以期为金融消费者提供公正、便捷、高效的权利救济渠道，促进整个互联网金融行业的健康、稳定发展。

结　语

网络融资是一种新生事物，虽然互联网金融的热潮一浪高过一浪，但对于其属性、范畴、内容、模式等，还均处于摸索观察阶段。本书通过对现有交易的梳理描述，结合理论和实务界的各种学术成果，对互联网金融、网络融资等概念进行了界定，并通过债权融资和股权融资的种类区分，主要以P2P网络借贷和股权众筹交易为研究对象进行了切题研究。本书认为，脱胎于互联网金融概念下的网络融资，是指利用互联网及移动通信、大数据、云计算、搜索引擎等一系列现代信息科学技术来进行融资的金融活动，网络融资中的金融消费者，是相较于网络融资平台相对弱势的另一方交易主体，企业投资者除外。在认真梳理了现有网络融资的具体交易模式后，本书对其网络融资交易中出现的罪与非罪问题、民商事责任界定以及交易主体之间的法律关系进行了界定和分析，并从金融消费者知情权、合格投资人制度、冷静期规则三方面加以制度构建。

对于网络融资的监管问题，本书在分析了目前的现状和问题后，通过对已经在网络融资领域产生了相对成熟的监管制度、出台了相应监管文件的英、美、法等国实践的考察梳理，重点突出地在市场准入、负面清单、市场退出等方面构建起具体监管制度。最后，面对网络融资交易中金融消费者权益保障机制的缺失，本书从我国金融ADR入手，对国内外金融纠纷解决机制，特别是FOS（金融申诉专员制度）、ODR（在线纠纷解决机制）等制度进行梳理评析，用发展的眼光将需要纳入网络融资纠纷解决机制的制度进行具体构建，以期为金融消费者提供便捷、高效、公正的权利救济渠道。本书整体上以金融消费者保护为一条主线，以P2P网络借贷和股权众筹为两种主要研究对象，以网络融资交易、监管和消费者权利救济为三个具体层面进行系统研究，力图对网络融资这一新生事物进行符合实际、适度超前的系统性法学研究，得出相应结论，从而为实践提供理论养分。

当然，由于网络融资仍处于快速发展蜕变阶段，本书也只能得出阶段性结论，恰当与否还需等待实践的进一步检验。展望我国网络融资的未来，其必将更加快速地发展起来，而与此相关的法学研究也必将进一步繁荣，让我们拭目以待。

参考文献

一、著作类

1. 巴曙松、朱元倩：《巴塞尔资本协议III研究》，中国金融出版社 2011 年版。

2. 曹凤岐：《金融市场全球化下的中国金融监管体系改革》，经济科学出版社 2012 年版。

3. 陈雨露、马勇：《大金融论纲》，中国人民大学出版社 2013 年版。

4. 董安生、何以：《多层次资本市场法律问题研究》，北京大学出版社 2013 年版。

5. 范文仲：《互联网金融理论、实践与监管》，中国金融出版社 2014 年版。

6. 高汉：《金融创新背景下的信用评级及监管的法律经济学分析》，法律出版社 2012 版。

7. 黄达：《金融学》（第三版），中国人民大学出版社 2012 年版。

8. 黄震、邓建鹏：《互联网金融法律与风险控制》，机械工业出版社 2014 年版。

9. 刘大洪：《法经济学视野中的经济法研究》，中国法制出版社 2008 年版。

10. 刘媛：《金融消费者法律保护机制的比较研究》，法律出版社 2013 年版。

11. 罗明雄、唐颖、刘勇：《互联网金融》，中国财政经济出版社 2013 年版。

12. 李耀东、李钧：《互联网金融——框架与实践》，电子工业出版社 2014 年版。

13. 李海峰：《网络融资——互联网经济下的新金融》，金融出版社 2013 年版。

14. 李爱君：《后危机时代——我国金融安全的法律制度研究》，中国政法大学出版社 2011 年版。

15. 刘仁伍：《宏观审慎管理：框架、机制与政策》，社会科学文献出版社 2012 年版。

16. 马梅、朱晓明等：《支付革命：互联网时代的第三方交付》，中信出版社 2014 年版。

17. 潘静成、刘文华：《经济法》（第三版），中国人民大学出版社 2008 年版。

18. 强力：《金融法》，法律出版社 2004 年版。

19. 史际春：《经济法》（第二版），中国人民大学出版社 2010 年版。

20. 盛佳、汤浔芳等：《互联网金融第三浪 —— 众筹崛起》，中国铁道出版社 2014 年版。

21. 深圳发展银行、中欧国际工商学院“供应链金融”课题组：《供应链金融新经济下的新金融》，上海远东出版社 2009 年版。

22. 王欣新：《破产法》，中国人民大学出版社 2011 年版。

23. 吴晓求：《中国资本市场研究报告 (2014) 互联网金融：理论与现实》，北京大学出版社 2014 年版。

24. 徐孟洲：《耦合经济法论》，中国人民大学出版社 2010 年版。

25. 黄达：《金融学・货币银行学》，中国人民大学出版社 2012 年版。

26. 徐孟洲：《金融法》（第二版），高等教育出版社 2012 年版。

27. 王广谦：《金融中介学》，高等教育出版社 2003 年版。

28. 谢平、邹传伟、刘海二：《互联网金融手册》，中国人民大学出版社 2014 年版。

29. 《小额信贷在中国》丛书编委会编：《小额信贷在中国 —— 国际实践中的小额信贷》，中国财政经济出版社 2013 年版。

30. 《小额信贷在中国》丛书编委会编：《小额信贷在中国 —— 以小额信贷促进社会公平》，中国财政经济出版社 2013 年版。

31. 杨东：《金融消费者保护统合法论》，法律出版社 2013 年版。

32. 姚文平：《互联网金融 —— 即将到来的新金融时代》，中信出版社 2014 年版。

33. 阎庆民、李建华：《中国影子银行监管研究》，中国人民大学出版社 2014 年版。

34. 张守文主编：《经济法学》《第六版），北京大学出版社 2014 年版。

35. 张文显主编：《法理学》《第三版》，高等教育出版社 2007 年版。

36. 朱大旗：《金融法》《第一版》中国人民大学出版社 2007 年版。

37. 朱景文主编：《法理学》，中国人民大学出版社 2008 年版。

38. 张世明、刘亚丛：《经济法基础文献会要》，法律出版社 2012 年版。

39. 王作富、黄京平：《刑法》，中国人民大学出版社 2009 年版。

40. 何家弘、刘品新：《证据法学》，法律出版社 2011 年版。

二、译　　著

1. [英] 艾利斯・费伦：《公司金融法律原理》，罗培新译，北京大学出版社2013 年版。

2. 董裕平、全先银等译：《多德 - 弗兰克华尔街改革与消费者保护法案》，中国金融出版社 2010 年版。

3. [美]E・博登海默：《法理学：法律哲学与法律方法》，邓正来译，中国政法大学出版社 2004 年版。

4. [美] 哈威尔・E・杰克逊、小爱德华・L・西蒙斯编著：《金融监管》，吴志攀等译，中国政法大学出版社 2003 年版。

5. [美] 霍华德・戴维斯、大卫・格林：《全球金融监管》，中国银行监督管理委员会国际部译，中国金融出版社 2009 年版。

6. [德] 卡尔・拉伦茨：《法学方法论》，陈爱娥译，商务印书馆 2005 年版。

7. [美] 本杰明・卡多佐：《司法过程的性质》，苏力译，商务印书馆 1998 年版。

8. [美] 本杰明・卡多佐：《法律的生长》，刘培峰、刘骁军译，贵州人民出版社 2003 年版。

9. [美]Peter Renton：《Lending Club 简史》，第一财经新金融研究中心译，中国经济出版社 2013 年版。

10. 美国金融与经济危机起因调查委员会：《金融危机调查报告》，对外经济贸易大学中国 WTO 研究院译，社会科学文献出版社 2013 年版。

11. [美] 罗斯科・庞德：《法理学》(第一、二、三、四卷)，余履雪译，法律出版社 2007 年版。

12. [美] 斯蒂芬・B・戈尔德堡、弗兰克 E・A・桑德等：《纠纷解决 —— 谈判、调解和其他机制》，蔡彦敏、曾宇等译，中国政法大学出版社 2004 年版。

13. [美]Stijn Claessens. Douglas D・Evanoff、George G・Kaulman 等：《宏观审慎监管政策：通向金融稳定的新道路》，孙涛等译，电子工业出版社 2013 年版。

14. [英] 维克托・迈尔—舍恩博格、肯尼迪・库克耶：《大数据时代生活、工作与思维的大变革》，盛杨燕、周涛译，浙江人民出版社 2013 年版。

15. [德] 沃尔夫冈・费肯杰：《经济法》(第一、二卷)，张世明、袁剑等译，中国民主法制出版社 2010 年版。

16．中国证券监督管理委员会组织编译：《欧盟金融工具市场指令》，法律出版社 2010 年版。

三、期刊论文

1．安邦坤、阮金阳：《互联网金融：监管与法律准则》，载《金融监管研究》，2014 年第 3 期。

2．杨东：《市场型间接金融：集合投资计划统合规制论》，载《中国法学》2013 年第 2 期。

3．谢平、邹传伟：《互联网金融模式研究》，载《金融研究》，2012 年第 12 期。

4．王念、王海军、赵立昌：《互联网金融的概念、基础与模式之辩》，载《南方金融》，2014 年第 4 期。

5. 李国杰、程学旗:《大数据研究,未来科技及经济社会发展的重大战略领域——大数据的研究现状与科学思考》，载《中国科学院院刊》，2012 年第 27 卷第 6 期。

6．刘英、罗明雄：《互联网金融模式及风险监管思考》，载《中国市场》，2013 年第 43 期。

7．杨东：《论金融消费者概念界定》，载《法学家》，2014 年第 5 期。

8．廖凡：《金融消费者的概念和范围：一个比较法的视角》，载《环球法律评论》，2012 年第 4 期。

9．刑会强：《金融消费者的法律定义》，载《北方法学》，2014 年第 4 期。

10．温信祥：《日本金融消费者保护制度及其启示》，载《金融论坛》，2012 年第 11 期。

11．刘志坚、吴珂：《众筹融资起源、发展与前瞻》，载《经济管理》，2014 年第 6 期。

12．李雪静：《众筹融资模式的发展探析》，载《上海金融学院学报》，2013 年第 6 期。

13．龚鹏程、臧公庆：《美国众筹监管立法研究及其对我国的启示》，载《金融监管研究》，2014 年第 11 期。

14．胡剑波、丁子格：《互联网金融监管的国际经验及启示》，载《经济纵横》，2014 年第 8 期。

15．殷华：《美英 P2P 网贷监管法制对我国的启示》，载《法制日报》，2015 年 2 月 4 日。

16．刘姝姝《众筹融资模式的发展、监管趋势及对我国的启示》，载《金融与经济》，2014 年第 7 期。

17．顾晨：《法国众筹立法与监管介绍》，载《互联网金融与法律》，2014 年第 10 期。

18．郑联盛：《中国互联网金融：模式、影响、本质与风险》，载《国际经济评论》，2014 年第 5 期。

19．张雨露：《英国借贷型众筹监管规则综述》，载《互联网金融与法律》，2014 年第 5 期。

20．张雪楳：《P2P 网络借贷相关法律问题研究》，载《法律适用》，2014 年第 8 期。

21．黎少芬、苏竟夕：《造梦机 Kickstarter》，载《新经济》2014 年第 1 期。

22．刘宪权：《论互联网金融则法规制的“两面性”》，载《法学家》，2014 年第 5 期。

23．刘宪权、金华捷：《P2P 网络集资行为刑法规制评析》，载《华东政法学院学报》2014 年第 5 期。

24．左坚卫：《网络借贷中的刑法问题探讨》，载《法学家》，2013 年第 5 期。

25．杨立新：《论不真正连带责任类型体系及规则》，载《当代法学》，2012 年第 3 期。

26．殷华、周明勇：《美国 JOBS 法案内容解析及对中国众筹融资法制的影响探析》，载《现代管理科学》2014 年第 10 期。

27．姚军、苏战超：《互联网金融法律问题论纲——基于金融企业实务的视角》，载《科技与法律》，2014 年第 3 期。

28．赵渊：《直接融资视角下的 P2P 网络借贷法律问题研究》，载《交大法学》2014 年第 4 期。

29．胡大雁：《金融交易冷静期规则：制度比较与借鉴》，载《南方金融》2014 年第 4 期。

30．许馨予、董飞：《消费者反悔权探析》，载《法制与经济》，2014 年 14 期。

31．罗俊、宋良荣：《美国 P2P 网络借贷的发展现状与监管研究》，载《电子商务》，2015 年第 1 期。

32．姚海放：《网络平台借贷的法律规制研究》，载《法学家》，2013 年第 5 期。

33. 安邦坤、阮金阳：《互联网金融：监管与法律准则》，载《金融监管研究》，2014 年第 3 期。

34. 王利明：《负面清单管理模式与私法自治》，载《中国法学》，2014 年第 5 期。

35. 张淑芳：《负面清单管理模式的法治精神解读》，载《政治与法律》，2014 年第 2 期。

36. 龚柏华：《“法无禁止即可为”的法理与上海内贸区“负面清单”模式》，载《东方法学》，2013 年第 6 期。

37. 彭冰：《P2P 网络借贷监管模式研究》，载《互联网金融与法律》，2014 年第 7 期。

38. 骆永兴：《德国 ADR 的发展及其与英美的比较》，载《中南大学学报（社会科学版）》，2013 年第 19 卷第 3 期。

39. 胡春冬：《香港金融纠纷调解机制运作情况与启示》，载《西部金融》，2013 年第 9 期。

40. 田静婷：《论我国金融消费者权益法律保护机制的完善 —— 以我国台湾地区〈金融消费者保护法〉为视角》，载《西北大学学报（哲学社会科学版）》，2012 年 9 月第 42 卷第 5 期。

41. 高薇：《互联网争议解决的制度分析 —— 两种路径及其社会嵌入问题》，载《中外法学》，2014 年第 1 期。

42. 郑军：《浅析在线纠纷解决制度（ODR）在中国的发展 —— 以淘宝网争议处理模式为例》，载《法制与社会》，2014 年第 7 期。

43. 袁达松、丁孝文：《论金融消费者保护视角下金融 ADR 机制的完善》，载《北京师范大学学报（社会科学版）》，2013 年第 1 期。

44. 刘盛：《金融消费者 ADR 本土化路径研究》，载《浙江金融》，2014 年第 6 期。

45. 任建谋、张锋：《金融消费多元纠纷解决机制构建 —— 基于 ODR 视角的研究》，载《金融发展评论》，2014 年第 9 期。

46. 胡光志、周强：《论我国互联网金融创新中的消费者权益保护》，载《法学评论》，2014 年第 6 期。